REALSCHULE

Prüfungsaufgaben
und Training

2010

Deutsch

Hessen
2005–2009

STARK

Dieser Band wurde nach den Regeln der reformierten Rechtschreibung abgefasst.
Die Jahrgänge ab 2006 sind nach den Regeln der Rechtschreibung, gültig seit 1.8.2006, abgefasst. Ausgenommen sind Texte von Autoren, die mit der Umwandlung in die neue Schreibweise nicht einverstanden sind.

ISBN 978-3-89449-739-2

6. ergänzte Auflage
www.stark-verlag.de

Inhalt

Fortsetzung siehe nächste Seite

Jeweils zu Beginn des neuen Schuljahres erscheinen die neuen Ausgaben der Abschlussprüfungsaufgaben mit Lösungen.

Autoren:

Susanne Falk (Übungsaufgaben 4, 5, 6, Teilaufgabe 1 der Übungsaufgaben 2, 7, 8, Lösungen zu 2005 – 2009)
Peter Haußmann (Übungsaufgaben 2, 3)
Marion von der Kammer (Übungsaufgabe 1)
Nicole Pradel (Übungsaufgaben 7, 8)
Andrea Rodekurth (Übungsaufgabe 9)

Vorwort

Liebe Schülerin, lieber Schüler,

dieses Buch ist das Lösungsheft zum Band *Original-Prüfungsaufgaben und Training Deutsch Realschule Hessen* im A4-Format (Best.-Nr. 61540). Es enthält ausführliche und kommentierte Lösungen zu den Übungsaufgaben im Prüfungsstil und zu den Abschlussprüfungsaufgaben der Jahrgänge 2005 bis 2009.

Die Lösungen ermöglichen es dir, deine Leistung einzuschätzen. Es handelt sich um **Lösungsvorschläge**, die dir zeigen, wie man die Aufgaben richtig und umfassend beantworten kann. Das heißt, dass auch andere Lösungen als die hier abgedruckten möglich sein können. Die Lösungen sind manchmal recht ausführlich und geben dir Anregungen, was du alles schreiben könntest. Das heißt nicht, dass deine Antworten auch immer so lang sein müssen. Wichtig ist, dass du die Hinweise beachtest, die in der Aufgabenstellung genannt sind, und alles **vollständig** und **richtig** bearbeitest.

Außerdem gilt: Versuche stets die Aufgabe zunächst **selbstständig** zu lösen und sieh nicht gleich in der Lösung nach. Solltest du nicht weiterkommen, helfen dir die grau markierten **Hinweise und Tipps** (ab Jahrgang 2006) vor der jeweiligen Lösung. Wenn du sie gelesen hast, solltest du unbedingt selbstständig weiterarbeiten. Weitere grundsätzliche Hinweise zur Bearbeitung der Aufgaben gibt dir der Band *Original-Prüfungsaufgaben und Training Deutsch Realschule Hessen*. Am Schluss solltest du deine Lösung in jedem Fall mit der hier angebotenen Lösung vergleichen und deine eigenen Ergebnisse kontrollieren und vielleicht korrigieren oder ergänzen.

Viel Erfolg bei der Abschlussprüfung wünscht dir das Autorenteam!

Abschlussprüfung Deutsch an Realschulen in Hessen
Übungsaufgabe 1 – Lösungen

1. Zusammenfassung

Wie bei vielen Gedichten ist es auch hier schwierig, eine Zusammenfassung zu schreiben, da keine Handlung dargestellt wird. Die Aufgabenstellung gibt dir aber schon Hinweise, wie du vorgehen kannst: Du sollst die ***Gedankengänge*** *des lyrischen Ichs knapp darstellen.*

In Bertolt Brechts Gedicht „Ich habe gehört, ihr wollt nichts lernen" macht sich das lyrische Ich Gedanken darüber, wie wichtig das Lernen für die Menschen ist.
Das lyrische Ich beginnt seine Überlegungen mit einem Hinweis: Es sagt, es habe „gehört", dass einige Menschen nichts lernen wollten. Daraus leitet es die Vermutung ab, dass diejenigen, die nichts lernen wollen, aufgrund ihrer Herkunft in gesicherten Verhältnissen leben und sich keine Sorgen um die Zukunft machen müssen.
Mögliche Schwierigkeiten, von denen das lyrische Ich ebenfalls gehört hat, würden sich für diese Menschen aus dem Weg räumen lassen. Denn in Krisenzeiten hätten sie ihre „Führer", die ihnen die passenden Anweisungen erteilen, sodass es ihnen auch weiterhin gutgehen würde.
Das lyrische Ich schließt seine Überlegungen damit, dass man aber bedenken müsse, wie die tatsächlichen Verhältnisse sind. Sollten die Verhältnisse nicht so gesichert sein wie angenommen, müsse der Einzelne daraus die Konsequenz ziehen, dass er doch lernen sollte.

2. Erschließen des Textsinns

2. a) Einstellung des lyrischen Ichs zum Lernen

Das lyrische Ich hält das Lernen für sehr wichtig, und es rät allen Menschen, das **Lernen ernst** zu **nehmen**.
Zwar scheint das lyrische Ich anzunehmen, dass zumindest Menschen, die reich sind, es gar nicht nötig haben, zu lernen. An die Adresse der Reichen richtet es nämlich die Worte: „Da mußt du / Nichts lernen. So wie du bist / Kannst du bleiben." (V. 6–8) Es wäre aber falsch, diese Aussage ernst zu nehmen, da sie **ironisch** gemeint ist. Das wird vor allem durch die letzten beiden Verse deutlich. Da heißt es: „Freilich, wenn es anders wäre / Müßtest du lernen." (V. 20 f.) Damit sagt das lyrische Ich zunächst, dass jeder, der nicht reich ist, lernen sollte. Aber genau genommen richtet es seinen Rat, das Lernen

ernst zu nehmen, auch an Reiche, und damit insgesamt also an alle Menschen. Das wird klar, wenn man darüber nachdenkt, welche Umstände als gesichert angesehen werden können.

2. b) „Tatsachen", von denen das lyrische Ich spricht

Es gibt **nur zwei „Tatsachen"**, von denen das lyrische Ich spricht: Es habe davon gehört, dass einige Menschen nichts lernen wollten, und es habe gehört, dass die Zeiten unsicher seien.
Daraus, dass einige Menschen nichts lernen wollen, schließt das lyrische Ich, es könne sich nur um Reiche handeln, die eine solche Ansicht äußern („Daraus entnehme ich: ihr seid Millionäre.", V. 2). Ihre Situation sei offenbar für alle Zeiten so gesichert, dass sie es sich leisten könnten, nichts zu lernen.
Für den Fall, dass die Zeiten schwieriger würden – wovon das lyrische Ich ja auch gehört hat –, gäbe es für die lernunwilligen Reichen angeblich trotzdem keine Probleme. Sie hätten dann ihre „Führer" (V. 12), die ihnen die nötigen Anweisungen erteilen würden. Diese würden ihnen sagen, was sie „zu machen" hätten, damit es ihnen („euch") „gut geht" (V. 13).
Allerdings scheinen die „Führer", von denen das lyrische Ich spricht, gar nicht wirklich Bescheid zu wissen. Auch sie sind abhängig, denn sie haben „nachgelesen bei denen / Welche die Wahrheiten wissen / Die für alle Zeiten Gültigkeit haben" (V. 14–16). Wahrheiten, die „für alle Zeiten Gültigkeit haben", gibt es aber nicht, denn die **Zeiten ändern sich**. Erst recht gibt es keine „Rezepte, die immer helfen" (V. 17). Folglich können die Aussagen des lyrischen Ichs nur ironisch gemeint sein. Das bedeutet letztlich: Es gibt niemanden, dessen Situation für alle Zeiten gesichert ist. Das gilt auch für Millionäre.

2. c) Adressaten des lyrischen Ichs

Die Erkenntnis, dass auch die Situation der Reichen als nicht gesichert gelten kann, macht deutlich, dass das lyrische Ich seine Worte an alle Menschen richtet. Es rät also allen Menschen, den Reichen wie auch denen, die nicht reich sind, zu lernen.

3. Untersuchung der Sprache

3. a) Form

Das lyrische Ich spricht die Leser direkt an. In drei Strophen sagt es den Adressaten, was es davon hält, wenn jemand nichts lernen will. Dabei fällt auf, dass die erste Strophe aus acht und die zweite aus neun Versen besteht,

während die letzte Strophe nur vier Verse hat. Alle Strophen sind in **freien Rhythmen** verfasst. Ein Reimschema gibt es nicht.
Die eher **unkonventionelle Form** des Gedichts deutet darauf hin, dass das lyrische Ich seine Vorstellungen vom Lernen keineswegs für überholt hält. Der Appell zum Lernen wirkt durch die Art der Gestaltung eher modern, also zeitgemäß. Dabei erhält die letzte Strophe durch ihre Kürze ein besonderes Gewicht. Der Leser wird darauf aufmerksam, dass die Aussagen der ersten beiden Strophen vielleicht hinterfragt werden müssen; er dürfte zu dem Ergebnis kommen: Ja, es ist anders – und demnach muss man lernen!
Was in den ersten beiden Strophen wie eine Bestätigung erscheint (Ja, du musst nicht lernen, wenn du reich bist!), ist also nicht ernst gemeint, sondern ironisch zu verstehen.

3. b) Modus

Dass das lyrische Ich alle seine Annahmen im **Indikativ** darstellt, während es seine Aussagen über wirkliche Gegebenheiten im **Konjunktiv** ausdrückt, ist ein zusätzlicher Hinweis darauf, dass die scheinbar ernsthaften Überlegungen ironisch gemeint sind.

3. c) Wortwahl

Auffällig ist das Wort „Führer" in der zweiten Strophe. Da das Gedicht im Jahr 1932 geschrieben wurde, scheint Brecht mit der Rede von „unsicheren" Zeiten etwas ganz Bestimmtes im Sinn gehabt zu haben, nämlich den drohenden Nationalsozialismus.

3. d) Sprachliche Bilder

In dem Gedicht werden mehrere **Metaphern** verwendet. Es ist z. B. die Rede davon, dass die Zukunft eines Reichen „im Licht" (V. 4) vor ihm liege, dass er also voller Optimismus in die Zukunft blicken könne. An anderer Stelle heißt es, seine Eltern hätten dafür gesorgt, dass seine „Füße / An keinen Stein stoßen" (V. 5 f.), was bedeutet, dass sie ihm alle möglichen Hindernisse aus dem Weg geräumt haben. Das wirkt **übertrieben positiv**. Es ist schließlich nicht denkbar, dass es für jemanden eine absolut sichere Zukunft gibt; genauso wenig ist es denkbar, dass es „Rezepte" gibt, die „immer helfen" (V. 17). Auch durch die sprachlichen Bilder wird also deutlich, dass die Aussage, ein Reicher brauche nichts zu lernen, nicht ernst gemeint sein kann.

3. e) Personalpronomen

Jeder einzelne Mensch soll nach Ansicht des lyrischen Ichs lernen. Das zeigt sich auch an den **wechselnden Personalpronomen**. Anfangs spricht das lyrische Ich noch mehrere Menschen an („ihr", V. 1–5). Doch schon bald wendet es sich an den Einzelnen („du", ab V. 6). Das zeigt: Jeder Einzelne soll sich angesprochen fühlen, soll seine Worte ernst nehmen. Diese **Hinwendung zum Einzelnen** spricht auch dafür, dass das lyrische Ich sich nicht nur an einige Reiche wendet, sondern dass es alle Menschen anspricht. Sein Appell kommt in den letzten beiden Versen zum Ausdruck: „Freilich, wenn es anders wäre / Müßtest du lernen." Da es „anders" ist, bedeutet dies: Jeder Einzelne wird dazu aufgefordert, zu lernen.

4. a) Aufruf für die Schülerzeitung

*Bei einem Aufruf handelt es sich um einen **appellativen** Text. Du musst also nicht sachlich und neutral Pro- und Kontra-Argumente aufstellen und diese gegeneinander abwägen, sondern du vertrittst von vornherein eine klare Position. Du gehst schließlich davon aus, dass Lernen wichtig ist, und du möchtest jüngere Mitschüler, die zeitweise keine Lust zum Lernen haben, davon überzeugen, dass sie sich wieder mehr für die Schule engagieren sollten. Das bedeutet: Du musst in erster Linie **Pro-Argumente** finden, die dafür sprechen, dass man als Schüler das Lernen wichtig nimmt. Darüber hinaus solltest du aber auch versuchen, mögliche Kontra-Argumente zu entkräften. Stelle heraus, welche negativen Folgen und Auswirkungen es haben kann, wenn man das Lernen nicht ernst genug nimmt.*
*Da du deinen Aufruf direkt an Mitschüler richtest, musst du versuchen, so zu schreiben, dass sie den Text nicht unwillig zur Seite legen. Du solltest also in einer **schülergemäßen Sprache** schreiben. (Das heißt aber nicht, dass du besonders viel Umgangssprache verwenden sollst.) Bemühe dich auch darum, deine Argumente durch Beispiele zu veranschaulichen, die für deine Mitschüler nachvollziehbar sind. Gehe von ihrem Erfahrungshorizont aus!*

Gliederung

A Einleitung: Einige Schüler haben kein allzu großes Interesse am Lernen

B Hauptteil: „Lernen ist wichtig!"

1 a **Lernen nicht wichtig nehmen:** mehr Spaß in der Freizeit; Gefahren: Vernachlässigen der Hausaufgaben, schlechte Mitarbeit im Unterricht, kein Spaß in der Schule

1 b **Lernen wichtig nehmen:** mehr Spaß in der Schule (bessere Mitarbeit), Schule sowieso Pflicht

2 a **Lernen nicht wichtig nehmen:** Gefahren: den Anschluss verlieren, schlechtere Noten, sitzen bleiben

2 b **Lernen wichtig nehmen:** bessere Noten, Freude der Eltern (bessere Atmosphäre zu Hause)

3 a **Lernen nicht wichtig nehmen:** gefährdeter Schulabschluss, Schwierigkeiten bei der Suche nach einer Lehrstelle

3 b **Lernen wichtig nehmen:** besserer Schulabschluss, bessere Chancen bei der Lehrstellensuche

4 a **Lernen nicht wichtig nehmen:** Gefahren: schlechter Beruf, drohende Arbeitslosigkeit/evtl. Sozialhilfe

4 b **Lernen wichtig nehmen:** bessere Chancen auf dem Arbeitsmarkt, besserer Beruf, besseres Einkommen usw.

C Schluss: langfristig mehr Spaß, wenn man das Lernen wichtig nimmt

Lernen ist wichtig!

In letzter Zeit habe ich immer wieder gehört, dass einige Schüler der Schule ganz schön ablehnend gegenüberstehen. Das ist vor allem bei den jüngeren Schülern zu beobachten. Sie interessieren sich mehr für andere Dinge, z. B. dafür, „wer mit wem geht", für das Aussehen (Stichwort: Markenklamotten), für Musikgruppen, für Videospiele usw. Das Lernen ist für sie nebensächlich geworden. Ihre Hausaufgaben erledigen sie erst kurz vor dem Unterricht – entweder im Bus oder in einer Pause – oder gar nicht. Nachmittags treffen sie sich lieber mit ihren Freunden oder spielen Computerspiele. Das ist nicht gut! All denen, die sich hier angesprochen fühlen, rate ich: Nehmt das Lernen wichtig!
Auf den ersten Blick habt ihr natürlich mehr Spaß, wenn ihr das Lernen nicht so wichtig nehmt. Anstatt dass ihr am Nachmittag am Schreibtisch hockt und euch mit den Schularbeiten beschäftigt, sitzt ihr vielleicht vor eurer Playstation – oder ihr trefft euch mit Freunden.
Allerdings solltet ihr nicht vergessen, dass Schule Pflicht ist – auch für euch. Und eins ist klar: Wenn ihr nachmittags nur Spaß habt, statt für die Schule zu arbeiten, könnt ihr am nächsten Tag im Unterricht nicht gut mitarbeiten. Denn ihr seid ja nicht gut vorbereitet. Dann ziehen sich die einzelnen Unterrichtsstunden endlos lange hin. Wer sich gut vorbereitet hat, kann besser mitmachen und hat viel mehr Spaß am Unterricht.
Wenn ihr die Schule nicht ernst nehmt, verliert ihr früher oder später auch den Anschluss an den Unterrichtsstoff. Das führt mit Sicherheit dazu, dass ihr schlechtere Noten bekommt. Wenn ihr dann am Schluss des Schuljahres sitzen bleibt, dürft ihr euch nicht wundern!
Nehmt das Lernen also ernst! So könnt ihr eure Leistungen vielleicht sogar verbessern. Ihr schreibt dann wahrscheinlich gute Arbeiten, und ihr braucht auf

keinen Fall zu befürchten, dass ihr sitzen bleibt. Selbst wenn ihr mal eine Arbeit „in den Sand setzt", schafft ihr die Versetzung in jedem Fall, denn die mündlichen Noten zählen ja auch. Wenn eure Eltern merken, dass ihr euch in der Schule Mühe gebt, und wenn ihr gute Noten mit nach Hause bringt, hebt das auch die Stimmung zu Hause. Eure Eltern freuen sich bestimmt, wenn eure Leistungen gut sind, und vielleicht kommen sie euch dann auch entgegen, z. B., indem sie euer Taschengeld erhöhen oder indem sie euch erlauben, am Freitagabend in die Disco zu gehen.
Aber es geht ja nicht nur um heute und morgen. Ihr dürft nicht vergessen, dass ihr euren Schulabschluss gefährdet, wenn ihr die Schule nicht ernst nehmt. In der heutigen Zeit ist es schwer genug, einen Ausbildungsplatz zu finden. Wenn ihr am Ende mit einem schlechten Schulabschluss dasteht – oder womöglich gar keinen Schulabschluss habt – werdet ihr auf jeden Fall große Schwierigkeiten haben, eine Lehrstelle zu finden.
Zudem genügt es nicht, dass ihr den Realschulabschluss „irgendwie" schafft. Ein guter Abschluss ist wichtig! Denn die Konkurrenz ist groß – und wenn ihr einen Ausbildungsplatz finden wollt, sind gute Noten entscheidend. Darum solltet ihr euch bemühen – und zwar rechtzeitig, also jetzt!
Dass ihr nach der Schule einen guten Ausbildungsplatz bekommt, ist sehr wichtig. Denn nur mit einer qualifizierten Berufsausbildung könnt ihr einmal einen guten Beruf ausüben. Und Beruf ist nicht Beruf. Wollt ihr vielleicht ein Leben lang Straßen fegen oder Müll einsammeln? Oder wollt ihr gar auf Arbeitslosengeld und Sozialhilfe angewiesen sein?
Wenn ihr einen Beruf ausüben könnt, der euch gefällt, geht es euch später bestimmt besser. Ihr dürft nicht vergessen, dass man als Erwachsener Tag für Tag acht Stunden arbeiten muss. Wäre es da nicht furchtbar, wenn man eine Arbeit erledigen müsste, die einem nicht gefällt? Auch das Einkommen ist ja nicht so ganz unwichtig; schließlich kostet das meiste, was einem das Leben angenehm macht, Geld: eine schöne Wohnung, Kleidung, ein Auto, Urlaub usw.
Wenn euch mal wieder die Schulunlust überfällt, solltet ihr daran denken, dass das Leben, das nach der Schule auf euch wartet, sehr lang ist. Was nützt es euch, wenn ihr heute Spaß habt und dafür später keine oder nur eine langweilige Arbeit findet? Nur wenn ihr das Lernen heute ernst nehmt, habt ihr später Chancen auf dem Arbeitsmarkt – und nur dann könnt ihr später euer Leben genießen! Darauf kommt es doch an, oder?
Im Übrigen: Wollt ihr etwa „dumm" bleiben? Findet ihr es gut, wenn ihr die Welt um euch herum nicht versteht? Wohl kaum. Also engagiert euch mal wieder in der Schule!
In diesem Sinne – euer … (dein Name)

4. b) Antrag auf ein Projekt zur Berufsvorbereitung (Brief)

Du musst hier in Briefform einen Antrag an die Schulleitung stellen. Es handelt sich dabei nicht um einen persönlichen Brief, sondern um ein eher ***offizielles Schreiben****. Evtl. muss der Schulleiter (oder die Schulleiterin) solche Projekttage beim Schulamt genehmigen lassen; dann muss er selbst einen Antrag formulieren. Er wird seinem Antrag möglicherweise eine Kopie des Schreibens von der Schülervertretung beifügen. Dein Brief sollte also ein wenig förmlich sein.*
Der ***Briefkopf*** *sollte folgende Angaben enthalten: Namen und Funktion des Verfassers und des Empfängers (Da du den Brief direkt in der Schule abgibst, ist eine Adresse nicht nötig.), Datum, Betreffzeile und Anrede.*
Beim Formulieren deines Briefes musst du beachten: Offizielle Briefe sollten kurz und bündig sein. Du musst also gleich „auf den Punkt" kommen. Andererseits sollte der Antrag auch ***überzeugend*** *begründet sein; also musst du doch genauere Erläuterungen ergänzen. Vor allem musst du glaubhaft erklären, dass die Schülervertretung schon* ***klare Vorstellungen*** *davon hat, wie die Projekttage ablaufen könnten, sonst würde der Antrag keine Zustimmung finden.*
Das Problem kannst du lösen, wenn du deine Aussagen gut strukturierst. Um sie übersichtlich zu gestalten, kannst du hier auch Spiegelstriche verwenden. Das wirkt sehr „leserfreundlich".

… (dein Name) Datum: …
Schülersprecher der …-Schule

Herrn/Frau …
Schulleiter/in

Antrag auf zwei Projekttage zur Berufsförderung

Sehr geehrter Herr …/Sehr geehrte Frau …,
im Namen der Schülervertretung beantrage ich für die neunten und zehnten Klassen unserer Schule zwei Projekttage zur Berufsförderung.
Wie Sie wissen, ist die Situation auf dem Lehrstellenmarkt außerordentlich problematisch: Seit Jahren gibt es mehr Schulabgänger als freie Ausbildungsplätze. Wir halten es deshalb für sehr wichtig, dass die Schüler der oberen Jahrgänge eine gründliche Vorbereitung für die Berufsorientierung erhalten. Dazu gehört nicht nur, dass sie lernen, die erforderlichen Schreiben aufzusetzen (Lebenslauf, Bewerbungsbrief), sondern sie sollten auch die Gelegenheit haben, sich auf Bewerbungsgespräche vorzubereiten. Von Bedeutung wäre auch, dass sie sich über die beruflichen Möglichkeiten informieren können. Im normalen 45-Minuten-Takt des Schulalltags kann das nicht geschehen.

Wir stellen uns den Ablauf der Projekttage so vor:

Erster Tag – Vormittag:
Alle Schüler treffen sich um 8 Uhr in ihren Klassenräumen. Ziel ist es, anhand von Anzeigen (Zeitungen, Internet) zu erkunden, wie das Lehrstellenangebot aussieht. Es folgt ein Besuch der Berufsberatung bei der Agentur für Arbeit (für die 10. Klassen) oder der Besuch eines Unternehmens (für die 9. Klassen). Bei der Berufsberatung sollen Erkundigungen über die Möglichkeiten und über den zukünftigen Bedarf in einzelnen Berufen eingeholt werden; beim Besuch des Unternehmens sollen die Schüler u. a. ein Gespräch mit dem Personalchef führen, und zwar über die Erwartungen, die die Arbeitgeber an ihre Auszubildenden haben.

Nachmittag:
Die Schüler kommen wieder in ihren Klassenräumen zusammen. Sie verfassen zu ausgewählten Anzeigen Bewerbungsschreiben. Die Klassensprecher sammeln die Bewerbungsschreiben ein, um für den nächsten Tag einige davon für eine Besprechung auszuwählen. In Rollenspielen werden Bewerbungsgespräche durchgeführt.

Zweiter Tag – Vormittag:
Die Schüler treffen sich um 8 Uhr in ihren Klassenräumen, um einige Bewerbungsschreiben zu besprechen; dabei werden evtl. Verbesserungsvorschläge gemacht. Die Klassensprecher haben die Bewerbungsschreiben für alle Schüler kopiert. Es folgt ein Besuch der Berufsberatung bei der Agentur für Arbeit (für die 9. Klassen) oder der Besuch eines Unternehmens (für die 10. Klassen).
Ziel der Besuche: siehe oben.

Nachmittag:
Die Schüler treffen sich in ihren Klassenräumen, um sich über ihre Erfahrungen auszutauschen. Anschließend werden die Ergebnisse der Projekttage dokumentiert: Die Schüler erstellen Wandzeitungen (Gruppenarbeit). Diese werden anschließend im Eingangsbereich der Schule ausgehängt.
Da die Schüler in ihren Klassenräumen arbeiten, müssen keine zusätzlichen Räume zur Verfügung gestellt werden. Es ist allerdings ein Zeitplan für die Nutzung des Computerraums aufzustellen (eine Stunde pro Klasse). Alle erforderlichen Materialien werden von den Schülern mitgebracht (z. B. Zeitungen).
Es müssen nur einige Fotokopien erstellt werden, damit eine Auswahl der am ersten Tag verfassten Bewerbungsbriefe allen Schülern zugänglich gemacht werden kann.
Es würde mich freuen, wenn Sie dem Antrag auf die beiden Projekttage zur Berufsförderung zustimmen könnten.

Mit freundlichen Grüßen
… (dein Name)

1. a) Thema des Gedichts

Erich Kästners Gedicht „Monolog des Blinden“ beschreibt die Gedankengänge eines einsamen Blinden, der während des Krieges sein Augenlicht verloren hat und nun sein Leben als Straßenverkäufer von handgemalten Ansichtskarten fristet.

1. b) Inhalt der einzelnen Strophen

Erste Strophe:
Der Blinde klagt, dass keiner der Vorübergehenden ihn beachtet.

Zweite Strophe:
Der beginnende Regen verschärft die Situation, die Menschen haben es eilig und ignorieren den Blinden nun erst recht.

Dritte Strophe:
Da der Blinde nur die Geräusche der Stadt wahrnimmt, die er mit dem Gedröhne des Meeres vergleicht, ist er auf die Führung eines Hundes angewiesen.

Vierte Strophe:
Der Blinde beklagt, dass der Granatsplitter, der vor zwölf Jahren zu seiner Erblindung führte, nicht sein Herz getroffen und damit sein Leben beendet hat.

Fünfte Strophe:
Der Blinde beschwert sich über die fehlende Kaufbereitschaft der Passanten und den geringen Gewinn von drei Pfennigen pro Postkarte.

Sechste Strophe:
Er beschwört die Zeit vor dem Verlust seines Augenlichtes herauf und beschreibt, dass er wie die Passanten Gegenstände und Menschen sehen konnte. Besonders das Aussehen seiner Mutter wird er nie vergessen.

Siebte Strophe:
In dieser Strophe stellt der Blinde fest, dass der Krieg nicht nur ihm das Augenlicht raubte, sondern offenbar die Menschen blind für das Schicksal anderer gemacht hat.

2. a) Sprachliche Mittel, Form und Redesituation

Das Gedicht „Monolog des Blinden“ ist durchgehend aus der **Perspektive des Blinden** geschrieben, der in der Ich-Form über seine aktuelle Situation (Strophen 1 bis 3, 5 und 7) und über die Vergangenheit in Form einer Rückblende (Strophen 4 und 6) spricht. Bereits die ersten beiden Verse heben durch die Wiederholung des Wortes „gehn“ in Form eines **Chiasmus** („vorübergehn, / gehn vorbei“, V. 1 f.) die Einsamkeit des Blinden hervor: Er bleibt unbeachtet von allen, die vorüber- und vorbeigehen. Als **rhetorische Frage** bringt er seine Anklage über diese Situation vor, die eine gewisse Unlogik beinhaltet: „Sieht mich, weil ich blind bin, keiner stehn?“ (V. 3) Hier wird die Blindheit des Sprechers dem Nicht-Sehen der Passanten gegenübergestellt und so die Ignoranz der Vorbeieilenden als eigentliche Blindheit entlarvt. Ungewöhnlich ist auch, dass das Ich seine Blindheit als Ursache („weil “) für das Nicht-Sehen der anderen nennt: Die Unachtsamkeit der Menschen ist also nicht zufällig, sondern eine Folge der Behinderung des Blinden, die die Menschen nicht sehen wollen. Dass der Blinde schon seit Längerem nicht beachtet wird, verdeutlicht Vers 4: Die **Ellipse** „Und ich steh seit Drei …“ lässt aber offen, seit wann genau der Blinde dort steht (seit drei Uhr, seit drei Stunden, Tagen, Wochen oder Monaten …?).
Der Blinde führt das unachtsame Verhalten der Menschen auf das regnerische Wetter zurück („Wenn es regnet, ist der Mensch nicht gut.“, V. 6). Dass sie ihn nun sogar ganz bewusst ignorieren, erläutert der Blinde in den Versen 7 und 8 („tut/so, als würde er mir nicht begegnen“, V. 7 f.). Das **Enjambement** zwischen diesen beiden Versen erzeugt eine Spannung, denn der Leser fragt sich zunächst, was die Menschen tun, wenn sie im Regen dem Blinden begegnen, und erfährt erst in Vers 8, dass sie – ganz bewusst – nichts tun. Die Darstellung der Einsamkeit des Blinden wird also in der zweiten Strophe noch verstärkt.
In Strophe 3 **vergleicht** der Blinde die Stadt mit einem dröhnenden Meer (V. 10). Dieses **Bild** wirkt bedrohlich und veranschaulicht, dass sich der Blinde der für ihn nur akustisch wahrnehmbaren Stadt ausgeliefert fühlt. In den beiden folgenden Versen spricht der Blinde davon, dass er abends „hinter einem Hunde“ herläuft, der ihn „an der Leine hat“ (V. 11 f.). Die normalen Verhältnisse, bei denen der Mensch den Hund und nicht der Hund den Menschen an der Leine hat, werden umgekehrt. Dieser **Rollentausch** verstärkt nochmals die Hilflosigkeit des Blinden und zeigt den Gegensatz zum „normalen“ Leben eines Nicht-Behinderten.
Den Zeitpunkt und die Ursache der Erblindung erläutert der Blinde in der vierten Strophe. Die **Personifikation** „Meine Augen hatten […] ihren zwölften Sterbetag“ (V. 13 f.) ist ungewöhnlich, weil man eher vom verlorenen Augenlicht eines Menschen sprechen würde. Dadurch, dass die Augen sterben, wird die

Bedeutung der Erblindung besonders hervorgehoben. Den Grund erfährt der Leser durch die **rhetorische Frage** des Blinden: „Warum traf der Splitter nicht die Brust/und das Herz, das nicht mehr mag?" (V. 15 f.) Diese Frage zeigt, dass der Blinde keinen Lebenswillen mehr besitzt, verzweifelt ist und es ihm lieber gewesen wäre, wenn er im Krieg getötet worden wäre.
In der fünften Strophe geht der Blinde wieder auf seine Tätigkeit als Ansichtskartenverkäufer ein. Insbesondere durch das **Enjambement** fällt das Seltsame seines Tuns auf. Er verkauft nämlich „handgemalte/Ansichtskarten" (V. 17 f.), also ein Produkt, dessen Schönheit er ja gar nicht anpreisen kann, da er die Motive nicht sieht. Die Mühseligkeit seiner Verkäufertätigkeit drückt sich in der Erwähnung des Preises bzw. der eigenen Gewinnspanne aus, wiedergegeben in unvollständigen, **abgehackten Sätzen**, die eine **Wiederholung** sowie eine **Alliteration** enthalten: „Einen Groschen, Stück für Stück! Wo ich selber sieben Pfennig zahlte." (V. 19 f.)
In Strophe 6 beschreibt der Blinde in einer **Rückblende**, was er vor seiner Erblindung noch sehen konnte. Durch die **Aufzählung** der Substantive „Sonne, Blumen, Frau und Stadt" (V. 22) wird das normale Leben vor dem Krieg verdeutlicht. Diese Reihe wird ergänzt durch die Erwähnung der Mutter des Blinden (V. 23): Bezeichnend ist, dass er besonders ihr Aussehen – nicht ihre Worte oder ihr Tun – in Erinnerung behält, was wiederum auf die Bedeutung des verlorenen Sehsinns hinweist.
In der siebten und letzten Strophe wird erneut das **Bild** des Regenwetters aufgegriffen und indirekt damit auch die Unachtsamkeit der Menschen und die Einsamkeit des Blinden angesprochen („Und es regnet. Und es geht der Wind.", V. 26). Der Blinde beendet seine Rede mit zwei weiteren **rhetorischen Fragen**, die er an die Passanten richtet und dabei insbesondere an die vorbeieilenden fremden Mütter appelliert (V. 27–30). Das Bild der Mutter aus der sechsten Strophe erscheint hier nochmals und wird mit fürsorglichem Verhalten verbunden („die an ihre eignen Söhne denkt?", V. 28; „dem die Mutter etwas [...] schenkt?", V. 30), von dem der Blinde aber ausgeschlossen bleibt.
Im Gedicht wechseln sich **Kreuzreime** (Strophen 1 und 4) und **umarmende Reime** (Strophen 2, 3, 5 und 6) ab, während die siebte Strophe eine besondere Form des **Schweifreims** zeigt. Die **Strophe 7** hebt sich nicht nur formal von den vorigen Strophen ab, sondern stellt auch mit der Aussage „Krieg macht blind" (V. 25) eine Art **Zusammenfassung** des Monologs des Blinden dar.

2. b) Titel „Monolog des Blinden“

Der Titel „Monolog des Blinden“ weist darauf hin, dass nur ein Einzelner spricht. Da insbesondere Gedanken und Gefühle angeführt werden, handelt es sich um einen **inneren Monolog**. Dadurch wird die Einsamkeit des Blinden hervorgehoben, der alleine spricht, ohne dass ihn jemand beachtet. Da seine rhetorischen Fragen nicht beantwortet werden, kann der **Monolog** des Blinden nicht in einen **Dialog** übergehen; seine Vereinsamung bleibt bestehen.
Darüber hinaus macht die Überschrift deutlich, dass es sich nicht um einen „Monolog“ *irgendeines* Blinden, sondern um den „*des* Blinden“ im Allgemeinen handelt. Dieser Blinde bleibt im Gedicht namen- und alterslos. Man erhält auch keine genauen Orts- und Zeitangaben: Das Gedicht könnte also in jeder Stadt und zu jeder (Nachkriegs-)Zeit spielen. Daher ist die „Geschichte“, die hier erzählt wird, **übertragbar** auf alle Blinden, Kriegsgeschädigten oder Behinderten.

3. „Krieg macht blind“

Der Satz „Krieg macht blind“ (V. 25) geht zum einen darauf ein, dass der Blinde sein Augenlicht im Krieg durch einen Splitter verloren hat. Ganz offensichtlich führt also der Krieg zu Blindheit, was auch der Blinde selbst betont: „Das sehe ich an mir.“ (V. 25) Dass er hier das Wort „sehen“ verwendet, ist ungewöhnlich und zeigt, dass er doch eine Art von Sehsinn, das Erkennen, behalten hat. Denn eigentlich meint er ja: „Das erkenne ich an mir.“ Auf diese **Doppeldeutigkeit** des Sehens spielt auch der Satz „Krieg macht blind“ an. Die eigentliche Blindheit, die der Krieg verursacht, ist die Unfähigkeit zu erkennen, den anderen als Mitmenschen wahrzunehmen und auf ihn zuzugehen. Gerade diese „Blindheit“ erkennt der Blinde bei den vorbeieilenden Passanten. Für ihre Ignoranz und Herzlosigkeit macht er den Krieg verantwortlich. Letztlich ist er der Einzige, der diese Zusammenhänge durchschaut und „sieht“.
Infolgedessen verdeutlicht die Aussage „Krieg macht blind“, dass Kästner den Krieg im Allgemeinen anklagen will. In diesem **Anti-Kriegs-Gedicht** zeigt er die Sinnlosigkeit und Brutalität des Krieges: Kriege fordern zum einen immer Opfer, seien es die vielen Toten, seien es die Kriegsversehrten oder auch die im Gedicht erwähnten Frauen und Mütter, die ihre Ehemänner oder Söhne verlieren. Kriege lassen zum anderen auch die Menschen abstumpfen und unempfänglich werden für die Leiden ihrer Mitmenschen.

4. a) Tagebucheintrag eines Passanten

Versetze dich in die Situation eines Menschen, der an diesem Tag in der Stadt dem Blinden begegnet ist, und diese Begegnung abends als Tagebucheintrag festhält. Dein Text kann allgemeine Gedanken darüber enthalten, dass Krieg etwas Schreckliches ist (Tote, Verletzte, Schäden an Körper und Seele, Abstumpfung durch schreckliche Erlebnisse …), dass die Menschen zunehmend ignorant und egoistisch sind. Du könntest auch den Umgang mit behinderten Mitmenschen im Allgemeinen und infolgedessen Gefühle der Gehemmtheit und Unsicherheit gegenüber behinderten Menschen ansprechen.
Darüber hinaus musst du erkennen, wann das Gedicht spielt, dass es also höchstens zwölf Jahre her ist, seitdem der Krieg, von dem der Blinde redet, vorbei ist. Folglich darf der Tagebucheintrag nicht in der heutigen Zeit geschrieben sein. Anspielungen auf die Jetztzeit (z. B. Wie gehen Behinderte heutzutage mit ihren Einschränkungen um?) musst du daher weglassen.

Liebes Tagebuch,
heute war wieder einmal einer dieser nasskalten, regnerischen Tage, an denen man normalerweise nicht einmal seinen Hund nach draußen jagt.
Doch heute habe ich einen Hund gesehen, der mir im Gedächtnis geblieben ist. Es war nicht irgendein Hund, sondern ein Blindenhund, der in der Stadt neben einem Blinden kauerte. Dieser Blinde, dessen trostloser und trauriger Anblick ist es eigentlich, der mich nicht mehr loslässt, seit ich ihn gesehen habe. Im ersten Moment habe ich ihn gar nicht richtig wahrgenommen, denn es hatte zu regnen begonnen und ich bin – wie all die anderen Menschen um mich herum auch – gerannt, um möglichst schnell ins Trockene zu kommen. Umso erstaunlicher war es deshalb, als ich einen älteren Mann in aller Seelenruhe dastehen sah, der den Regen gar nicht zu bemerken schien. Es war ein Blinder, erkennbar an seiner Armbinde, der jedoch nicht um ein Almosen bettelte. Nein, er ging einer Arbeit nach, die mich nun, je länger ich darüber nachdenke, nicht mehr loslässt. Er verkaufte Ansichtskarten. Er hielt sie in der einen Hand, in der anderen ein Schild, auf dem stand, dass diese Karten handgemalt seien und sie einen Groschen kosten würden. Handgemalte Ansichtskarten … doch nicht von dem Blinden, oder? Aber nur mir schien das Widersinnige der Arbeit des Mannes aufzufallen, denn alle anderen schienen ihn gar nicht wahrzunehmen, obwohl sie fast über ihn stolperten. War der Regen schuld oder wollten sie ihn einfach nicht sehen? Haben sie den Blinden bewusst ignoriert? Diese Frage geht mir nicht mehr aus dem Kopf. Ich denke, dass wir alle, nach dem, was wir selbst durchgemacht, erlebt und erlitten haben, das Schicksal und Leid anderer Menschen nicht mehr bemerken können. Fast ein jeder von uns hat unter den Kriegsfolgen gelitten. Vermutlich gibt es niemanden in unserer Stadt, der nicht davon betroffen ist, auch wenn man es den Menschen äußerlich nicht ansieht.

Einige Jahre sind zwar seither vergangen, aber ich denke, auch der Blinde ist ein Opfer dieses schrecklichen Krieges geworden. Gut, er hat überlebt, doch wie? Nur mithilfe seines Hundes kann er sich durch die Stadt bewegen. Er sieht nicht die Menschen, die an ihm vorbeihasten.
Empfindet überhaupt jemand Mitleid für den Blinden? Heute schien es nicht so. Und ich befürchte, es lag nicht nur am Regen. Hat der Krieg uns tatsächlich so stumpf, so blind, so gefühllos gemacht? Sehen wir nur noch uns selbst, aber die anderen Menschen, die unsere Hilfe dringend benötigen würden, nicht mehr? Was hat der Krieg aus uns gemacht? Auch aus mir? Auch ich bin an dem Blinden vorbeigerannt. Aber ich brauche keine Ansichtskarte, wem sollte ich schon schreiben, nun, nachdem all meine Lieben im Krieg umgekommen sind? Aber vielleicht hätte es dem Blinden auch einfach nur gutgetan, mit jemandem zu reden? Hätte ich ihn vielleicht auf eine Tasse Tee oder Kaffee einladen sollen? Wie hätte er reagiert? Hätte er mein Angebot ausgeschlagen, da er es als bloßes Mitleid empfunden hätte? Ich weiß es nicht. Und es bringt auch nichts, darüber nachzudenken. Denn um herauszufinden, was dieser Mensch oder generell Menschen mit einer Behinderung denken und fühlen, muss man wohl das Gespräch mit ihnen suchen. Morgen werde ich nicht blind an dem Blinden vorbeilaufen. Wenn er wieder an seinem Platz in der Stadt steht, werde ich ihn ansprechen. Morgen, wenn die Sonne wieder scheint oder auch wenn es regnet. Morgen werde ich es tun.
Gute Nacht, liebes Tagebuch.

4. b) Stellungnahme

Bevor du mit dem Schreiben beginnst, überlegst du dir eine Gliederung:

- ***Einleitung:*** *Gehe kurz auf die Situation des Blinden ein. Was nimmt er von außen wahr? Was denkt er, was fühlt er?*
- ***Hauptteil:*** *Überlege, welche Meinung der Blinde vertritt und wie man als Leser des Gedichts dazu steht. Es muss deutlich werden, dass jede Situation, auch die traurige und bedrückende des Blinden, von verschiedenen Seiten aus betrachtet werden kann, dass also der Blinde nicht mit allem, was er sagt, denkt oder fühlt, recht haben muss. Setze dich kritisch mit den im Gedicht geäußerten Gedanken und Gefühlen des Blinden auseinander. Dies bedeutet, dass du kontrovers erörtern musst, ob du den Aussagen des Blinden zustimmen kannst oder ob du nicht etwa doch eine Gegenposition oder eine andere Sicht der Dinge einnehmen könntest.*
- ***Schluss:*** *Erläutere einen Vorschlag, wie etwa der Blinde mit seinem Schicksal anders umgehen könnte, einen Ausblick in die Zukunft oder einen Wunsch (z. B. Nie mehr Krieg!). Sinnvoll ist es auch, darzustellen, wie ein Miteinander von behinderten und nicht behinderten Menschen in unserer Gesellschaft aussehen könnte.*

Einleitung: Der Blinde in Erich Kästners Gedicht „Monolog des Blinden" ist ein vom Schicksal stark gebeutelter Mensch. Er wurde im Krieg von einem Splitter getroffen, der ihm sein Augenlicht genommen hat. In seinem Monolog spricht er davon, dass er bereits seit zwölf Jahren blind ist und wie er sein Leben seit dieser Zeit empfindet.
Mir als sehendem Menschen fällt es zwar schwer, mich in die Rolle eines Blinden zu versetzen, doch kann ich mir schon vorstellen, wie mühsam es sein muss, wenn man überhaupt nichts sieht. Man kann Wege nicht alleine gehen, man kann die Menschen und die Umwelt um sich herum nur sehr eingeschränkt wahrnehmen. Man ist ständig auf die Hilfe anderer angewiesen und weiß nie, ob sie nur aus Mitleid oder gar mit unehrlichen Hintergedanken handeln.

Hauptteil: Der Blinde weiß, wie die Welt vor seiner Erblindung ausgesehen hat. So erinnert er sich an die leuchtende Sonne, an schöne bunte Blumen oder an die Stadt. Das hilft ihm vielleicht ein wenig, sich nun zurechtzufinden. Andererseits muss dies aber auch sehr deprimierend für ihn sein. Dieses Traurige kommt auch sehr stark in seinen Gedanken und Gefühlen zum Ausdruck. So sagt er, dass er eigentlich lieber tot wäre, dass er sich wünschen würde, der Splitter hätte besser sein Herz getroffen und nicht nur seine Augen. Sein Lebensmut, sein Lebenswille ist erloschen. Dies ist eventuell dadurch erklärbar, dass er auch von Frau und Mutter getrennt ist. Im Gedicht erfährt man aber nicht, ob diese beiden in seinem Leben offenbar sehr wichtigen Personen bereits gestorben sind oder warum sie nicht bei ihm sind.
Allerdings ist der Mann meiner Ansicht nach schon sehr wehklagend. Er hat sicher recht, wenn er sagt, dass der Krieg die Menschen blind macht. Er erkennt an sich und an den Reaktionen der Menschen, was der Krieg Schlimmes bewirkt. Aber zum einen hat er den Krieg überlebt, was vielen anderen nicht möglich war, und zum anderen gesteht er den vorbeieilenden Menschen nicht zu, dass auch diese ihre Sorgen und Nöte haben und vielleicht noch enorm unter den Kriegsfolgen leiden. Auch für sie ist der Krieg noch nicht lange her. So sind vielleicht auch sie vom Schicksal hart getroffen und deshalb so gleichgültig und emotionslos den Nöten anderer gegenüber.
Andererseits ist es aber auch bewundernswert, dass der Blinde, so sehr er mit seinem Schicksal auch hadert, nicht bettelnd auf dem Bürgersteig sitzt, sondern sich mit Arbeit ein kleines Einkommen sichern möchte. Das ist ein erster positiver Ansatz dafür, solch einen Schicksalsschlag zu meistern. Jedoch könnte der Blinde noch weitergehen, denn man muss versuchen, sein Leben auch nach einem schweren Unfall oder nach dem Tod eines nahen Angehörigen wieder in den Griff zu bekommen. Sicherlich ist dies enorm anstrengend, und viele Menschen verzweifeln vielleicht auch darüber. Doch wenn man helfende und fürsorgende Menschen um sich herum weiß, kann man

schwere Schicksalsschläge vermutlich eher bewältigen. Diese Menschen fehlen dem Blinden aber offensichtlich, denn er erzählt ja nur von der Frau und der Mutter, an die er sich erinnert, die aber weit weg oder gar tot sind. Umso wichtiger ist es dann aber, sich nicht zu isolieren und nur noch sein Leid zu sehen, sondern gerade dann muss man auf die Menschen zugehen. Wie sonst sollen sie denn wissen, wie man sich fühlt? So dürfte der Blinde eben nicht nur einen Monolog halten, sondern er müsste versuchen, mit den Menschen ins Gespräch zu kommen, in einen Dialog mit ihnen einzutreten. Erst dann wäre es auch den Menschen möglich, sich dem Blinden, der ihnen vielleicht sehr unnahbar erscheint, zu nähern. Viele Menschen sind im Umgang mit Behinderten unsicher und gehemmt. Gehen aber die Behinderten selbstbewusst mit ihrer Behinderung um und offen auf ihre Mitmenschen zu, können zwischenmenschliche Kontakte besser geknüpft werden, und man kann sich gegenseitig helfen.

Schluss: Den Gedanken und Gefühlen des Blinden zum Thema Krieg kann ich nur beipflichten, denn Krieg ist immer etwas Schreckliches, egal wo, wann und zwischen wem er stattfindet. Ein Krieg ist durch nichts zu rechtfertigen, denn es gibt immer unschuldige Menschen, die die Leidtragenden einer kriegerischen Auseinandersetzung sind. Menschen werden verletzt, verstümmelt, getötet. Sie verlieren ihre Liebsten und können zeitlebens nicht mehr froh und unbeschwert sein. Und erlittenes Unrecht erzeugt neuen Hass und neue Auseinandersetzungen. Somit ist es umso wichtiger, dass Menschen wie der Blinde dieses Unrecht und die schrecklichen Auswirkungen des Krieges anklagen und laut äußern. Denn nur durch offene, aufklärende Worte können neue Kriege verhindert werden.

Abschlussprüfung Deutsch an Realschulen in Hessen
Übungsaufgabe 3 – Lösungen

1. Wesentliche Aussagen des Gedichts

Hilde Domins Gedicht „Unaufhaltsam" handelt von Worten, die, kaum dass sie ausgesprochen sind, weh tun und verletzen können. Die Dichterin zeigt auf, dass ein solches Wort, anders als etwa ein entflogener Vogel, der möglicherweise zurückkäme, nicht zurückgenommen werden kann. Selbst wenn man das Wort anschließend mit anderen, schmeichelnden oder entschuldigenden Worten abzumildern versuchen würde, gelänge dies nicht. Hilde Domin vergleicht das Wort mit einem Messer und geht sogar so weit, zu sagen, ein Messer sei harmloser, denn dieses könne stumpf sein und das Herz verfehlen, nicht aber das Wort, das immer ins Herz treffe. Das verletzende Wort und infolgedessen auch seine Auswirkungen bleiben letztendlich bestehen.

2. Sprachlich-stilistische Mittel, Form und Aufbau

Das Gedicht beginnt mit der **rhetorischen Frage**: „Das eigene Wort,/wer holt es zurück,/das lebendige/eben noch ungesprochene/Wort?" (V. 1–5). Sie kann nur mit „niemand" beantwortet werden und verweist auf die Unaufhaltsamkeit eines einmal ausgesprochenen Wortes. Der **ungewöhnliche Satzbau** hebt das Akkusativobjekt „Wort" dadurch hervor, dass es sowohl an den Anfang als auch an das Ende der Frage gestellt wird. Durch die **Enjambements** zwischen den Versen 3 und 4 sowie 4 und 5 werden besonders die Attribute „lebendige" und „eben noch ungesprochene" als Eigenschaften des Wortes betont.
Dass diese Eigenschaften nicht positiv zu bewerten sind, wird erst in Strophe 2 deutlich. Unaufhaltsam und zerstörerisch bahnt sich das Wort seinen Weg: „Wo das Wort vorbeifliegt/verdorren die Gräser,/werden die Blätter gelb,/fällt Schnee." (V. 6–9) Diese in knappen und kurzen Sätzen dargestellten Bilder erinnern an die kühlen Jahreszeiten Herbst und Winter und sind **Metaphern** für Vergänglichkeit, für Einsamkeit und für Trostlosigkeit. Sie bedeuten, dass durch Worte Gefühle abkühlen und Geborgenheit, Freundschaft und Liebe zerstört werden können.
Worte werden durch das Aussprechen lebendig und können nicht mehr zurückgeholt und eingefangen werden. Dies veranschaulicht die Dichterin durch den **Vergleich** mit einem entflogenen Vogel (V. 10–13), der eher zurückkommen kann als ein Wort. Selbst der Versuch, verletzende Worte, die man hinterher bedauert, zu „entschärfen", ist vergeblich. Hilde Domin verwendet dafür die **Metapher** „Worte mit bunten, weichen Federn" (V. 16), die dem ausgespro-

chenen Wort nachgeschickt werden (V. 14 f.), womit angenehme Worte gemeint sind, die das vorher Gesagte entkräften sollen. Aber diese freundlichen Worte können als „Federn“ nichts gegen das schnellere, „schwarze Wort“ (V. 17 f.) ausrichten. Die **Farbe** schwarz steht hier sinnbildlich für die böse, zerstörerische Kraft des Wortes. Der Satz „Es kommt immer an, / es hört nicht auf, an- / zukommen.“ (V. 19 – 21) erhält durch die **Wiederholung** eine **Bedeutungssteigerung**, die den unaufhaltsamen Prozess verdeutlicht, der durch das ausgesprochene Wort in Bewegung gesetzt wurde und nicht zu stoppen ist. Zudem findet sich innerhalb des Wortes „an-/zukommen“ (V. 20 f.) ein **Enjambement**, wodurch der Leser innehält und ihm bewusst wird, wie treffsicher und zielgenau die verletzenden Worte sind, wie sie weiterwirken, indem sie nicht aufhören zu verletzen.
Dass Worte eine Form der Gewalt sind, zeigt sich besonders in Strophe 3. Hier wird die Gefährlichkeit des Wortes durch den **Vergleich** mit einem Messer unterstrichen. Dreimal wird der Begriff „Messer“ **wiederholt** und so besonders hervorgehoben. Durch die seltsame Feststellung „Besser ein Messer als ein Wort“ (V. 22) ist der Leser verwirrt und liest um so aufmerksamer die folgende Erklärung. Das Wort ist gefährlicher als ein Messer, denn „Ein Messer kann stumpf sein“ (V. 23). Doch selbst wenn es scharf ist, kann es immer noch sein Ziel verfehlen, denn „Ein Messer trifft oft/am Herzen vorbei.“ (V. 24 f.). Das **Enjambement** in den Versen 24 und 25 lässt den Leser besonders auf die anschließende Erklärung achten, dass nämlich ein Messer am Herzen vorbeitreffen kann, aber „Nicht das Wort“. Die beleidigenden, verletzenden Worte sind nie stumpf, sie treffen immer das Herz.
Zur Darstellung der zerstörerischen Kraft des „schwarzen“ Wortes verwendet die Autorin **kurze, hart klingende Sätze** und die **Ellipse** „Nicht das Wort.“ (V. 26), die das Absolute dieser Aussage zum Ausdruck bringt. Die Bedrohlichkeit des Wortes wird zudem durch die **harten s-Laute** in den Worten „besser“ und „Messer“ untermauert.
Die **Schlussaussage** der vierten Strophe „Am Ende ist das Wort,/immer/am Ende/das Wort.“ (V. 27–30) zeigt deutlich, dass das Wort seine negative Wirkung grundsätzlich behält. Durch das verstärkende Wort „immer“ in Vers 28 wird der Eindruck des Unaufhaltsamen noch gesteigert.
Die rhetorische Frage der ersten Strophe „... wer holt [das Wort] zurück ...?“ (V. 1–5) kann in Zusammenhang mit der letzten Strophe gesehen werden, die eine Art Antwort darauf gibt: Niemand kann das Wort zurückholen, da es immer wirksam bleiben wird. Somit bilden beide Strophen nicht nur einen formalen, sondern auch einen inhaltlichen **Rahmen** des Gedichts.

3. Symbole „Vogel“ und „Messer“

Mit den alltäglichen, dem Leser vertrauten Bildern des Vogels und des Messers zeigt Hilde Domin, wie unmöglich es ist, bereits ausgesprochene Worte wieder zurückzunehmen, und wie stark Worte verletzen können.
Die Autorin **irritiert** den Leser durch die Vergleiche eines Wortes mit den Symbolen des Vogels und des Messers. Wenn sogar ein **Vogel**, der als Sinnbild für Freiheit und Unabhängigkeit gilt, eher zurückkommt, dann ist es noch viel unwahrscheinlicher oder völlig unmöglich, dass ein einmal geäußertes Wort in den Mund zurückkehrt bzw. wieder rückgängig gemacht werden kann. Auch mit dem **Messer** als Symbol für eine besonders gefährliche, scharfe Waffe gelingt es der Autorin, dem Leser anschaulich die Gefährlichkeit von Worten zu vermitteln, indem sie betont, dass Worte noch viel gefährlicher wären, da sie niemals stumpf seien und immer ins Herz treffen würden.
In beiden Fällen werden ausgesprochene Worte durch **negative Vergleiche** näher umschrieben, die so zu verstehen sind, dass ein Wort zwar ähnliche Eigenschaften wie ein Vogel bzw. ein Messer besitzt, jedoch in viel stärkerer Ausprägung. Folglich versinnbildlicht der gegenüberstellende Vergleich mit einem entflohenen Vogel die **Unaufhaltsamkeit** ausgesprochener Worte, die bereits im Titel des Gedichts genannt wird. Die **zerstörerischen Folgen** solcher Worte werden durch den gegenüberstellenden Vergleich mit einem Messer veranschaulicht.

4. a) Brief

Sandra Kraus
Kirchstr. 10
36039 Fulda

An
Stefan Schuster
Am Domplatz 13
36039 Fulda

Münster, 30. 10. 2004

Hallo Stefan,
bist du dir eigentlich darüber im Klaren, was du neulich zu mir gesagt hast und was deine Worte bei mir angerichtet haben? Du hast mir weh getan. Aber es war eben wie immer bei dir: Du redest darauf los und denkst erst hinterher über deine Worte nach. Wenn du überhaupt darüber nachdenkst. Meist bist du schon wieder weg oder mit deinen Gedanken ganz woanders, bevor du überhaupt bemerken könntest, was du bei deinen Mitmenschen angerichtet hast.

Leider hast du keine Antennen auf dem Kopf, die dir signalisieren könnten, dass du die Menschen mit deinen Worten verletzt. Dass du ihre Ehre, ihr Schamgefühl, ihr Selbstbewusstsein mit Füßen trittst, wenn du wieder einmal deine coolen Sprüche ablässt. Und wenn du solche Antennen hättest, wüsste ich nicht, ob du sie richtig einsetzen würdest. Sie müssten nämlich auf das Innere eines Menschen gerichtet sein, auf sein Herz, auf seine Seele. Alles Begriffe, die du gar nicht zu kennen scheinst. Du gehst mit Worten um wie der sprichwörtliche Elefant im Porzellanladen. Du zerstörst Gefühle, Freundschaften und auch die Liebe. Du bist blind und taub für Zwischentöne. Wenn sich jemand von dir fern hält, wenn man sich lieber zurückzieht, als sich deinen bissigen Kommentaren, dummen Sprüchen oder bösartigen Lästereien auszusetzen, dann fällt dir das gar nicht auf. Leider scheinst du echte Gefühle gar nicht zu kennen. Wie sonst sind deine Worte zu verstehen oder zu erklären?
Oder ist es vielleicht gar so, dass du diese Gefühle sehr wohl kennst, aber eben meinst, den coolen Typen geben zu müssen? Lieber andere verletzen als selbst verletzt zu werden? Das mag sein, doch auch wenn es so ist, dann muss ich sagen, dass du neulich den Bogen gewaltig überspannt hast.
Deine Worte „Gibt es dein dummes Grinsen eigentlich irgendwo im Sonderangebot oder bist du wirklich so behindert?“ waren einfach zu viel für mich. Gemerkt hast du es diesmal, aber es war ja auch nicht zu übersehen, was deine Worte bei mir angerichtet haben. Ich habe geweint, weil mich deine Worte tief getroffen haben. Erst dann hast du gesehen, was du getan hast. Begriffen hast du es aber immer noch nicht. Denn wie sonst ist es zu erklären, dass du zu mir kamst und meintest, mit entschuldigenden und schmeichelnden, aber leider sehr unehrlichen Worten wieder alles gut machen zu können? Du hast nicht verstanden, dass deine wenigen bösen Worte nicht mit noch so vielen hinterhergeschobenen Worten aus der Welt zu räumen sind. Nachher ist man immer schlauer, so heißt es. Doch, ob du nun schlauer bist, das weiß ich nicht. Hoffen kann ich es, doch glauben kann ich es nicht. Noch nicht. Denk mal über meine Worte nach. Und denke einmal über deine Worte nach, über die vielen unbedachten Äußerungen von dir.
Wenn du meinst, begriffen zu haben, was ich meine, dann melde dich bei mir. Lass dir bitte den guten Rat geben, dass du lieber erst eine Denksekunde einlegen solltest, bevor du das nächste Mal den Mund aufmachst. Denn ansonsten bist du, wenn sich alle von dir abwenden und mit dir nichts mehr zu tun haben wollen, irgendwann der einsamste Mensch auf dieser Erde. Das sollte sich doch vermeiden lassen, oder?

Gruß, Sandra

4. b) Stellungnahme

Gliederung

A. Einleitung: Unter dem Eindruck des Gedichts „Unaufhaltsam“ von Hilde Domin macht sich der Leser Gedanken über die Macht von Worten

B. Hauptteil: In welchen Ausprägungen können Worte verwendet werden?

1 Gefährliche, negative Worte und ihre Folgen
1.1 Gerüchte und abschätzige Bemerkungen
1.2 Mobbing
1.3 Vertrauensvolle Worte als Gegenmaßnahme
1.4 Hervorhebung der negativen Worte im Gedicht

2 Positive Worte und ihre Folgen
2.1 Warnungen vor Gefahren und Anklagen von Missständen
2.2 Aufklärung
2.3 Trost und Zuneigung

C. Schluss: Um Worte sinnvoll verwenden zu können, muss man sowohl ihre negative als auch positive Macht kennen

Ausarbeitung

Einleitung: Das Gedicht „Unaufhaltsam“ von Hilde Domin beschreibt mit dem Bild eines Wortes, das gefährlicher als ein Messer sein kann, eindrücklich die Bedrohlichkeit und Grausamkeit eines solchen Wortes. Die Dichterin verdeutlicht dem Leser, dass Worte eine Waffe sein, verletzen und zerstören können. Dies vor Augen macht man sich als Leser ebenfalls Gedanken über die Macht der Worte und überlegt, in welchen Ausprägungen Worte im persönlichen Umfeld verwendet werden.

Hauptteil: Als gefährliche, negative Worte sind etwa Gerüchte, üble Nachreden oder Lästereien einzustufen. Doch auch „nur“ abschätzige Bemerkungen über Aussehen, Kleidung oder Freunde können dazu zählen. Freundschaften und Gefühle werden dabei verletzt, in Frage gestellt. Aber nicht die körperliche Gewalt ist hierbei gemeint, die blutende Wunden hinterlässt, sondern es ist die Gewalt, die der Seele angetan wird. Wunden, die durch ein Messer verursacht werden, verheilen, auch wenn vielleicht sichtbare Narben bleiben. Doch seelische Wunden, die durch Worte verursacht wurden, können selten oder nie heilen. Die große Gefahr von solchen Worten und ihren Wunden besteht darin, dass man als Außenstehender diese Form der Gewalt, wenn überhaupt, nur sehr schwer erkennt. Die Opfer haben keine blutenden Wunden, die man mit einem Pflaster oder Verband versorgen könnte. Ihnen kann nur mit Behutsamkeit, Verständnis und Vertrauen geholfen werden. Ein Beispiel hierfür sind die Opfer von Mobbing. Oft kann man Mobbing-Opfern nur mit einer Therapie helfen. Eine solche Therapie erfordert aber auch Worte. Tröstende, heilende Worte, Worte, die Vertrauen wiederherstellen können.

Und von solchen Worten ist in Hilde Domins Gedicht leider nicht die Rede. Die Dichterin scheint allzu sehr unter dem Eindruck der negativen Worte zu stehen. Sie sieht nur die schlechten Folgen der Worte. Zwar ist es gut und sicher absolut richtig, den Menschen, hier den Lesern ihres Gedichtes, aufzuzeigen, welch schlimme Auswirkungen Worte haben können. Domin macht bewusst, dass es eben nicht gelingen kann, Worte, die einmal dem Mund „entkommen" sind, zurückzuholen. Sie ist der Meinung, dass man es eben nicht schafft, die Wirkung eines einmal ausgesprochenen bösen Wortes zu entschärfen, abzumildern oder wieder gutzumachen.

Dennoch kommen die „Worte mit bunten, weichen Federn", wie Hilde Domin sie nennt, zu kurz. Hilde Domin stellt es so dar, als ob diese Worte nur schwach, eventuell auch unehrlich, seien, da nur nachgeschoben.

Doch ist es nicht auch so, dass Worte sehr wohl gut und positiv sein können? Es gibt sicherlich zahllose Beispiele dafür, wo Worte Gutes tun können. Mit Worten kann man vor bestimmten Dingen warnen, so etwa vor drohenden Gefahren, Katastrophen oder Kriegen. Worte können also auch im positiven Sinn Waffen sein. Waffen, um auf Missstände, auf Ungerechtigkeiten, auf Menschenrechtsverletzungen aufmerksam zu machen, um diktatorische Machtsysteme zu hinterfragen und zu zerstören. Somit können mit Worten schlimme Dinge verhindert oder ins Positive verkehrt werden.

Worte können zwar zu Missverständnissen führen, mit Worten können aber auch Missverständnisse aus der Welt geräumt werden. Mit Worten kann man Vorurteilen begegnen, mit Worten kann man aufklären.

Worte können zudem auch trösten, können Entlastung bringen, wenn man sich etwas von der Seele redet. Mit ihnen kann man sich erklären und seine Gefühle mitteilen, sodass die anderen einen verstehen. Und wer weiß nicht um die Kraft der berühmten drei Worte „Ich liebe dich"?

Schluss: Diese Ausführungen zeigen, dass die Sichtweise von Hilde Domin zwar sicherlich begründet ist und das Gedicht auch viel bewirken kann. Nahezu alle Leser werden nach der Lektüre wohl darüber nachdenken, wie sie selbst mit Worten umgehen und wie sie sie einsetzen. Doch darf eben, wie oben dargestellt, nicht nur die negative Kraft der Worte beschworen werden, sondern es ist sicherlich genauso zulässig und wichtig, die positive Kraft von Worten hervorzuheben. Denn wenn man dies verstanden hat, dann weiß man vielleicht, wo und wann, d. h. in welchen Situationen man Worte sinnvoll einsetzen kann.

Abschlussprüfung Deutsch an Realschulen in Hessen
Übungsaufgabe 4 – Lösungen

1. Handlungsabschnitte

Du musst den Text daraufhin überprüfen, wann genau etwas Neues passiert. Manche dieser Abschnitte können sehr kurz, andere länger sein. Wie bei einem Zeitungsartikel sollen die Überschriften, die du formulierst, das Wesentliche des Handlungsabschnitts ausdrücken, manchmal sogar nur mit einem Wort.

1. Abendstimmung über einer zerbombten Siedlung (Z. 1–3)
2. Erwischt! (Z. 4–9)
3. Ein Geheimnis wird nicht verraten (Z. 10–21)
4. Ein Gespräch über Kaninchen (Z. 22–34)
5. Nächtliche Wache (Z. 35–46)
6. Der kleine Bruder und die Ratten (Z. 47–59)
7. Die Notlüge (Z. 60–65)
8. Ein verlockendes Angebot (Z. 66–79)
9. Das Leben geht doch weiter (Z. 80–85)

2. Erzählperspektive

Es ist nicht immer ganz leicht, die Erzählperspektive eines Textes eindeutig zu ermitteln. Am besten nähert man sich dieser Aufgabe mit der Frage: In welchem Verhältnis steht der Erzähler (nicht der Autor!) selbst zu der Geschichte?

- *Wird die Handlung in der Ich-Form aus der Sicht einer der handelnden Personen erzählt? → **Ich-Perspektive***
- *Steht der Erzähler allwissend über dem Geschehen, kennt die Gefühle und Gedanken aller handelnden Personen, kommentiert sie vielleicht sogar oder distanziert sich von ihrem Verhalten, redet bisweilen auch den Leser an, gibt Hinweise auf weitere Entwicklungen der Handlung oder erinnert an bereits Geschehenes? → **auktoriale Erzählperspektive***
- *Ist kein erkennbarer Erzähler vorhanden, sondern nimmt der Leser Anteil an der Handlung, indem die Gedanken und Gefühle einer Figur dargestellt werden? → **personale Erzählperspektive***
- *Ist kein allwissender Erzähler zu erkennen, spiegelt sich die Handlung auch nicht in den Gedanken einer der beteiligten Personen, überwiegen szenische Darstellungen in der Geschichte? → **neutrale Erzählperspektive***

Die Kurzgeschichte „Nachts schlafen die Ratten doch“ ist in der **personalen Erzählperspektive** verfasst. Es gibt keine Kommentare oder Wertungen durch den Erzähler. Auch eine Ich-Perspektive liegt nicht vor.
Nach einer kurzen Beschreibung des Handlungsortes, in der sich kein Erzähler zu erkennen gibt, wird im zweiten Textabschnitt die personale Erzählsicht deutlich: „Er merkte, dass jemand gekommen war [...]. Jetzt haben sie mich!, dachte er. Aber als er ein bisschen blinzelte, sah er nur zwei etwas ärmlich behoste Beine.“ (Z. 4–6) Der Leser bekommt also Einsicht in Jürgens Gedanken und betrachtet aus dem Blickwinkel des zusammengekauerten Jungen den vor ihm stehenden Mann. Diese Perspektive wiederholt sich im weiteren Verlauf des Dialoges: „Und er sah durch die Beine des Mannes hindurch.“ (Z. 29 f.); „Jürgen sah an den krummen Beinen hoch.“ (Z. 37); „[...] und Jürgen konnte sehen, wie sie durch die Beine hindurchschien, so krumm waren sie.“ (Z. 83 f.) Der sich im Verlauf des Geschehens wandelnde seelische Zustand des Jungen wird deutlich durch die Verben, Adverbien und Adjektive, mit denen die Unterhaltung zwischen Jürgen und dem alten Mann beschrieben wird. Beispielsweise gibt er sich zunächst „mutig“ (Z. 14), „verächtlich“ (Z. 19) und sogar „geringschätzig“ (Z. 24), dann wird er plötzlich „unsicher“ (Z. 35), „zaghaft“ (Z. 42) und am Ende „traurig“ (Z. 46). Schließlich werden noch einmal seine Gedanken wiedergegeben: „Lauter kleine Betten sind das, dachte er, alles kleine Betten.“ (Z. 67) Auf diese Weise wird deutlich, dass das dargestellte Geschehen, die Wahrnehmung der Umgebung, die Stimmung sowie die Gefühle und Gedanken des Jungen unmittelbar aus dessen Perspektive erzählt werden. Was der alte Mann hingegen denkt, fühlt und schließlich plant, können wir nur durch seine Äußerungen im Gespräch erkennen.

3. a) Die Beziehung zwischen Jürgen und dem Mann – Aufbau und sprachliche Besonderheiten

Der Dialog zwischen Jürgen und dem älteren Mann bildet den größten Teil der Geschichte zwischen erzählender Einleitung und erzählendem Schlussteil.
Als der Mann auf den Jungen zugeht, begegnet der ihm zunächst mit Misstrauen. Widerstrebend und ausweichend kommen seine Antworten auf die zurückhaltend formulierten Fragen, mit denen der alte Mann den Grund für Jürgens Aufenthalt in der trostlosen Umgebung in Erfahrung bringen will: Ob er hier schlafe (Z. 10), wozu er den Stock habe (Z. 12 f.), worauf er aufpasse (Z. 15), wie alt er sei (Z. 26), wie lange er schon Wache halte (Z. 36). In dieser **ersten Phase des Gesprächs** gibt sich Jürgen nur scheinbar selbstsicher: Reagiert er am Anfang noch „mutig“ (Z. 14), „verächtlich“ (Z. 19) und „geringschätzig“ (Z. 24) auf die Fragen des Älteren, so wird er zunehmend „unsicher“ (Z. 35), er „flüstert“ (Z. 38), spricht „zaghaft“ (Z. 42) und „traurig“ (Z. 46). Doch noch

gelingt es dem Mann nicht, endgültig zu dem Jungen vorzudringen und zu erfahren, auf wen oder was er aufpasst. Auch das Angebot des Mannes, ihm seine Kaninchen zu zeigen, lockt den Jungen nicht aus der Reserve.
Das Gespräch findet seine **Wendung im zweiten Teil**, als der Mann im Weggehen Jürgen beiläufig ein junges Kaninchen als Geschenk anbietet. Nun fasst der Junge Zutrauen und verrät den Grund seiner verzweifelten Totenwache: „Wenn du mich nicht verrätst, [...] es ist wegen den Ratten." (Z. 48 f.) Der Alte muss nur noch einmal kurz nachfragen, und schon sprudelt es aus Jürgen heraus: In kurzen und abgehackten, aber zusammenhängenden Sätzen berichtet er vom traumatischen Erlebnis des Bombenangriffs, bei dem sein vierjähriger Bruder starb.
Einfühlsam erfasst der ältere Mann sofort die Not des Jungen. Im nun folgenden **dritten Teil des Gesprächs** gelingt es ihm auf überzeugende Weise, Jürgen von seiner vergeblichen Totenwache abzubringen, und zwar mit der unwahren, aber durch mehrfache Wiederholung nachdrücklichen und dadurch für Jürgen offenbar glaubhaften Behauptung, dass die Ratten nachts schlafen würden („Nachts schlafen die Ratten doch. Nachts kannst du ruhig nach Hause gehen. Nachts schlafen sie immer." Z. 63 f.). Indem er ihm außerdem verspricht, ihn am Abend abzuholen, ihm ein junges Kaninchen mitzubringen und ihn nach Hause zu begleiten, um seinem Vater zu erklären, wie man einen Kaninchenstall baut, schenkt er ihm eine Perspektive für die Zukunft. Der erwachende Lebensmut des Jungen wird deutlich, als er sich aus seiner kauernden Stellung am Boden erhebt und selbst aktiv das Gespräch wieder aufnimmt („Da stand Jürgen auf und fragte: Wenn ich eins kriegen kann?", Z. 76). War das mutlose Flüstern zu Beginn und in der Mitte des Dialogs Ausdruck der körperlichen und seelischen Erschöpfung des Jungen, so zeigt das **Ende des Gesprächs**, dass die Strategie des alten Mannes aufgegangen ist und Jürgen sich endgültig dem Leben zugewendet hat: Dreimal ruft er dem alten Mann laut hinterher und offenbart sogar, dass er bereits konkrete Pläne für den Bau des Kaninchenstalls hat: „Und er rief: Wir haben auch noch Bretter zu Hause. Kistenbretter, rief er." (Z. 81)

3. b) Sprachliche Gestaltungsmittel und ihre Wirkung im Einleitungs- und Schlussteil der Kurzgeschichte

Zu Beginn der Geschichte wird mit wenigen Sätzen eine **trostlose Trümmerwüste** geschildert, eine Umgebung, in der tödliche Müdigkeit herrscht, vermittelt durch **bildhafte Verben** wie „gähnte", „flimmerte", „döste". Monotonie, Einsamkeit und Zerstörung werden durch **Personifikationen** („Das hohle Fenster [...] gähnte [...] Die Schuttwüste döste." Z. 1–3) und **düstere Farbwerte** wie blaurot und dunkel zum Ausdruck gebracht. Mit dieser Beschreibung wird eine Verbindung zur inneren Situation des Jungen geschaffen,

der an dieser Stelle als ein nicht näher bezeichneter „Er" eingeführt wird. Sogar sein Verhalten ist an die düstere und dösende Umgebung angepasst: „Er hatte die Augen zu." (Z. 4) Obwohl der Leser bis dahin noch nichts über das Zustandekommen der beschriebenen Situation erfahren hat, lösen diese wenigen Sätze Beklemmung und Mitgefühl bei ihm aus. Man möchte wissen, ob und auf welche Weise dem Jungen zu helfen ist.
Nach dem Gespräch, das die erschütternde Erklärung für Jürgens Totenwache offenlegt, herrscht eine deutlich **hoffnungsvollere Atmosphäre** im Schlussteil der Kurzgeschichte. In der Wortwahl drücken sich Lebendigkeit und Lebensmut aus: „Ja, rief Jürgen, [...]" (Z. 80), „Er lief [...] auf die Sonne zu." (Z. 82 f.), „Und der Korb schwenkte aufgeregt hin und her." (Z. 84) Statt düsterer Töne kommen Farben ins Spiel, die Aufmunterung signalisieren: Die Sonne ist „schon rot vom Abend" (Z. 83), was zudem auf einen schönen nächsten Tag hindeutet, das Kaninchenfutter im Korb des Mannes ist zwar noch „etwas grau vom Schutt" (Z. 85), aber die grüne Farbe ist deutlich zu erkennen. Dies ist ein Hinweis, dass unter Jürgens Trauer um seinen toten Bruder Trost und Zuversicht zu erkennen sind. Der offene Schluss gibt dem Leser die Möglichkeit, eigene gedankliche Perspektiven für Jürgens Zukunft zu entwickeln.

4. Symbolische Bedeutung von „Ratten" und „Kaninchen" – Titel der Kurzgeschichte

Die zentrale Behauptung des alten Mannes, „Nachts schlafen die Ratten doch" (Z. 63 f.), führt zur Wende im Gespräch. Die unwahre Aussage nimmt den Ratten in Jürgens Augen zunächst den Schrecken als nächtlich umherstreifende Aasfresser, die er verscheuchen muss, damit sie sich nicht am Leichnam seines kleinen Bruders gütlich tun. Die **Ratte** steht für Tod, Krankheit und Dunkelheit. Der alte Mann hingegen sucht Futter für seine Kaninchen; sanfte, weiche Tiere, die man in den Arm nehmen und streicheln kann. Das **Bild des Kaninchens**, das mit Leben und sorgloser Kindheit verknüpft ist, wird dem der Ratte entgegengesetzt. Mit dieser hoffnungsvollen Aussicht und der nachdrücklich bekräftigten Behauptung, dass Ratten nachts schlafen, kann der Mann Jürgen trösten und ihn aus seiner Trauer und Einsamkeit holen.
Der Autor hat diesen **Titel** gewählt, um deutlich zu machen, dass in bestimmten Situationen Lügen oder unwahre Behauptungen hilfreich sein können. Der alte Mann hat Mitleid mit dem Jungen und weiß, dass der Neunjährige die Wahrheit nicht ertragen könnte. Spontan greift er zu einer Notlüge, die dem Gespräch eine andere Richtung gibt. Da der Leser weiß, dass Ratten gerade nachts nicht schlafen, wird er durch diese Überschrift auf die Bedeutung und Rechtfertigung der Notlüge, die in der Geschichte eine Rolle spielt, hingewiesen.

5. Innerer Monolog des Mannes

Ob das richtig war, ihm so einen Unsinn zu erzählen? Ratten, die nachts schlafen, du lieber Himmel, dass er das überhaupt geglaubt hat! Aber was hätte ich tun sollen? Ihn die ganze Nacht da sitzen lassen, in dieser Umgebung? Er sah ja schon ganz fix und fertig aus, völlig übermüdet. Kein Wunder, seit Samstag sitzt er da. Das war die Nacht mit dem Bombenalarm. Hier im Viertel ist kein Stein auf dem anderen geblieben. Und jetzt liegt da unten der tote kleine Bruder, und der große will ihn vor den Ratten beschützen. Was für eine Idee. Er hat ihn wohl sehr lieb gehabt, den Kleinen. Vier Jahre alt. Und der andere auch erst neun. Es ist zum Verzweifeln, was der Krieg den Kindern alles antut. Tote Geschwister unter den Trümmern des Elternhauses. Und dann immer der Gedanke an die Ratten. So etwas kann man sicher das ganze Leben lang nicht vergessen. Ob ihm das Kaninchen hilft, damit fertig zu werden? Von den Eltern ist wohl im Moment nicht viel zu erwarten. Sie trauern um das tote Kind und vergessen das lebendige. Sonst würden sie dem Jungen sicher nicht erlauben, sich die ganze Zeit in dieser Trümmerwüste herumzutreiben. Nur gut, dass mir das mit dem Kaninchen eingefallen ist, das wird ihn auf andere Gedanken bringen. Kaninchen gegen Ratten! Schlafende Ratten! Aber manchmal muss man eben lügen. Vielleicht denkt er jetzt schon gar nicht mehr nur an die Ratten, sondern freut sich auf das Kaninchen, das ich ihm nachher mitbringe. Und wenn sein Vater ihm den Hasenstall baut, lenkt ihn das vielleicht auch ein bisschen von seiner Trauer ab. Der Junge kann mir in der nächsten Zeit ein bisschen helfen, die Tiere zu versorgen. Das macht ihm sicher Spaß. Ich darf nur nicht vergessen, ihn nachher gleich nach seinem Namen zu fragen …

Abschlussprüfung Deutsch an Realschulen in Hessen
Übungsaufgabe 5 – Lösungen

1. Handlungsabschnitte

Wie in der ersten Teilaufgabe zu Übungsaufgabe 4 musst du auch hier überprüfen, wann etwas Neues beginnt. Das ist bei dieser Geschichte nicht besonders schwer, weil sie bereits in Absätze gegliedert ist, die sich schon in der sprachlichen Gestaltung unterscheiden.

1. Abschnitt, Z. 1–17: Ein Arbeiter hat die Sicht auf die unmittelbar neben seinem Grundstück gelegene Fabrik mit einer hohen Bretterwand versperrt, weil er alles hasst, was mit seiner Arbeit in der Fabrik zu tun hat.
2. Abschnitt, Z. 18–30: Als er nach vierzig Jahren zum ersten Mal krank und bettlägerig wird, vermisst er den Anblick der Fabrik und lässt die Bretterwand nach und nach bis zur Hälfte einreißen.
3. Abschnitt, Z. 31–37: Die freie Sicht auf seine ehemalige Arbeitsstätte beglückt den Kranken so sehr, dass er nun auch den Rest der Wand wegnehmen lässt; kurze Zeit darauf stirbt er mit einem Lächeln auf den Lippen.

2. Die Beziehung des Arbeiters zu seiner Fabrik – Aufbau und sprachliche Besonderheiten

Die Erzählung ist dreiteilig aufgebaut. Zwischen den ersten beiden Teilen und dem dritten Teil besteht ein deutlicher Unterschied in Satzbau und Wortwahl: Wie sehr der Mann die Fabrik, die Maschine und somit seine Arbeit hasst, wird im **ersten Teil** durch mehrfache **Wiederholungen** betont. Der Autor verwendet dazu **kurze Sätze** von gleichförmigem Satzbau, die dem eintönigen und beschleunigten Stakkato der Akkordarbeit entsprechen („Er hasste die Fabrik. Er hasste die Maschine […]“, Z. 3 f.). Auffällig ist auch die Wortwahl in diesem Teil der Kurzgeschichte: Im Umfeld des wiederholt verwendeten Wortes „**hassen**“ häufen sich **konsonantenreiche**, hart klingende Bezeichnungen wie „Bretterwand“, „Fabrik“, „Hetze“, „Akkord(prämien)“, „Stakkato“ (Z. 1–10) und verstärken die Beschreibung der ablehnenden Beziehung des Mannes zu seiner Arbeit. Der **Hass auf die Fabrik** wird erweitert **auf die Mitmenschen**, die sein Wohl im Auge haben: auf den Meister und den Arzt, die ihm beide sagen, dass er die Akkordarbeit nicht mehr leisten könne. Auch die Ehefrau wird Ziel seines Hasses, weil er die Folgen seiner jahrelangen Akkordarbeit, auf die sie ihn hinweist, nicht wahrhaben will. Als der Mann krank wird und im Bett liegen muss, empfindet er seine häusliche Umgebung,

den erwachenden Frühling in seinem Garten, als langweilig, einförmig und durch die Bretterwand am Ende des Gartens auf unerträgliche Weise eingeschränkt. Die **Monotonie** der Arbeit setzt sich im Privatleben fort. Dies äußert sich weiterhin durch **kurze, abgehackte Sätze** sowie Wiederholungen in Satzbau und Wortwahl: „Er glaubte ihr nicht […] Er glaubte ihm nicht." (Z. 22 f.), „immer nur das Gärtchen, […] immer dasselbe Gärtchen", (Z. 24 f.).
Der **dritte Teil** der Erzählung beginnt, nachdem ein Nachbar die Bretterwand zur Hälfte abgebaut hat. Jetzt ändern sich Satzbau und Formulierung. Mit schon fast lyrischer, **sehr bilderreicher Sprache** und **längeren Sätzen** wird aus Sicht des Kranken der Anblick der Fabrik geschildert („Spiel des Rauches über dem Schlot", Z. 31 f., „Menschenstromes", Z. 32). Aus der in den ersten beiden Teilen nur als „die Fabrik" bezeichneten Arbeitsstätte wird nun **„seine Fabrik"** (Z. 31). Auch der Arbeiter selbst wird am Ende der Erzählung, kurz vor seinem Tod, zum ersten und einzigen Mal in dieser Geschichte mit **positiven Begriffen** wie „zärtlich" (Z. 31), „entspannte" (Z. 36) und „Lächeln" (Z. 36) umschrieben, aber erst, als er die zuvor durch die Bretterwand aus seinem Blickfeld verbannte Fabrik wieder sehen kann.

3. „Neapel sehen und sterben" – Die Bedeutung der Redensart für Titel und Inhalt der Kurzgeschichte

So wie der Anblick der Stadt Neapel in der Redensart „Neapel sehen und sterben" **Erfüllung und Lebensziel** bedeutet, so steht in der Erzählung „Neapel sehen" die **Fabrik** und die damit verbundene Arbeit für den eigentlichen und einzigen Lebensinhalt des Arbeiters. Trotz seines tiefen Hasses gegenüber der Fabrik während seines jahrelangen Berufslebens identifiziert er sich nun, als er krank wird und aus dem Arbeitsleben ausscheiden muss, so sehr mit ihr, dass er seine häusliche Umgebung als einengend und langweilig empfindet. Das eigene Gärtchen, lebendiges Gegenbild zur Eintönigkeit der Fabrik und gleichzeitig auch sichtbares Ergebnis seines Fleißes, bedeutet ihm nichts. Obwohl die **Arbeit** ihn krank gemacht hat, ist sie der **Lebensinhalt des Mannes**, nicht das häusliche Glück, das ihm durch seine Arbeit erst ermöglicht wird. Die selbst gezimmerte **Bretterwand**, die den häuslichen Bereich vom Arbeitsumfeld trennt, muss eingerissen werden, damit er sein „Neapel sehen" und sterben kann. Mit dem **Titel** der Kurzgeschichte möchte der Autor Kurt Marti den besonderen Stellenwert der Fabrik im Leben des Arbeiters hervorheben und durch die bewusste Auslassung der zweiten Hälfte der Redensart „[…] und sterben" indirekt auf den Tod des Mannes am Ende der Kurzgeschichte hinweisen, als er sein „Neapel" – die Fabrik – wieder sehen konnte.
Daneben lassen sich aber auch gewisse **Abweichungen von der Redensart** „Neapel sehen und sterben" feststellen: Neapel war für die Menschen damals ein unbekanntes Ziel ihrer Sehnsüchte, wohingegen der Fabrikarbeiter hier sein

Ziel, die Fabrik, natürlich genau kennt. Auch seine tiefe Ablehnung der Fabrik gegenüber zu Beginn der Erzählung kommt in der Redensart nicht zur Sprache. Dort ist „Neapel" ein völlig unbelastetes, positives Ziel aller Wünsche.

4. a) Beschreibung der Abbildung aus Charlie Chaplins Film „Moderne Zeiten" und ihr Zusammenhang mit Kurt Martis Kurzgeschichte „Neapel sehen"

Die **Abbildung** aus dem Stummfilm „Moderne Zeiten" zeigt einen Mann, der zwischen den Zahnrädern einer offenbar riesigen Maschine eingeklemmt ist und mit zwei vergleichsweise winzigen Schraubenschlüsseln an einem der großen Zahnräder herumschraubt. Es sieht aus, als ob die Maschine den Mann verschlingt oder als ob er selbst Teil dieser Maschine wäre. In Kurt Martis Kurzgeschichte „Neapel sehen" ergreift der **Arbeitsrhythmus** der Maschine ebenfalls Besitz von dem Arbeiter: „Aber die Hände zuckten weiter im Schlaf, zuckten im schnellen Stakkato der Arbeit." (Z. 9 f.) Das heißt, der Arbeiter ist auch hier schon fast ein **Teil der Maschine**. Aber auch sein ganzes Denken ist auf die Arbeit gerichtet. Zu Beginn wird erzählt, wie er die Fabrik hasst, am Ende kann er es nicht ertragen, sie nicht zu sehen. Sein Leben und auch seine Persönlichkeit werden **von der Fabrik und der Arbeit bestimmt**. Ähnlich wie in der Abbildung wird auch im Text die **vernichtende Kraft** einer Maschine bzw. der gesamten Fabrik thematisiert: Die Arbeit an der Maschine macht den Mann krank und abhängig. Die Abhängigkeit geht so weit, dass der Mann seinen Frieden erst wieder finden kann, als er den unverstellten Blick auf die Fabrik durchgesetzt hat. Die Fabrik bzw. die Maschine ist in der Geschichte Kurt Martis demnach zwiespältig einzustufen: Einerseits führt sie zu Krankheit und Tod, andererseits aber auch zu Glück und Zufriedenheit.

4. b) Erörterung

Die Aufgabenstellung verlangt, dass du dich mit der großen Bedeutung, die heute eine Arbeitsstelle für den Einzelnen hat, auseinandersetzen musst. Das bedeutet, dass nur die positiven Seiten zu berücksichtigen sind und du auf negative Aspekte, die in der Kurzgeschichte und dem Film zur Sprache kommen (Monotonie der Arbeit, Berufskrankheiten, Abhängigkeit vom Arbeitgeber) nicht einzugehen brauchst. Infolgedessen ist hier eine einteilige entwickelnde Erörterung von dir gefordert.
Deine Überlegungen vor dem Schreiben notierst du am besten als Arbeitsplan. Das folgende Beispiel einer Gliederung ist sehr ausführlich und zeigt dir verschiedene Möglichkeiten von Argumenten, von denen du in deiner Erörterung dann einige vollständig und anschaulich ausarbeiten sollst.

Gliederung

A. Einleitung: Sowohl Kurt Martis Kurzgeschichte „Neapel sehen“ von 1960 als auch Charly Chaplins Film „Moderne Zeiten“ von 1936 betonen die Bedeutung der Arbeit für den Einzelnen

B. Hauptteil: Welche hohe Bedeutung hat heute eine feste Arbeitsstelle für den Einzelnen?

1 Finanzieller Aspekt

1.1 Regelmäßiges Einkommen bedeutet Selbstständigkeit
- Unabhängigkeit vom Elternhaus
- Entscheidungsfreiheit bei der Lebensgestaltung

1.2 Sicherung und Erhöhung des eigenen Lebensstandards
- Wohnung, Auto, Reisen, Hobby

1.3 Möglichkeit der Familiengründung
- Übernehmen von Verantwortung im privaten Bereich
- Möglichkeit einer langfristigen Zukunftsplanung

1.4 Soziale Absicherung
- Absicherung bei Krankheit
- Absicherung bei Arbeitslosigkeit
- Alterssicherung

2 Persönliche Zufriedenheit

2.1 Erfolgserlebnisse im Beruf
- Zusammenarbeit mit Arbeitskollegen
- Kommunikation mit Kunden/Geschäftspartnern
- Aufstiegsmöglichkeiten
- Weiterbildung

2.2 Persönliche Weiterentwicklung
- Übernehmen von Verantwortung für Mitarbeiter/innen
- Übernehmen von Verantwortung für die Arbeit
- Erlernen von vorausschauendem Handeln

2.3 Gesellschaftliche Anerkennung
- aufgrund der beruflichen Qualifikationen und Erfolge
- aufgrund der finanziellen Absicherung
- aufgrund der sozialen Kontakte durch den Beruf

3 Aktive Mitgestaltung des gesellschaftlichen Umfeldes

3.1 Möglichkeit des Engagements im beruflichen Umfeld
- Engagement im Rahmen von Betriebsrat und Gewerkschaftsarbeit
- Einsatz für Patenbetriebe/Patenschulen

3.2 Höhere Bereitschaft zum Engagement im außerberuflichen Umfeld
- aktive Mitarbeit bei Parteien und in der Kommunalpolitik
- Engagement für demokratische Institutionen (z. B. Schöffengericht)

C. Schluss: Die richtige Berufswahl und eine passende Arbeitsstelle sind entscheidend für die persönliche Zufriedenheit

Ausarbeitung

Einleitung: Sowohl in Kurt Martis Kurzgeschichte „Neapel sehen" aus dem Jahr 1960 als auch in Charlie Chaplins Film „Moderne Zeiten" von 1936 wird beschrieben, wie die Arbeit von einem Menschen Besitz ergreift. Insbesondere die Geschichte von Marti betont in diesem Zusammenhang auch, dass die Arbeit für einen Menschen so wichtig werden kann, dass sie zu seinem einzigen Lebensziel wird.
Beide Werke sind vor mehreren Jahrzehnten entstanden und gehen noch von einer Berufswelt aus, in der beispielsweise die Fließbandarbeit eine wesentlich größere Rolle spielte als heute. Inzwischen hat sich in der Arbeitswelt einiges verändert. Dennoch ist es nach wie vor so, dass die Arbeit für viele Menschen einen ganz entscheidenden Stellenwert in ihrem Leben einnimmt. Gerade in Zeiten steigender Arbeitslosenzahlen ist eine feste Arbeitsstelle für den einzelnen Menschen sehr wichtig. Daher stellt sich die Frage, welche große Bedeutung heute ein Arbeitsplatz haben kann.

Hauptteil (Auszug): Zunächst steht für viele Leute sicher die finanzielle Absicherung im Vordergrund. Durch eine feste Arbeitsstelle bekommt der Arbeitnehmer ein regelmäßiges Einkommen, das ihm eine gewisse finanzielle Selbstständigkeit erlaubt. Jugendliche, die ihr erstes Gehalt auf dem Konto haben, können sich damit auch ein Stück weit unabhängig von ihren Eltern machen und selbst entscheiden, ob sie mit ihrem Geld beispielsweise eine Urlaubsreise mit Freunden unternehmen oder vielleicht einen eigenen Motorroller kaufen wollen …

Schluss: Meiner Meinung nach ist der wichtigste der aufgeführten Aspekte die persönliche Zufriedenheit, die man durch einen festen Arbeitsplatz bekommen kann. Wer sich in seiner Arbeitsumgebung wohlfühlt und in seiner beruflichen Tätigkeit eine sinnvolle Lebensaufgabe sieht, ist vermutlich auch in vielen anderen Lebensbereichen ein glücklicherer Mensch. Daher sind die Berufswahl und die Entscheidung für die richtige Arbeitsstelle für mich von sehr großer Bedeutung. Denn damit stelle ich für mein Leben wichtige Weichen, die meinen weiteren Weg bestimmen und gestalten werden.

Abschlussprüfung Deutsch an Realschulen in Hessen
Übungsaufgabe 6 – Lösungen

1. Inhalt

Im Textausschnitt aus seiner Autobiografie „Abschied von den Eltern“ erzählt Peter Weiss von einem Jungen, dessen Vorstellungen von seiner Zukunft nicht mit dem übereinstimmen, was seine Eltern von ihm erwarten.
Während der Junge in der Mittagszeit vor sich hindöst, reißt ihn die strenge Mutter abrupt aus seinen Träumen, indem sie ihn nachdrücklich auffordert, sofort seine Hausaufgaben zu machen. Gegen seinen Willen wird der Junge an den Schreibtisch gezerrt mit dem Hinweis, ohne unablässiges Lernen würde er es im Leben zu nichts bringen. Nachdem die Mutter sein Zimmer wieder verlassen hat, betrachtet der Junge das Modell einer selbst gebastelten Stadt, das ihm nun angesichts der Vorwürfe der Mutter nutzlos und hässlich erscheint.
Kurz darauf tritt der Vater ins Zimmer und zwingt dem Jungen ein Gespräch über dessen berufliche Zukunft auf. Er ist der Meinung, sein Sohn sei nicht geeignet für ein Studium, sondern solle nach dem Ende des Schuljahres die Handelsschule besuchen und dann bei ihm im Büro arbeiten. Ohne dass der Junge eine Möglichkeit zum Widerspruch erhält, beendet der Vater das Gespräch autoritär mit einem Schlag seiner Hand auf den Tisch.

2. Sprachlich-stilistische Mittel – Wendung durch den Auftritt der Mutter

Der Text besteht aus **drei Teilen**. Im **ersten Teil** liegt der jugendliche Ich-Erzähler auf dem Sofa im Wohnzimmer, betrachtet ein Bild und lässt seine Gedanken schweifen. Die **träumerische Trägheit** des Jungen spiegelt sich in der Wahl der **Adjektive, Partizipien und Verben**, mit denen insbesondere Farben, Geräusche und Materialien beschrieben werden: „graubraun“, „sinnend“, „träge“, „dumpf“, „steinern“ (Z. 3–10). Auch das Bild, das der Junge betrachtet, strahlt Ruhe und Frieden aus: ein Grab und ein alter Schäfer mit seiner Herde. Die durch das offene Fenster dringenden Geräusche mischen sich mit den Träumen des Jungen. Vor seinem inneren Auge entsteht die Stadt, die mit einer Reihe von **Substantiven mit Attributen** aus den Bereichen **Technik** und **Architektur** beschrieben wird: „lange breite Straßenzüge“, „riesige … Häuser“, „Schlösser“, „Türme“, „Hochbahnen“ (Z. 9–11). Dies ist ein Ausdruck für die unendlichen Möglichkeiten, die das Leben außerhalb des Fensters zu verheißen scheint. Der Junge befindet sich dadurch in einem Zustand der **freudigen Erwartung und Lebendigkeit**: „Der Gedanke an die Stadt draußen belebte mich …“ (Z. 9). Wortwahl und Satzbau aus langen, mehrgliedrigen Aufzählungen in diesem Abschnitt verstärken den Eindruck der inneren Ausgeglichenheit des Jungen.

Der Auftritt der **Mutter** im **zweiten Teil** stört die ruhige und erwartungsfrohe Stimmung jäh und leitet damit die **Wende des Geschehens** ein: „Gedränge", „klappernde Reklameschilder" (Z. 12) dringen in die zuvor noch so ruhig beschriebene äußere Welt ein. Die folgenden Vorwürfe der Mutter sind durch **Vergleiche** und **Metaphern** bestimmt, die die Mutter wie eine Kriegerin erscheinen lassen: „wie in einem Wappenschild", „die Faust", „Wappenspruch", „Worte … wie Steine" (Z. 19–21). Durch **Übertreibungen** wie „Allmacht" (Z. 15), „Schande", „schlaflose Nächte deinetwegen" (Z. 24) verkörpert die Mutter zum einen Größe und Macht und zum anderen das schlechte Gewissen, das sie dem Sohn vermitteln will. Ihre Schimpftirade wird in abgehackten, **kurzen Satzreihen** und **Wortwiederholungen** wiedergegeben, wodurch die Worte gleichsam eingehämmert werden und auch die Eintönigkeit des Lebens betont wird: „du musst …, du hast …", „Ich leide …, ich bin …", „büffeln und wieder büffeln", „leben heißt arbeiten, arbeiten und arbeiten und immer wieder arbeiten" (Z. 21–26).

In der als **Zwischenteil** eingeschobenen **kurzen Beschreibung** der fein gearbeiteten Bastelarbeit eines **Stadtmodells**, die der Jungen selbst als „utopische Metropole" (Z. 29 f.) bezeichnet, wird symbolhaft klar, wie sehr die Vorhaltungen der Mutter seine Zukunftsvorstellungen beschädigt haben: Die Häufung von **Adjektiven** wie „unvollendet", „skeletthaft", „zerknittert", „leimdurchbröckelt", „verbogen" und „zerbrechlich" (Z. 30–32) verdeutlicht, dass dem Jungen nach diesem Auftritt der Mutter die eigenen Zukunftsträume hinfällig und untauglich erscheinen. Noch ist er nicht völlig niedergeschlagen, er beschließt zwar, nicht mehr weiterzubauen, doch möchte er „nach andern Mitteln des Ausdrucks suchen" (Z. 33).

Der **Vater** jedoch setzt im **dritten Teil** das von der Mutter begonnene Zerstörungswerk fort und macht endgültig die Vorstellung des Jungen von einer verheißungsvollen Zukunft nieder: Mit Feststellungen und Unterstellungen wie „dazu scheinst du doch kaum zu taugen", nicht „begabt genug", „zum Studieren fehlt dir jede Ausdauer" (Z. 45 f.) **erschüttert** er das **Selbstvertrauen des Jungen**. Das Leben ist nach den Worten des Vaters gekennzeichnet durch „Ernst, Mühe, Verantwortung" (Z. 48), was mit dem Satz „das Leben ist kein Spaß" (Z. 50 f.) zusammengefasst wird. Der Vater selbst wird als „grau und vergrämt", „ungeduldig", „hart" und mit einem „festen Willen" (Z. 47–53) beschrieben, seine Fragen sind „quälend" (Z. 40). Der Sohn, der sich zu Beginn des Textes entspannt seinen Vorstellungen hingegeben und seine Träume im Modell verwirklicht hat, fühlt sich nun als „Nichtskönner und Tagedieb" (Z. 49). Sein Blick wird „schief, feindlich" (Z. 52), als der Vater ihm seine Vorstellung von der **Realität des Lebens** buchstäblich auf den Tisch knallt.

3. Titel des Textausschnitts

Der Titel „**Der Ernst des Lebens**“ trifft den Kern des vorliegenden Textausschnitts. Er greift die Überlegungen der Eltern zum Lebensweg ihres Sohnes auf, insbesondere die Worte des Vaters gegen Ende des Textausschnitts, mit denen er seinem Sohn klar machen will, dass das Leben „kein Spaß“ sei und es „Zeit“ werde, „einmal wirklich arbeiten“ zu lernen (Z. 50 f.). Während am Anfang des Textes dem Jungen das Leben wie eine lange, breite Straße mit vielen **Möglichkeiten** erscheint, werden im Verlauf der Erzählung durch den Auftritt der Mutter und des Vaters diese Möglichkeiten schrittweise **reduziert**: Zunächst wird der Junge angehalten, seine Zeit sinnvoll durch „Büffeln“ zu nutzen, denn „leben heißt arbeiten, arbeiten und arbeiten und immer wieder arbeiten“ (Z. 26). Er erkennt die Chancenlosigkeit seiner eigenen Zukunftspläne angesichts dieser Forderungen der Mutter. Der Vater schließlich setzt das Leben mit „Ernst, Mühe, Verantwortung“ (Z. 48) gleich und nimmt dem Jungen die Möglichkeit, selbst Entscheidungen zu treffen.
In dem vorliegenden Textausschnitt geht es demnach darum, wie schwer es für junge Menschen sein kann, die **Vorstellungen und Träume** von der eigenen Zukunft gegen die Vorgaben der Umgebung, genauer gesagt der Eltern, zu verwirklichen. „Jetzt beginnt der Ernst des Lebens“ – ist auch ein häufig verwendeter Satz, der schon Schulanfängern wie eine Drohung auf den Weg mitgegeben wird. Nach vier Grundschuljahren, nach Abschluss der weiterführenden Schule, zu Beginn der Ausbildung – bei jedem Eintritt in eine weitere Phase ihrer Lern- oder Lehrzeit – begleitet junge Menschen diese Voraussage, die sie in die Erwartung versetzen soll, nun beginne das eigentliche Leben. Diese „Lebensweisheit“ wird im Titel aufgegriffen. Ohne es direkt anzusprechen, bedeutet „der Ernst der Lebens“, dass nach den wenigen Jahren der frühen Kindheit die Zeit des Spielens vorbei ist und dass das wirkliche Leben keinen Spaß bereithält. Um im Leben bestehen zu können, muss man sich – nach dieser Auffassung – rechtzeitig, nämlich von der ersten Klasse an, durch unablässiges Lernen darauf vorbereiten. Die **Realität**, der man sich schließlich zu stellen hat, ist demnach frei von Träumereien, Wünschen, Hoffnungen und Utopien.

4. a) Beurteilung des Verhaltens der Eltern

Die Eltern des Jungen möchten, dass sich ihr Sohn möglichst frühzeitig auf ein Leben, wie sie es selbst führen, vorbereitet. Dazu ist es nach Meinung der Mutter nötig, sich möglichst viel Schulwissen anzueignen. Zusätzlich fürchtet sie, dass ihr Sohn sie blamieren könnte, wenn er in der Schule oder auch später im Berufsleben nicht genügend leisten kann. Während die Mutter ein Schuldbewusstsein bei dem Jungen erzeugt und dadurch versucht, den Jungen zum

Lernen zu bewegen, untergräbt der Vater das Selbstvertrauen seines Sohnes, um ihn leichter zu einer Laufbahn, die der seinen gleicht, zu überreden. Obwohl ich verstehen kann, dass sich die Eltern Sorgen um die berufliche Zukunft ihres Sohnes machen, finde ich ihr Verhalten sehr autoritär und auch egoistisch. Der Mutter ist es wichtig, dass ihr Sohn ihr „keine Schande" macht, der Vater hat bereits einen Berufsweg für seinen Sohn geplant, der ihm möglichst schnell ein geregeltes Einkommen verschaffen soll. Beide fragen nicht nach den persönlichen Wünschen des Jungen, beide unterstützen ihn nicht bei seinen Vorstellungen, die ansatzweise zu erkennen sind. So beachtet die Mutter nicht das unfertige Stadtmodell, der Vater geht nicht auf den zaghaften Einwurf ein, dass der Junge erst die Schule beenden möchte. Sie erkennen nicht, dass ihr Sohn noch Zeit benötigt, seine unklaren Zukunftsideen reifen zu lassen. Meiner Meinung nach wäre es wichtig, dass die Eltern ihren Sohn unterstützen, ihm Wege zeigen, ohne ihn festzulegen, und sein Selbstvertrauen stärken, da die Entscheidung für einen Beruf oder ein Studienfach das gesamte spätere Leben eines Menschen bestimmt. Wenn dem Sohn immer wieder eingehämmert wird, dass das Leben nur Arbeit, Ernst, Mühe und Verantwortung bedeutet und man sich daran möglichst früh gewöhnen muss, bleibt dem Jungen kaum eine Möglichkeit, ein selbstbestimmtes und beruflich erfülltes Leben zu führen.

4. b) Tagebucheintragungen des Jungen

Montag, 14. Juni
Lange halte ich das nicht mehr aus. Schon wieder haben sie mich zur Schnecke gemacht; erst sie, dann er. Nicht mal fünf Minuten kann ich es mir auf dem Sofa gemütlich machen. Meine Mutter kann es nicht ertragen, wenn ich nicht die ganze Zeit am Schreibtisch sitze. Dabei weiß jeder, dass der ganze Hausaufgabenkram sowieso der pure Stumpfsinn ist. Meine Noten sind ihr nur wichtig, um bei ihren Freundinnen damit anzugeben. Was mich wirklich interessiert, ist ihr egal, und was ich im Leben gebrauchen kann, lerne ich in der Schule ohnehin nicht, z. B. vernünftige Modelle zu bauen. Keinen Blick haben sie für meine Stadt übrig gehabt, dabei habe ich wirklich ziemlich lange daran getüftelt. Ich weiß, dass es kein Meisterwerk ist, vieles ist mir nicht so gut gelungen. Ich hatte die Idee einer Zukunftsstadt, mit schlanken Wolkenkratzern, elegant geschwungenen Brücken, Bauwerken von anmutiger Leichtigkeit. In meiner Vorstellung war alles perfekt. In Wirklichkeit sieht es aus, als würde alles gleich zusammenfallen. Ich werde das ganze Zeug in den Mülleimer werfen und mir was anderes überlegen. Vielleicht sollte ich Schriftsteller werden. Wie ich meine Eltern kenne, würden sie diese Idee genauso idiotisch finden wie die Vorstellung, Städte zu entwerfen. Ein Leben, in dem man sich nicht kaputt arbeitet, taugt in ihren Augen sowieso nichts. Wenn ich mir vorstelle, mal so zu werden

wie mein Vater, packt mich das kalte Grauen. Seit dreißig Jahren rackert er sich jeden Tag von morgens bis abends in seinem Büro ab, kommt kaum mal nach draußen und sieht aus wie ein Gespenst. Er kann doch nicht erwarten, dass ich nach diesem Schuljahr auf die kaufmännische Schule gehe und mich dann bei ihm im Büro lebendig begraben lasse! Warum traut er mir nicht zu, in der Schule weiterzukommen? Er weiß doch gar nichts von mir und davon, wie ich mir mein Leben vorstelle! Aber das war wieder typisch für ihn, wenn ihm keine Argumente einfallen, haut er auf den Tisch und beendet damit jede Möglichkeit zur Diskussion. Dass ich so ein eintöniges Leben führen werde wie er, darauf kann er jedenfalls lange warten!

Abschlussprüfung Deutsch an Realschulen in Hessen
Übungsaufgabe 7 – Lösungen

1. a) Zentrale Aussagen

Wie häufig bei Zeitungsveröffentlichungen, ist auch dieser Text bereits in Absätze untergliedert. Nach einem einleitenden Abschnitt wird zunächst eine gesellschaftliche Beobachtung geschildert und mit Zahlen belegt, anschließend werden verschiedene Gründe für diese Beobachtung genannt. Wenn du diesen Aufbau des Artikels erkannt hast, ist es nicht mehr schwer, den Inhalt jeden Abschnitts in einem Satz zu formulieren.

Erster Abschnitt, Z. 1–8: Am Beispiel des Films „Tanguy“, in dem ein 28-Jähriger aus Bequemlichkeit nicht von zu Hause ausziehen möchte, wird das Thema eingeführt: Junge Leute, besonders Männer, verlassen das Elternhaus immer später.

Zweiter Abschnitt, Z. 9–21: Die bereits 1996 festgestellte Entwicklung, dass junge Männer später als junge Frauen von zu Hause ausziehen, trifft auch heute noch zu. Der prozentuale Unterschied zwischen Männern und Frauen, die noch zu Hause leben, nimmt dabei mit dem Alter zu: Bei den Dreißigjährigen leben fast dreimal so viele Männer wie Frauen noch bei den Eltern.

Dritter Abschnitt, Z. 22–40: Gründe für das späte Ausziehen sind lange Ausbildungszeiten, ein teurer Wohnungsmarkt, die hohe Arbeitslosigkeit, großzügige elterliche Wohnverhältnisse und die Tatsache, dass junge Leute ihr Geld lieber für Freizeitvergnügungen als für die Miete einer eigenen Wohnung auszugeben bereit sind.

Vierter Abschnitt, Z. 41–52: Dass Töchter eher als Söhne das Elternhaus verlassen, liegt an der stärkeren Kontrolle, der sie als Jugendliche ausgesetzt sind, an den häuslichen Pflichten, die man ihnen abverlangt und an den oft kürzeren Ausbildungswegen, durch die sie schneller finanziell unabhängig sind.

1. b) Thema des Textes

In ihrem Artikel „Hotel Mama“, erschienen auf der Internetseite der Zeitschrift „Brigitte“, thematisiert und begründet die Autorin Susanne Arndt das sogenannte „Nesthocker-Phänomen“, nämlich die Beobachtung, dass junge Leute, vor allem Männer, immer später von zu Hause ausziehen.

2. Haltung der Verfasserin zum „Nesthocker-Phänomen"

Susanne Arndt nähert sich dem „Nesthocker-Phänomen" zum einen auf einer **wissenschaftlichen, sachlich neutralen Ebene**. Um den Sachverhalt wissenschaftlich zu untermauern, verwendet sie statistische Zahlenangaben (Z. 15–21), Fach- und Fremdwörter wie „Soziologe" (Z. 9), „Diskrepanz" (Z. 17 f.) und „absolvieren" (Z. 48 f.) und zitiert verschiedene Wissenschaftler und ihre Studien in indirekter Rede. Unzweifelhafte Aussagen, die in der indirekten Rede wiedergegeben werden, stehen meist im Indikativ (z. B. Z. 38–40); nur vereinzelt wird der Konjunktiv der indirekten Rede eingesetzt (Z. 11–13).
Zum anderen nimmt die Verfasserin aber auch eine **ironische, distanzierte Haltung** zum beschriebenen Sachverhalt des „Nesthockens" ein. Sichtbar wird dies insbesondere an der Wortwahl. Die männlichen „Nesthocker" werden nicht nur neutral als „Männer", „Jugendliche" oder „Söhne" (z. B. Z. 7, 16, 29, 45) bezeichnet, sondern auch mit den **saloppen Formulierungen** „Sohnemann" (Z. 4) und „Jungs" (Z. 22, 42) angesprochen. Besonders auffällig sind die zahlreichen **Synonyme** für das elterliche Zuhause, die häufig **Metaphern** sind. Dazu gehört neben „Hotel Mama" (Überschrift) auch die „Eltern-Pension" (Z. 8), die beide das Elternhaus mit einem Service-Unternehmen gleichsetzen und dadurch **ironisch** wirken. Auch die englische Wendung „Home, sweet home" (Z. 9) greift diesen ironischen Ton wieder auf. Die Metapher „Nest" (Z. 5) stellt einen Bezug zum Tierreich her. Dieses Bild wird in dem Begriff „Nesthocker-Tendenzen" (Z. 23) noch fortgesetzt: Die jungen Erwachsenen werden mit Tierjungen verglichen, die noch nicht flügge und reif genug sind, um selbstständig leben zu können. Durch den Vergleich mit dem Tierreich vereinfacht und beschönigt die Autorin den Sachverhalt aber auch etwas: Denn im Gegensatz zu den Tierjungen könnten die „Menschenjungen" zwar selbstständig leben, wollen es aber nicht. Auch wenn die Autorin sich an keiner Stelle des Textes eindeutig gegen das „Nesthocker-Phänomen" ausspricht, lässt sich doch an der ironischen Wortwahl des Artikels ihre kritische Haltung erkennen.

3. Bericht?

Der vorliegende Zeitschriftenartikel lässt sich nicht ohne Weiteres eindeutig einer Textsorte zuordnen: Für einen **Bericht** spricht, dass der Text inhaltlich sachlich über das aktuelle Phänomen des „Nesthockens" **informiert**, wozu verschiedene wissenschaftliche Quellen (Studien, Statistiken) herangezogen werden. Andererseits greift die Autorin aber auch zu **umgangssprachlichen Ausdrücken**, die für einen wissenschaftlichen Informationstext nicht angemessen sind. Außerdem äußert sie sich nicht nur neutral und unbeteiligt über das Thema, wie es für einen Bericht typisch wäre: Zwar kommt ihre kritische Haltung gegenüber den jungen Menschen, die zu Hause wohnen bleiben, nicht ausdrücklich zur Sprache, aber ihre **Kritik** zeigt sich deutlich in ironischen Formulierungen wie „Hotel Mama" (Überschrift), „Eltern-Pension" (Z. 8) oder „Nesthocker-Tendenzen" (Z. 23). Diese meinungsbildenden Äußerungen und der saloppe Stil des Artikels weisen auf eine kommentierende Textsorte wie **Kommentar oder Glosse** hin. Auch wenn insgesamt eindeutig der informative Teil überwiegt, ist der vorliegende Text kein sachlich berichtender Fachtext. Denn der lockere und wertende Stil des Artikels führt dazu, dass dem Leser die Informationen auf eine **unterhaltsame Art** nahegebracht werden.

4. a) E-Mail

Von: hoffmann.anna-lena@net.de Gesendet: Mo 22.11.2004 17:34
An: arndt.susanne@brigitte.de
Betreff: Hotel Mama

Sehr geehrte Frau Arndt,

mit großem Interesse habe ich Ihren Artikel „Hotel Mama" auf der Internetseite der Zeitschrift „Brigitte" gelesen. Ich muss Ihnen recht geben – der Trend geht wirklich dahin, immer länger bei den Eltern zu wohnen.
Aber warum soll man sich das Leben schwerer machen, als es schon ist? Ich finde daran nichts Schlimmes, denn es liegt bei diesem „Nesthocker-Phänomen" wohl nicht nur an den Kindern, sondern auch an den Eltern, die nichts dagegen haben, wenn man länger zu Hause wohnt. Dies ist vielleicht auch ein gutes Zeichen für das gegenseitige Verständnis von Alt und Jung. Denn, wenn man freiwillig zu Hause wohnen bleibt, versteht man sich logischerweise auch gut mit den Eltern. Man hängt mitunter sehr an der Familie, und der finanzielle Aspekt ist dann gar nicht so ausschlaggebend.
Zugegeben, es ist billiger, bei den Eltern zu wohnen, ein neues Auto ist so schneller finanziert. Doch darf man eines nicht vergessen: Oftmals sind es auch die Eltern, die ihren Kindern von einer frühzeitigen Wohnungssuche abraten.
„Nesthocken" ist meiner Meinung nach an sich nichts Negatives, wenn beide Seiten – Eltern und Kinder – damit einverstanden sind und keiner sich eingeengt fühlt. Wichtig ist dabei vor allem, dass die jungen Menschen nicht nur aus Bequemlichkeit und Eigennutz bei den Eltern bleiben, sondern für das gemeinsame Zuhause auch ihren Teil an Verpflichtungen übernehmen (z. B. Abwasch, Rasen mähen, Sauberhalten des eigenen Zimmers). Dies fällt am leichtesten, wenn genaue Regeln aufgestellt werden, wofür jeder im Haushalt zuständig ist. Wenn diese Aufgabenteilung gut funktioniert, kann sie auch ein wesentlicher Schritt auf dem Weg in die Selbstständigkeit sein: Die jungen Menschen lernen dadurch, nach und nach Verantwortung zu übernehmen und ihr eigenes Leben zu organisieren. Aber auch die Eltern können die schrittweise Erfahrung ma-

chen, ihre Kinder loszulassen. Es wäre schön gewesen, wenn Sie auch auf diese Möglichkeiten in Ihrem Artikel hingewiesen hätten. Denn damit hätten Sie dem Trend des „Nesthockens" auch etwas Positives abgewinnen können.

Mit freundlichen Grüßen
Anna-Lena Hoffmann

4. b) Dialog

ICH: Mama, ich weiß, dass wir manchmal Schwierigkeiten miteinander haben. Wir sind oft nicht einer Meinung. Besonders häufig streiten wir uns, wenn ich – deiner Meinung nach – zu laut Musik höre.

MUTTER: Nicht nur dann! Mich nervt auch, dass dauernd das Telefon besetzt ist und ich nicht telefonieren kann – du hast es immer unter Beschlag, und die Rechnung darf ich auch noch bezahlen! Such dir langsam mal eine eigene Wohnung, damit du endlich lernst, was das Leben kostet.

ICH: Ich gebe dir doch monatlich schon was zur Miete. Und ich helfe dir doch auch bei der Hausarbeit – du hast in mir also auch eine Art Haushaltshilfe.

MUTTER: Mein liebes Kind, du machst gerade deinen eigenen Dreck weg, von Hilfe kann ja wohl keine Rede sein. Du bist seit zwei Jahren mit der Ausbildung fertig und hast genug sparen können, um dir eine erste Einrichtung zu finanzieren.

ICH: Das ging aber alles für mein Auto drauf! Stell dir doch mal vor, wenn ich eine eigene Wohnung hätte, dann wärest du abends hier ganz allein, und ich wäre auch allein in meiner Wohnung. Natürlich will ich mal ausziehen, aber jetzt noch nicht. Können wir nicht eine Regelung finden, damit ich noch hier wohnen bleiben kann? Beispielsweise kann ich mir einen eigenen Telefonanschluss legen lassen und meine Rechnung selbst bezahlen. Ich verspreche auch, meine Wäsche selbst zu bügeln und dir prinzipiell mehr im Haushalt zu helfen. Wenn wir eine einvernehmliche Lösung finden können, dann ist dir damit auch gedient, sonst musst du ja ganz allein die Wohnung finanzieren – eine solche Lösung käme auch deinem Geldbeutel zugute.

MUTTER: Wenn du dich an die Regeln hältst, dann wird es auch keine Probleme mehr geben. Ich möchte nur nicht, dass du denkst, du kannst noch ewig hier wohnen bleiben. Glaub mir, du wirst erst erwachsen werden, wenn du dein eigenes Leben meistern musst.

ICH: Dann lass mir bitte noch etwas Zeit, bis ich bessere Voraussetzungen dafür habe. Ich möchte nicht einfach ins kalte Wasser geschmissen werden.

MUTTER: Nein, das will ich auch nicht. Also gut, wir werden einen Plan machen, damit unser Zusammenleben besser klappt.

Abschlussprüfung Deutsch an Realschulen in Hessen
Übungsaufgabe 8 – Lösungen

1. Kernaussagen der einzelnen Textabsätze

Welche Informationen sind für das Textverständnis wirklich wichtig? Diese Frage musst du dir immer wieder stellen, wenn du einen langen Zeitungstext wie diesen Abschnitt für Abschnitt durchgehst. Beispiele und Zitate sind z. B. dafür da, die Reportage lebendig zu gestalten, für die Ermittlung der zentralen Aussage sind sie in der Regel nicht entscheidend. Persönlichkeiten solltest du in ihrer Funktion, nicht aber mit ihrem Namen in deiner Zusammenfassung erwähnen (z. B. Politiker, Wettbewerbsteilnehmer).

1. Absatz (Z. 1–13): Im NDR-Landesfunkhaus in Schwerin findet das Landesfinale des Rhetorikwettbewerbs „Jugend debattiert“ statt, das eine 16-jährige Schülerin mit einer Rede über die Strafmündigkeit Jugendlicher für sich entscheiden will.

2. Absatz (Z. 14–31): Die Gewinner des Wettbewerbs, an dem bundesweit mehr als 16 000 Schülerinnen und Schüler ab 14 Jahren teilgenommen haben, werden am 15. Juni im Schloss Bellevue in Berlin unter den Landessiegern ermittelt und mit einem einwöchigen Rhetorikseminar im Kloster Eberbach bei Frankfurt belohnt.

3. Absatz (Z. 32–54): Der Wettbewerb wird von privaten Stiftungen durchgeführt und mit fünf Millionen Euro in den ersten drei Jahren finanziert. Nach den Vorstellungen der Organisatoren soll er mit der Zeit einen ähnlichen Stellenwert wie „Jugend forscht“ und „Jugend musiziert“ erhalten und dazu beitragen, dass die Redekunst vermehrt in den Schulalltag integriert wird.

4. Absatz (Z. 55–72): Die Wettbewerbsteilnehmer werden nach Jahrgangsstufen in zwei verschiedene Gruppen aufgeteilt. Sie debattieren jeweils eine halbe Stunde lang über eins von zwei aktuellen Themen, für die sie eine Woche Vorbereitungszeit haben.

5. Absatz (Z. 73–90): Im Landeswettbewerb von Mecklenburg-Vorpommern beurteilt die Jury aus Politikern, Schüler- und Elternvertretern die Teilnehmer nach glaubwürdiger Argumentation, Ausdruck und gründlicher Recherche ihres Themas sowie der Fähigkeit, anderen zuzuhören.

6. Absatz (Z. 91–104): Vorbereitet für den Wettbewerb werden die Teilnehmerinnen und Teilnehmer von ihren Lehrern, die zuvor bei Rhetoriktrainern die gleichen Debattierregeln lernen, die ihre Schüler anwenden sollen.

7. Absatz (Z. 105–117): Den eigenen Debattierstil durchhalten und dem Vorredner zuhören, das sind die Erfolgsrezepte der beiden Sieger aus dem Schweriner Landesentscheid.

2. Ziel des Rhetorikwettbewerbs – ein guter Redner/eine gute Rednerin?

Der Rhetorikwettbewerb hat zwei **Hauptziele**: Zum einen sollen Jugendliche **sprachlich gebildet** und ihre „rhetorischen Fähigkeiten" gefördert werden (Z. 38 f., 69 f.). In diesem Zusammenhang will der Rhetorikwettbewerb grundsätzlich **Freude am Reden** vermitteln und „Deutschland aus der PISA-Lähmung befreien" (Z. 24 f.). Damit ist gemeint, dass sich das deutsche Schul- und Bildungssystem seit der Veröffentlichung der unerfreulichen Ergebnisse der PISA-Studie in einer Art Schockzustand befindet, aus dem man sich langsam lösen muss, um Verbesserungsmaßnahmen im Bildungssystem zu ergreifen. Eine solche könnte die Förderung der Redekunst in der Schule sein. Dazu möchte man die Rhetorik **in den normalen Schulunterricht integrieren** und nicht nur in ausgegliederten Kursen und Projekten anbieten (Z 48–54). Zum anderen soll das Debattieren auch das Interesse an der Politik wecken und die Jugendlichen **politisch bilden** (Z. 39, 70 f.).
Ein weiteres Ziel des Rhetorikwettbewerbs ist es natürlich, besonders **gute Redner bzw. Rednerinnen** zu ermitteln. Nach den Kriterien der Wettbewerbsjury steht hier vor allem die **Glaubwürdigkeit** der Argumentation, d. h. die Überzeugungskraft der einzelnen Argumente, die **Ausdrucksfähigkeit**, die gründliche **Recherche** bei der Vorbereitung und das gegenseitige **Zuhören** im Vordergrund (Z. 80–83). „Zuhören" bedeutet, dass man sich auf andere Teilnehmer an der Debatte einstellt und ihre Argumente in der eigenen Rede wieder aufgreift. Darauf verweist auch eine Siegerin des Wettbewerbs (Z. 116 f.). Zudem sollte ein guter Redner die **Übersicht** behalten und den „roten Faden" nicht verlieren, worauf der Sieger in der Mittelstufe verweist (Z. 109–113). Darüber hinaus ist es wichtig, während einer Rede **ruhig** zu bleiben („lässig", Z. 1), seine **Gestik und Mimik** geschickt einzusetzen („eine ausladende Geste", Z. 3) und auch **Gefühle** zu zeigen, um den Zuhörer persönlich anzusprechen („leidenschaftliches Plädoyer", Z. 6).

3. a) „reden sich in diesen Tagen Jugendliche die Köpfe heiß " und „auf seine Schiene zu kommen"

Mit dem Ausdruck **„reden sich in diesen Tagen Jugendliche die Köpfe heiß"** (Z. 14 f.) ist gemeint, dass im Mai 2003 in allen deutschen Bundesländern Debattierwettbewerbe stattgefunden haben, bei denen Schüler ab 14 Jahren teilnehmen konnten. Die bildhafte Wendung „sich die Köpfe heiß reden" veranschaulicht, dass die Jugendlichen durch das engagierte und heftige Debattieren einen gut durchbluteten und daher heißen Kopf bekommen können. Auch die Tatsache, dass sich die Schüler beim Argumentieren überlegt äußern müssen und ihr Gehirn besonders strapaziert wird, spielt dabei eine Rolle.
Die Wendung **„auf seine Schiene kommen"** (Z. 112 f.) bedeutet, dass nach der Meinung des Mittelstufensiegers Tim Zosel ein Redner beim geplanten Verlauf und dem Stil der eigenen Argumentation bleiben und sich nicht durch die anderen Debattanten von der Ausgangsfrage ablenken lassen sollte. Diese metaphorische Fügung ist offensichtlich aus dem Bereich der Bahn entnommen: Wie ein Zug auf einer Schiene entlangfährt, so sollte auch ein guter Redner an der Grundlinie seiner Argumentation festhalten.

3. b) Zwei weitere bildhafte Ausdrücke

Auch der bildhafte Ausdruck **„auf den fahrenden Zug aufspringen"** (Z. 73 f.) ist aus seinem ursprünglichen Bedeutungszusammenhang herausgelöst. Im Textzusammenhang wird damit erläutert, dass Politiker den bereits erfolgreichen Rhetorikwettbewerb unterstützen. Es wird deutlich, dass sie daran nicht von Anfang an beteiligt waren und den Zug – d. h. den Wettbewerb „Jugend debattiert" – nicht ins Rollen gebracht haben, sondern sich erst nach ersten Erfolgen für das Projekt engagiert haben.

Die metaphorische Wendung **„mithilfe der Fernbedienung ausweichen"** (Z. 86 f.) veranschaulicht, dass Streitsituationen in Familien bewusst unterdrückt werden, indem man den Fernseher einschaltet und nicht mehr miteinander redet. So werden Möglichkeiten zur sachlichen Auseinandersetzung und Diskussion in der Familie nicht genutzt und daher auch nicht geübt.

4. a) Brief an den Direktor der Schule

Katharina Finkenstedt
Amselweg 19
54321 Vogelsberg

An den Schuldirektor der
Konrad-Lorenz-Realschule
Herrn Kastner

Vogelsberg, 4. 7. 2004

Sehr geehrter Herr Kastner,

letzte Woche habe ich eine Freundin zu einem Debattierwettbewerb begleitet. Ich war erstaunt, wie bereits Zehnjährige jemanden von ihrer Meinung überzeugen können. Die sprachliche Ausdrucksfähigkeit ist mir dabei besonders positiv aufgefallen. Diese Kinder sind Gleichaltrigen rhetorisch weit überlegen und bewegen sich dermaßen selbstsicher auf dem Rednerparkett, als ob sie nie etwas anderes getan hätten.
Nach dem Wettbewerb wurde auch Informationsmaterial über die Verbesserung der Rhetorikfähigkeit bei Schülern verteilt, das ich Ihnen beigelegt habe.
Könnte nicht ein solches Training auch an unserer Schule eingeführt werden?
Die Vorteile eines Rhetorikkurses in der Schule liegen auf der Hand: Einerseits lernen alle Schüler, sich sprachlich besser auszudrücken, weiterhin verbessert sich die mündliche Mitarbeit, weil wir Schüler Sicherheit im Reden gewonnen haben. Viele Unterrichtsgespräche werden dadurch sicher interessanter und anregender. Dies fördert auch die Motivation der Lehrer, die Schüler stärker in den Unterricht einzubinden und ihre Unterrichtsstunden offener zu gestalten.
Der Aspekt „Erziehung zur Mündigkeit“ darf dabei nicht außer Acht gelassen werden. Denn nur derjenige, der seine Meinung überzeugend vertreten kann, aber auch gelernt hat, dem anderen wirklich zuzuhören, wird später mündig und verantwortungsbewusst werden.
Damit habe ich bereits den vielleicht wichtigsten Aspekt angesprochen – dem anderen zuhören.
Aufgrund der zunehmenden Gewaltbereitschaft an Schulen wäre ein Rhetoriktraining eine Art Zusatzprogramm zur Mediation und zu unseren Streitschlichterprogrammen. Schüler, die den anderen ausreden lassen und gelernt haben, fair zu debattieren, werden nicht so schnell zu körperlicher Gewalt greifen, da sie in der verbalen Auseinandersetzung geübt sind.
Ich würde mich freuen, wenn Sie meine Anregung aufgreifen würden und einen Rhetorikkurs auch an unserer Schule einführen könnten.

Mit freundlichen Grüßen
Ihre Katharina Finkenstedt

4. b) Erörterung

Gliederung

A Einleitung: Die mangelnde Ausdrucksfähigkeit von Jugendlichen wird häufig kritisiert

B Hauptteil: Welche Folgen hat eine Verbesserung der Rhetorikfähigkeit bei Jugendlichen?

1 Der Unterricht wird lebendiger
2 Meinungen werden hinterfragt
3 Das politische Interesse wird gesteigert
4 Die Toleranz untereinander wird gefördert

C Schluss: Eine verbesserte Rhetorikfähigkeit unterstützt die Erziehung zur Mündigkeit

Ausarbeitung

Einleitung: Immer wieder wird die mangelnde Ausdrucksfähigkeit besonders von Jugendlichen kritisiert. Die zunehmende Verschlechterung zeigt sich beispielsweise in den Fernseh-Talkshows, die auch bei Jugendlichen sehr beliebt sind: Statt einer Diskussion, die auf rhetorischen Fähigkeiten basiert, werden Meinungen geäußert, ohne diese argumentativ zu untermauern.
Ein wirksames Gegenmittel ist es, die Rhetorikfähigkeit von Jugendlichen zu verbessern. Doch stellt sich dabei die Frage, welche Vorteile man sich davon eigentlich erhofft.

Hauptteil: Zum Ersten wäre hier der schulische Bereich zu nennen. Eine Anregung der Diskussionsfreude macht den Unterricht lebendiger. Schüler hinterfragen Dinge, beteiligen sich am Geschehen und wirken so einem einseitig lehrerzentrierten Unterricht entgegen. So erarbeiten Schüler ihr Wissen selbstständig und haben dadurch einen größeren Lernerfolg.
Daraus folgt automatisch, dass man Meinungen nicht mehr nur annimmt, sondern sie hinterfragt – auch seine eigenen. Wer sprachlich und argumentativ überzeugen möchte, muss seine eigenen Ansichten auf einem festen Fundament aufbauen. Dies ist aber nur möglich, wenn man sich vorher Gedanken macht und dabei die Standpunkte anderer berücksichtigt. Somit kommt eine gesunde Form der Selbstkritik zustande, die unreflektierte Überzeugungen kaum noch zulässt.
Damit verändert sich auch der eigene Standpunkt zum Geschehen in der Welt, besonders im politischen Bereich. Die zunehmende Politikverdrossenheit, das Desinteresse der Jugendlichen an Dingen, die in der Welt passieren, kann sich

nachhaltig verbessern. Wer überzeugend seinen Standpunkt darstellen kann und kritisch Dinge hinterfragt, kann am öffentlichen Leben besser teilnehmen und wird dies auch lieber tun.
Ein weiterer Aspekt ist die zunehmende Toleranz gegenüber anderen Ansichten. In einer rhetorisch vielseitigen Debatte steht nicht nur die eigene Meinung im Vordergrund, sondern auch das Zuhören und das Überdenken anderer Meinungen. Ein reger Meinungsaustausch führt dazu, dass man seine eigene Ansicht nicht nur zur Diskussion stellt und selbst reflektiert, sondern angesichts berechtigter Gegenargumente mitunter auch zurücknehmen muss. Dadurch wird die Toleranz und der Respekt gegenüber Andersdenkenden gefördert –etwas, das in der heutigen Zeit immer mehr fehlt.

Schluss: Zusammenfassend kann man sagen, dass die Verbesserung von rhetorischen Fähigkeiten in vielerlei Hinsicht wünschenswert ist. Sie unterstützt das, was für Jugendliche in allen Bereichen wichtig ist – das Erlangen der Selbstständigkeit.

Abschlussprüfung Deutsch an Realschulen in Hessen
Übungsaufgabe 9 – Lösungen

1. Zentrale Textaussagen

Dismorphophobie ist eine Krankheit, bei der Menschen unter der zwanghaften Vorstellung leiden, missgestaltet zu sein. Die Betroffenen fühlen sich hässlich, ohne dass wirklich ein körperlicher Mangel für Außenstehende erkennbar ist.
Die Ursachen dieser „Hässlichkeitsangst“ (Z. 23) liegen „weitgehend im Dunkeln“ (Z. 92). Studien haben allerdings einen Zusammenhang mit Lern- und Gedächtnisproblemen festgestellt (Z. 95 f.). Insbesondere das räumliche Verstehen einer gesamten Gestalt bereitet den Erkrankten Schwierigkeiten, da sie zu sehr auf Einzelheiten fixiert sind (Z. 101–103).
Dysmorphophobie kann verschiedene Auswirkungen haben: Das beginnt damit, dass die Betroffenen ständig ihr Spiegelbild beobachten oder es zwanghaft vermeiden, in einen Spiegel zu blicken (Z. 31–33). Sie trauen sich nicht mehr in die Öffentlichkeit unter andere Menschen, „weil sie sich ihrer eingebildeten Missgestalt dann umso schmerzhafter bewusst werden“ (Z. 34–36). Ein Ausweg scheint für viele Erkrankte eine Schönheitsoperation zu sein. Doch meist bleibt es nicht bei nur einer Operation (Z. 42–45). Im Extremfall möchten sich die Betroffenen ganze Körperteile amputieren lassen (Z. 109–113), bedrohen die behandelnden Ärzte mit Gewalt (Z. 71–76) oder begehen sogar Selbstmord (Z. 62 f.)
Die Krankheit beginnt häufig schon „im Teenager- oder frühen Erwachsenenalter“, weil junge Menschen in dieser Zeit meist unter einem mangelnden Selbstbewusstsein leiden (Z. 52–55). Wie viele Personen betroffen sind, ist unter Fachleuten umstritten. Man geht aber davon aus, dass 2 % der US-Bevölkerung, das sind über fünf Millionen Menschen, an der Krankheit leiden (Z. 77–81).

2. Ein rein wissenschaftlicher Text?

Der Eindruck, dass es sich bei dem vorliegenden Zeitschriftenartikel um einen wissenschaftlichen Text handelt, wird durch folgende Sprach- und Stilmerkmale unterstützt: Der Leser wird über die Krankheit sachlich **informiert**, z. B. dadurch dass der **Begriff** Dysmorphophobie (Z. 22 ff.) **geklärt** oder der Streit über die Ausdehnung der Krankheit (Z. 77 ff.) erläutert wird. Im Text finden sich viele medizinische **Fachausdrücke** wie „Dysmorphophobie“ (Z. 22), „psychische Anomalien“ (Z. 84) oder „Amputation“ (Z. 112 f.). Auch werden mehrere **Fachleute** zu diesem Thema namentlich genannt und zitiert, beispiels-

weise die Psychiaterin Katherine Phillips (Z. 64–70, 78 –81) oder der Forscher Thilo Deckersbach (Z. 92 f.). Die Aussagen werden mit statistischen **Zahlenangaben** und mit Jahres-/Monatsangaben belegt (z. B. Z. 71 f., 79 f.).
Dennoch zeigen sich auch einige Abweichungen von einem rein wissenschaftlichen Stil: Der Text enthält zum einen **appellative** Elemente. Beispielsweise spricht der Autor den Leser direkt an: „Sie staunen?“ (Z. 11). Zum anderen drückt der Verfasser seine Meinung deutlich aus und **kommentiert** die Informationen dadurch subjektiv, was an „Freilich“ (Z. 39), „Bleibt zu hoffen, …“ (Z. 126–129) zu erkennen ist. Somit erfüllt der Text nicht nur die Funktion der Information, sondern vermittelt auch die beiden anderen Sprachfunktionen Appell und Ausdruck.

3. a) Wesentliche Aussagen der Umfrage

Durch die Meinungsumfrage des Allensbacher Instituts soll erforscht werden, in welchen Fällen Schönheitsoperation auf Verständnis stoßen. Alle Befragten stammen aus Deutschland und sind mindestens 16 Jahre alt. Die Ergebnisse wurden in Altersgruppen eingeteilt: 16–29 Jahre, 30–44 Jahre, 45–59 Jahre sowie 60 Jahre und älter. Die Ergebnisse sind tabellarisch dargestellt.
Auffällig ist, dass die Akzeptanz einer Schönheitsoperation unter den jüngeren Befragten höher ist als bei älteren. Ein sehr hoher Anteil billigt eine Schönheitsoperation, wenn jemand nach einem schweren Unfall entstellt ist. Zwischen 89 % und 96 % der Befragten – je nach Altersgruppe – stimmen hier zu. Für eine Schönheitsoperation als Mittel, um private Ziele besser verwirklichen zu können, haben nur wenige Verständnis gezeigt (zwischen 32 % und 12 %). Weit weniger Zustimmung signalisieren die Befragten, wenn es um die Realisierung beruflicher Ziele ging (zwischen unter 0,5 % und 17 %). Nur eine geringe Anzahl der Befragten (zwischen 4 % und 9 %) machten keine Angaben oder konnten überhaupt kein Verständnis für eine Schönheitsoperation zeigen.

3. b) Vergleich der Aussagen von Text und Tabelle

Anders als die **Tabelle**, die nur über die Ergebnisse der Meinungsumfrage informiert und diese **nicht bewertet**, enthält der **Artikel** von Hubertus Breuer eine deutliche **Kritik** an Schönheitsoperationen. So lassen die Äußerungen des Autors keinen Zweifel daran, dass er die „Besessenheit vom eigenen Körper“ (Z. 11 f.) nicht mit den Menschen teilt, die sich des Öfteren unters Skalpell legen. Zwar lehnt er diese Menschen nicht ab, aber er stellt das Tun der Ärzte in Frage, die solche Operationen durchführen. Nach seiner Aussage sind Teenager und junge Erwachsene besonders gefährdet, an der Zwangsvorstellung

Dysmorphophobie zu erkranken. Sie befinden sich in einem Alter, in dem man eher weniger Selbstbewusstsein hat.
Untersucht man die Tabelle vor diesem Hintergrund, so könnte man vermuten, dass sich die relativ hohe Akzeptanz von Schönheitsoperationen bei Jüngeren durch den alterstypischen Mangel an Selbstbewusstsein erklären lässt. Dies bedeutet also, dass das Ja zur Schönheitsoperation nicht nur eine Generationsfrage, sondern vor allem eine Frage des Selbstbewusstseins ist.

4. a) Leserbrief

Martina Schönbaum
Heckenweg 9
37373 Lindenau

Fernsehsender YZ
Konzernstr. 9
12345 Velberstadt

Lindenau, 3. 11. 2004

Leserbrief zur Sendung „Schönheitsoperationen Live"

Sehr geehrte Damen und Herren,
als junge Frau habe ich gestern die Sendung „Schönheitsoperationen Live" verfolgt. Ich habe live gesehen, wie sich durchschnittlich aussehende Altersgenossinnen unters Messer legen, um ihrem Schönheitsideal näher zu kommen. Eine junge Frau lässt sich ihre Nase verkleinern, weil sie eigentlich aussehen möchte wie Barbie. Weitere Eingriffe folgen. Wie absurd, oder?
Der Zuschauer muss doch den Eindruck gewinnen, dass sich der menschliche Körper beliebig nach dem Baukastenprinzip formen lässt. Meiner Meinung nach vermittelt man dem Zuschauer durch diese Sendung eine falsche Vorstellung vom Umgang mit dem eigenen Körper. Schließlich hat doch jeder etwas an sich auszusetzen. Geldgierige Schönheitschirurgen reiben sich schon jetzt die Hände, eine bessere Werbung hätten sie sich zur besten Sendezeit sicherlich nicht vorstellen können.
Viel wichtiger wäre es meiner Ansicht nach in einem Bericht über die Risiken solcher Operationen aufzuklären, mögliche Alternativen dazu aufzuzeigen und die gesellschaftlichen Ursachen dafür zu hinterfragen.

Mit freundlichen Grüßen
Martina Schönbaum

4. b) Stellungnahme

Einleitung: Angesichts einer Erhebung des Allensbacher Meinungsforschungsinstituts zur Frage „In welchen Fällen ist eine Schönheitsoperation in Ordnung?" habe ich mir überlegt, wie ich selbst bei dieser Umfrage geantwortet hätte. Denn die Frage „Schönheitsoperation ja oder nein" ist eine folgenreiche Entscheidung und sollte daher gut überlegt sein.

Hauptteil: Auf alle Fälle habe ich Verständnis für eine Schönheitsoperation, wenn jemand durch einen schweren Unfall entstellt ist. Schließlich sollte es auch nach einem Unfall möglich sein, ein möglichst normales Leben zu führen. Und dazu gehört meiner Meinung nach, mit seinem äußeren Erscheinungsbild einigermaßen zufrieden zu sein. Daher könnte ich mich auch nicht mit der strikten Ablehnung von Schönheitsoperationen identifizieren.
Im Weiteren sollte man meiner Meinung nach jedoch die Gründe für den Wunsch nach einer Schönheitsoperation genauer untersuchen. Wenn jemand glaubt, durch eine Schönheitsoperation einen Partner finden oder länger an sich binden zu können, so bin ich sehr skeptisch. So etwas hängt sicher nicht von einer geraden Nase oder einem großen Busen ab.
Absolut kein Verständnis habe ich für junge Schauspielerinnen, die glauben mithilfe einer Schönheitsoperation Karriere machen zu können. Ich denke, Schönheit allein reicht nicht und wer wirklich begabt ist, kann auch ohne eine Schönheitsoperation Karriere machen, wie man an vielen Charakterschauspielerinnen sieht.
Leider ist es vor allem im Showgeschäft Mode geworden, sich an der einen oder anderen Stelle etwas absaugen oder implantieren zu lassen. Ich glaube, dass auf Stars zwar viel Druck vonseiten der Manager und Agenturen ausgeübt wird. Da Stars aber normalerweise genug Geld haben, immerhin können sie sich auch Schönheitsoperationen leisten, könnten sie ebenso gut auf alternative Strategien zurückgreifen, wie zum Beispiel mit einem eigenen Trainer an den Fettpölsterchen zu arbeiten. Letztlich müssten sich dann aber auch Stars mit dem Altwerden auseinander setzen, was einigen bestimmt schwer fällt.
Eine Schönheitsoperation um beruflich weiterzukommen, halte ich nicht für den richtigen Weg, egal ob ein junger Mensch Manager oder ob ein Politiker Bundeskanzler werden möchte. Denn ich gehe davon aus, dass verantwortungsvolle Positionen weniger nach dem äußeren Erscheinungsbild als nach den Kompetenzen der Bewerber vergeben werden.

Schluss: Abschließend kann ich nur zusammenfassen, dass es sicherlich Ausnahmefälle gibt, in denen eine Schönheitsoperation angebracht wäre, z. B. nach einem schweren Unfall. Dennoch glaube ich, dass die meisten Operationen aufgrund mangelnden Selbstbewusstseins durchgeführt werden. Ein Problem, das im Normalfall sicher besser auf andere Art beseitigt werden kann.

Abschlussprüfung Deutsch an Realschulen in Hessen 2005
Lösungen zu Text 1

1. Inhaltliche Aspekte: Personal- und Redesituation, Redegegenstand

In dem Gedicht „Du bist mein Mond“ von Friedrich Rückert wird mithilfe eines Naturbildes eine Liebesbeziehung geschildert. Dabei bezeichnet sich das lyrische Ich als die Erde, das angesprochene Du wird als Mond beschrieben, der um die Erde kreist.
In der ersten Strophe teilt die Erde dem Mond mit, dass sie zwar nicht erkennen kann, dass er sich um sie dreht, sie aber dennoch weiß, dass sie nachts von ihm erhellt wird.
In der zweiten Strophe spricht die Erde als lyrisches Ich die Veränderung des Lichts durch den ab- und zunehmenden Mond an, wobei die Liebe selbst, die sie durch den Mond empfängt, immer gleich bleibt.
Thema der dritten Strophe ist die Mondfinsternis: In solchen Nächten befindet sich der Mond im Schatten der Erde, erhält kein Licht von der Sonne und kann die Erde deshalb nicht beleuchten. Der Mond wird also durch die Erde selbst daran gehindert, das Licht seiner Liebe, die „Liebesfackel“, zu entzünden und zu ihr zu schicken.

2. Form des Gedichts: Funktion der Wiederholung des ersten Verses in allen drei Strophen und der Enjambements

Das Gedicht „Du bist mein Mond“ besteht aus drei Strophen mit jeweils vier Versen. Das Reimschema ist bei allen drei Strophen der Kreuzreim (abab). Durchgängig werden nur zwei verschiedene Reime über alle Strophen hinweg verwendet: „Erde“ (V. 1/5/9) – „werde“/„Lichtgebärde“/„Sonnenherde“ (V. 3/7/11) sowie „mich“ – „dich“ (V. 2, 4), „dich“ – „unveränderlich“ (V. 6, 8) und „dich“ – „mich“ (V. 10, 12). Die Zeilen 3/4 und 11/12 weisen Enjambements auf, das heißt, dass der Satz bzw. Satzteil nicht mit dem Vers endet, sondern in die nächste Zeile übergreift.
Die regelmäßige Strophenform mit dem wiederkehrenden Reimschema und die Wiederholung der Anfangszeile in jeder Strophe mit einem jeweils reinen Reimwort in der dritten Zeile erzeugen einen schwingenden Rhythmus innerhalb des Gedichts, womit der Dichter möglicherweise das unablässige Umeinanderkreisen von Mond und Erde beschreiben will. Verstärkt wird dieser Effekt durch die Ähnlichkeit bzw. Übereinstimmung der Reime in den Zeilen zwei und vier aller drei Strophen: Mit Ausnahme des letzten Verses der zweiten Strophe wechseln sich dort nur die Worte „mich“ und „dich“ am Versende ab.

Die Enjambements in der ersten und letzten Strophe mildern das starre Reimschema ab und lassen innerhalb des festen Rhythmus eine fließende Lesebewegung entstehen. Dies vertieft den Eindruck von Harmonie in der Beziehung zwischen Mond und Erde.
Jede Strophe beginnt mit dem Eingangsvers „Du bist mein Mond, und ich bin deine Erde". Dadurch wird in fast schon beschwörender Form betont, dass sich die Erde der Liebe des Mondes sicher ist, auch wenn sein Licht nicht beständig auf sie scheint: Durch den Tag-Nacht-Rhythmus, die Mondphasen mit Voll- und Neumond oder eine bisweilen auftretende Mondfinsternis ändert sich das Licht des Mondes, seine Liebe aber bleibt beständig.

3. Bilder des Gedichts (unter Zuhilfenahme des Sachtextes)

1. Strophe: Mond und Erde stehen für ein Liebespaar. So wie die Himmelskörper durch das unsichtbare Band der Erdanziehungskraft miteinander verbunden sind, spürt der eine Partner immer die Nähe des anderen. Die Erde als das lyrische Ich kann die Behauptung des Mondes, dass er sich um sie drehe, also ständig für sie da ist, zwar nicht nachprüfen („Ich weiß es nicht", V 3). Sie weiß aber, dass sie in ihren Nächten von seinem Licht erhellt wird (V. 4). Die Nächte könnten für die dunklen oder traurigen Zeiten im Leben stehen. Das sind die Zeiten, in denen man den Partner besonders benötigt. Die Anwesenheit des Geliebten vertreibt die niedergedrückte Stimmung und sorgt dafür, dass das lyrische Ich wieder auflebt.
2. Strophe: Von der Erde aus scheint es, als ob der Mond und das von ihm auf die Erde abgestrahlte Licht sich ständig verändern. Von der Umgebung bzw. den anderen Menschen wird das auch so empfunden und ausgedrückt („Sie sagen du veränderst dich.", V. 6). So heißt es ja auch im Allgemeinen, dass der Mond zu- oder abnimmt, auch wenn sich nicht der Mond verändert, sondern nur die von der Sonne beleuchtete Fläche des Mondes sich ständig vergrößert oder verkleinert. Das lyrische Ich weiß jedoch, dass der Mond selbst und seine Liebe beständig sind. Infolge der Mondphasen werden nur unterschiedliche „Lichtgebärde[n]" (V. 7) durchgeführt. Übertragen auf eine Liebesbeziehung könnte das bedeuten, dass sich die Ausdrucksformen („die Gebärden") wandeln, mit denen sich Liebende einander ihre Gefühle versichern. Deshalb wird die Liebe zwischen zwei Partnern von Außenstehenden in wechselnder Intensität wahrgenommen, auch wenn sie immer gleich bleibt („Und liebst mich unveränderlich.", V. 8).
3. Strophe: Mond und Erde kreisen um die Sonne und werden beide von ihr angestrahlt. Sie ist die Kraftquelle, an der sich die Liebe zwischen dem lyrischen Ich und dem Du immer wieder neu entzündet. Nachts gibt der Mond das Licht, das er von der Sonne empfängt, an die Erde weiter. Das Feuer der Liebe

(„Die Liebesfackel“, V. 11) erlischt also auch dann nicht, wenn die Sonne nicht auf die Erde scheint. Tritt der Mond jedoch in den Schatten der Erde, kann ihn die Sonne nicht mehr erreichen und er verdunkelt sich, es entsteht eine Mondfinsternis. Friedrich Rückert spielt hier wohl darauf an, dass es in allen Liebesbeziehungen auch Zeiten gibt, in denen es nicht nur harmonisch zugeht, in denen die „dunkle Seite“ eines Partners für Missstimmung sorgt. In der dritten Strophe wirft das lyrische Ich – die Erde – einen so starken Schatten, dass das Du – der Mond –von der Sonne als gemeinsamer Kraftquelle nicht mehr genug Licht erhält, um die Dunkelheit auf der Erde zu vertreiben. Das bedeutet, dass die Beziehung leidet, wenn der eine Partner es durch sein Verhalten nicht zulässt, dass der andere seine Liebe zeigen kann. In Rückerts Gedicht ist dem lyrischen Ich bewusst, dass es für diese Störung in der Liebesbeziehung selbst verantwortlich ist; es aber an der regelmäßigen Auf- und Abwärtsbewegung seiner Stimmungen nichts ändern kann.

4. a) Vorgeschichte in der Ich-Form

Ein Gedicht? Von ihm? Ich glaub's ja nicht. Womöglich selbst verfasst. Nein, eher nicht. Da steht's ja: Friedrich Rückert. Nie gehört. Aber dass er so was schreiben kann! Er scheint ja ganz clever zu sein, das hat man ja gleich gemerkt, wenn er auch am Anfang ziemlich arrogant wirkte. „Du bist mein Mond, und ich bin deine Erde“ – das gibt es also wirklich – irre! Ich hätte nicht gedacht, dass ich so einen Eindruck auf ihn gemacht habe. Zuerst sah es so aus, als sei das nur was für einen Abend, eine Nacht, und dann? Tschüss und weg. Die meisten sind ja so. Aber anscheinend hat er es auch gespürt, diese besondere Situation am letzten Samstagabend. Gut, dass ich hingegangen bin. „Wieder so eine blöde Party“, dachte ich erst und habe überlegt, zu Hause zu bleiben. Ziemlich spät, nach 23 Uhr, bin ich dann doch los. Es war eine Vollmondnacht, ziemlich lau, irgendwelche Vögel haben gezwitschert. Nachtigallen? Keine Ahnung, es war aber schön, fast schon kitschig. Und am Himmel dieser riesige Mond, gelb wie Butter und irrsinnig hell. Auf der Party dann das Übliche: Viel zu laute Musik und schwitzende Typen, die nur provozieren wollten und schon ziemlich viel getrunken hatten. Ich wollte gleich wieder gehen, da stand plötzlich ein Junge vor mir, den ich vorher noch nie gesehen hatte. Er hat mich so von oben herab angesprochen: „Na, Kleine, wohl auf dem falschen Planeten gelandet?“, und bot mir ein Glas Wasser an. Wasser! Dann sagte er – und obwohl um uns herum alles lärmte und dröhnte, konnte ich ihn gut verstehen – er sagte also: „Die Musik ist zu laut, wir gehen.“ Einfach so! Ich bin ihm nachgelaufen wie ein Hündchen, die Treppe hinauf nach draußen. Und dann? Als ob es das Normalste von der Welt wäre, hat er meine Hand genommen und wir sind stundenlang durch die Mondnacht gelaufen. Erst an

Häusern vorbei, dann durch die Kleingärten, schließlich hinaus in die Felder. Dabei hat er pausenlos geredet, mit dieser Stimme, die irgendwie ganz leise war und doch durch und durch ging. Ich habe nichts weiter getan, als an seiner Hand neben ihm herzulaufen und zuzuhören. Als ob ich an ihm festgewachsen wäre, als ob ich keinen eigenen Willen mehr hätte! Und es war, als ob es so sein müsste, sein Weg war mein Weg. Was hat er eigentlich erzählt? Keine Ahnung. Vielleicht irgendetwas von Sternen, Erdumlaufbahn und Sonnensystem. Es klang jedenfalls schön. Irgendwann, es wurde schon langsam hell, standen wir dann bei mir vor der Haustür. Da hat er dann zum ersten Mal meine Hand wieder losgelassen. Ganz behutsam hat er mich umarmt und mir etwas Komisches ins Ohr geflüstert, wieder mit dieser Gänsehautstimme: „Du bist mein Mond", hat er gesagt. Jetzt weiß ich endlich, was er damit meinte …

4. b) Antwortbrief

Mondfelden, 21. Juni

Lieber Matthias,

deine Postkarte mit dem Gedicht hat mich sehr berührt. Beim Lesen dieser Zeilen wurde plötzlich die vergangene Samstagnacht lebendig, in der ich dir begegnet bin. Zwar musste ich in den letzten Tagen auch häufig an die Ereignisse jener Nacht denken, aber ich konnte mir nicht sicher sein, ob es dir ähnlich gegangen ist. Jetzt weiß ich, dass dir unser gemeinsamer „Mondspaziergang" genauso so viel bedeutet wie mir. Ich habe noch nie so etwas erlebt! Auch dich müssen die Gedanken an diese Stunden bewegen, sonst hättest du dir nicht die Mühe gemacht, ein passendes Gedicht zu suchen. Ich habe es mehrmals gelesen. Gern möchte ich dein Mond sein, in deiner Nähe bleiben, Helligkeit in deine Nächte bringen – mal als schmale Sichel, mal rund und strahlend wie letzten Samstag. Aber hast du mal darüber nachgedacht, was tagsüber ist? Du weißt, dann ist der Mond unsichtbar oder allenfalls ganz blass und unscheinbar am Himmel zu sehen – damit möchte ich mich aber nicht zufrieden geben!
Was hältst du von folgendem Vorschlag? Am Tag bist du mein Wind und ich will deine Wolke sein. Mal stürmisch, mal zärtlich umschlungen tanzen wir über den Himmel. Ich wiege mich in deinen Armen, wir jagen hoch hinauf in eisige Höhen, fegen über endlose Ozeane oder ruhen uns aus zwischen mächtigen Berggipfeln. Bin ich mal traurig, kitzelst und zaust du mich; bist du nicht da, bleibe ich unbeweglich stehen und weine mich aus, ärgerst du mich, färbe ich mich dunkelgrau und fange an zu grollen …
Aber lieber bist du ein Sommerwind und ich eine Schönwetterwolke, deshalb schreibe mir bald zurück und teile mir mit, wann wir unseren Himmelstanz beginnen wollen! Ich warte sehnsüchtig darauf,

deine Luna

1. Inhaltsangabe

In Heinrich Bölls 1956 entstandener Kurzgeschichte „Monolog eines Kellners" erzählt ein Kellner, wie es dazu kam, dass ihm nach fünfunddreißigjähriger Tätigkeit sein Arbeitsplatz gekündigt wurde, nachdem er an einem Weihnachtsabend in seinem Hotelzimmer den Wunsch eines kleinen Jungen auf ungewöhnliche Weise erfüllt hat.
Nach Dienstschluss macht es sich der Kellner in seinem Zimmer bequem und freut sich auf die eigens beim Koch bestellte Erbsensuppe, als plötzlich ein kleiner Junge, ungefähr acht Jahre alt, das Zimmer betritt. Das Kind war dem Kellner bereits beim Abendessen aufgefallen, weil es sich den Teller mit ausgesuchten Spezialitäten füllen ließ, von dem Essen aber nichts anrührte. Nun fragt der Junge nach dem Inhalt der Suppenterrine und es stellt sich heraus, dass er Erbsensuppe für eine Erfindung aus dem Märchen hält. Er bittet darum, die Suppe probieren zu dürfen, und der Kellner überlässt dem Jungen den Großteil seines Weihnachtsessens. Anschließend offenbart der Kleine den wahren Grund seines Besuchs: Er sei im Hotel auf der Suche nach einer Kuhle zum Murmelspielen. Ohne lange zu überlegen, geht der Kellner auf den Vorschlag des Jungen ein, in den Parkettboden des Zimmers ein Loch zu stemmen. Nachdem die beiden drei Stunden lang Murmeln gespielt haben, schläft der Junge erschöpft ein. In derselben Nacht stolpert die Mutter des Kindes, die betrunken aus der Hotelbar kommt, über das Loch im Boden und bricht sich den Fuß. Von seinem Chef wegen des beschädigten Parketts zur Rede gestellt, gibt er sein Verschulden zu, schweigt sich aber zu den Ereignissen des Weihnachtsabends aus und nimmt die Kündigung gelassen hin.

2. a) Mittel zur Identifikation des Lesers mit dem Kellner

Der Kellner erzählt die Geschichte aus seiner Sicht in der **Ich-Form** („Ich weiß nicht, wie es hat geschehen können", Z. 1). Zusätzlich **spricht** er den **Leser direkt an**, sodass man sich in ein vertrautes Gespräch mit dem Kellner einbezogen fühlt („Sie wissen sicher nicht, was sämig ist", Z. 10). Verstärkt wird dieser Effekt durch eingestreute **rhetorische Fragen** („Sollte ich ihnen erklären, dass ich drei Stunden … lang mit dem Jungen Kuhle gespielt habe …?", Z. 51 f.).

Wortwahl und **Sprachstil** des Kellners sind **ungekünstelt**, was ihn als Person glaubwürdig und lebendig erscheinen lässt. So benutzt er umgangssprachliche Wendungen („über Eltern und so", Z. 32), Wortverkürzungen („Kuhle, Kuhle, dann fiel mir's ein", Z. 38) und wechselt immer wieder die Zeitformen („Ich weiß nicht, wie es hat geschehen können, aber ich hab's gemacht, und als der Chef mich fragte", Z. 42 f.). Dadurch werden auch die sprunghaften Gedanken des Kellners veranschaulicht und nachvollziehbar.
In seinen Formulierungen fallen **Übertreibungen** auf, wie sie in Gesprächen zwischen Bekannten oder Freunden typisch sind („Meine Mutter brauchte drei Stunden, um zu erklären, was sie unter sämig verstand.", Z. 11 f.; „… ließ sich … 'nen halben Eimer Schokoladensoße auf den Teller kippen", Z. 18 f.).

Auch nimmt der Kellner den Leser für sich ein, indem er **in langen Satzreihen und Satzgefügen** ausführlich und detailreich die **Begegnung mit dem Jungen schildert** und seine Gespräche mit ihm wortgetreu wieder gibt („Nun, er aß drei Teller Erbsensuppe, ich saß neben ihm auf meinem Bett, trank Bier und rauchte und konnte richtig sehen, wie sein kleiner Bauch rund wurde, und während ich auf dem Bett saß, dachte ich über vieles nach, was mir inzwischen wieder entfallen ist", Z. 28–30). Die für ihn **nachteiligen Konsequenzen** hingegen stellt er **verkürzt und unvollständig** dar, womit er signalisiert, dass er zu seinem Verhalten steht und den Verlust seines Arbeitsplatzes als eher nebensächlich empfindet („Und dass die Versicherung eine Erklärung verlangen würde, und so weiter, und so weiter. Haftpflicht, Arbeitsgericht, und immer wieder: unglaublich, unglaublich.", Z. 49–51).

Auch die mehrfache **Wiederholung des Eingeständnisses** „Ich weiß nicht, wie es hat geschehen können" (Z. 1, Z. 43, Z. 57) sprechen das Einfühlungsvermögen des Lesers an und fordern ebenso wie die zuvor genannten Mittel dazu heraus, sich in die beschriebene Situation des Kellners hineinzuversetzen und sich mit ihm zu identifizieren.

2. b) Entwicklung der Beziehung zwischen dem Jungen und dem Kellner

Zunächst erlebt der Kellner den Jungen als Hotelgast, den er wie jeden anderen beim Essen zu bedienen hat. Als routinierter Kellner nimmt er kommentarlos zur Kenntnis, dass das Kind sich den Teller mit dem Festessen beladen und unberührt wieder wegräumen lässt. Allerdings bemerkt er, dass der Junge auffallend blass ist. Für das ungewöhnliche Verhalten des Jungen scheint er anfänglich nicht sehr viel Verständnis zu haben: Er bezeichnet ihn abschätzig als „Bengel" (Z. 14), hält ihn jedoch auch nicht für „mäkelig" (Z. 20). Zugleich vermutet er, dass der Junge „nach einem bestimmten Plan" (Z. 20 f.) handelt, ohne aber näher darauf einzugehen, was damit gemeint sein könnte.

Für seine einsame Weihnachtsfeier nach Dienstschluss hat sich der Kellner vom Koch eine Erbsensuppe zubereiten lassen, wie er sie aus seiner Kindheit kennt. Gerade will er mit dem Essen beginnen, als plötzlich der Junge bei ihm im Zimmer steht und ihn freundlich und zutraulich anspricht. Dem Kellner ist der Junge nun sogleich sympathisch, weil dieser ihn mit „du“ anredet („Ich hab's gern, wenn Kinder mich duzen“, Z. 24). Ohne lange zu überlegen, gibt er dem Kind den Großteil seiner Erbsensuppe ab. Während er den Jungen beim Essen beobachtet, lässt er seine Gedanken in die eigene Kindheit zurückschweifen. Zwischen dem Mann und dem Kind, die gemeinsam auf dem Bett des Kellners sitzen und nacheinander aus demselben Teller Erbsensuppe verzehren, entsteht eine entspannte, vertraute Atmosphäre. Offenbar ist dem Jungen geglückt, väterliche Gefühle beim Kellner auszulösen. So ist es zu erklären, dass der Fünfzigjährige auf den Wunsch des Jungen eingeht und für ihn eine Kuhle zum Murmelspielen in den Fußboden des Zimmers stemmt. Das Kind, am Weihnachtsabend sich selbst überlassen, und der Kellner, ebenso einsam wie der Junge, finden im Spiel zueinander. Noch einmal spricht der Kellner über den Jungen als „Bengel“ (Z. 32), doch hier scheint diese Bezeichnung eher liebevoll und voller Verständnis zu sein. Die sentimentale Erinnerung des Kellners an die eigene Kindheit und der Wunsch des scheinbar verwöhnten und übersättigten Jungen, ein einfaches und altmodisches Kinderspiel zu spielen, lassen eine spontane Gemeinsamkeit zwischen den beiden entstehen, die sie die Welt um sie herum vergessen lässt.

2. c) Erklärung der Handlungsweise des Kellners

Der Kellner selbst kann in der Rückschau seine Handlungsweise nicht erklären. Dreimal wiederholt er den Satz: „Ich weiß nicht, wie es hat geschehen können“ (Z. 1, 43, 57). Doch aus dem Text geht hervor, dass der Kellner dem Jungen und sich selbst eine Weihnachtsfreude bereiten will, ohne dass er die Folgen seines Tuns bedenkt. Die besondere, von Erinnerungen geprägte Stimmung in der Heiligen Nacht, die seltsame Begegnung mit dem Kind, seine Verblüffung über die Erbsensuppe und schließlich sein erstaunlicher Wunsch, im Fußboden des Zimmers eine Kuhle schaffen zu wollen, lassen eine nahezu unwirkliche Atmosphäre entstehen, der sich der Kellner nicht entziehen kann und will. Ohne lange zu überlegen, besorgt er sich das nötige Werkzeug, stemmt die Kuhle in den Boden und verbringt den Weihnachtsabend mit dem Jungen beim Murmelspiel. Später zur Rede gestellt, schweigt er sich über den Verlauf des Abends aus, um die kostbare Erinnerung an ein paar glückliche Stunden nicht zu zerstören.

3. a) Dialog zwischen der Mutter des Jungen und dem Hotelchef

HOTELCHEF: Bitte kommen Sie herein. Nehmen Sie doch Platz. Was kann ich für Sie tun?

MUTTER: Ich habe um dieses Gespräch mit Ihnen gebeten, weil ich ein schlechtes Gewissen gegenüber dem Kellner habe und Sie bitten möchte, die Kündigung zurückzunehmen.

HOTELCHEF: Dazu sehe ich keinen Anlass. Auch brauchen Sie sich nicht verantwortlich zu fühlen. Sie tragen keinerlei Schuld daran, was passiert ist. Der Kellner hat nicht nur den wertvollen Boden massiv beschädigt, er hat auch unsere Hotelgäste in Gefahr gebracht, was ausgerechnet Sie als langjähriger Stammgast schmerzhaft zu spüren bekommen haben. Es ist ein reines Glück, dass nicht mehr passiert ist.

MUTTER: Haben Sie den Kellner gefragt, warum er das Loch in den Boden geschlagen hat?

HOTELCHEF: Selbstverständlich haben wir von der Hotelleitung versucht, ein ausführliches Gespräch mit dem Mann zu führen. Schließlich arbeitet er in unserem Hause schon sehr lange und nie hat es einen Grund zur Beanstandung gegeben. Er hat sofort zugegeben, das Parkett zerstört zu haben. Plausible Gründe konnte er uns allerdings nicht nennen. Uns blieb gar nichts anderes übrig, als ihm fristlos zu kündigen. Sein Verhalten war in höchstem Maße verantwortungslos. Darüber hinaus hat er dem guten Ruf unseres Hauses geschadet.

MUTTER: Bitte erlauben Sie mir, zur Klärung des Sachverhaltes beizutragen. Vielleicht beurteilen Sie das Verhalten Ihres Mitarbeiters anders, wenn ich Ihnen erzähle, welchen Anteil mein kleiner Sohn Nico an der ganzen Sache hatte. Außerdem muss ich leider eingestehen, dass ich auch dazu beigetragen habe, dass alles so gekommen ist.

HOTELCHEF: Ich glaube nicht, dass Sie mich überzeugen können. Es steht uns nicht zu, Ihnen als unserem Gast vorzuschreiben, wo und wie Sie die Nacht verbringen oder auf welchem Weg Sie in Ihr Zimmer gelangen. Fakt ist, dass Sie verunglückt sind an einer Stelle, an der Sie nicht damit rechnen mussten, hinzufallen. Und unser ehemaliger Angestellter hat das zu verantworten.

MUTTER: Nun hören Sie mir doch mal einen Augenblick zu! Nico hat den Kellner gebeten, das Loch in den Boden zu stemmen. Es war Heiligabend, und er war allein. Ich hätte mich um ihn kümmern müssen! Stattdessen habe ich versucht, in der Bar den Kummer über die Trennung von meinem Mann zu vergessen. Der kleine Kerl war den ganzen Abend lang sich selbst überlassen, und das an Weihnachten! Er hat jemanden zum Spielen gesucht, einen Freund, und in Ihrem Kellner hat er ihn gefunden. Die beiden haben den ganzen Abend mit Murmeln gespielt, dazu brauchten Sie die Kuhle.

Dem Kellner hat Nico es zu verdanken, dass er diese Nacht in glücklicher Erinnerung behält, obwohl ich ihn so vernachlässigt habe. Als mir Nico wieder einfiel, bin ich sofort in sein Zimmer gegangen. Und da ist es auch schon passiert. Auch wenn es nicht dunkel gewesen wäre, auch wenn ich nicht den einen oder anderen Cocktail zu viel getrunken hätte – mit dem Loch im Boden habe ich natürlich nicht rechnen können. Trotzdem – bitte überlegen Sie es sich noch einmal mit der Kündigung!

HOTELCHEF: Nun ja, ich gebe zu, dass ich das alles nicht gewusst habe. Warum hat der Kellner nichts davon erzählt? Es hätte von Anfang an die Sache in einem anderen Licht erscheinen lassen. Möglicherweise ist das wirklich ein Grund, die Entlassung zu überdenken. Seine Motive sind sicher ehrenhaft, doch ist es ohne Zweifel unüberlegt, für ein Kinderspiel den teuren Boden aufzuschlagen. Dennoch verspreche ich Ihnen, mit meinen Kollegen von der Hotelleitung die Sachlage zu erörtern und unter Umständen die Kündigung neu zu bewerten.

MUTTER: Ich danke Ihnen von Herzen! Ich wusste, dass Sie dieses von zutiefst menschlichen Gefühlen Ihres Mitarbeiters geprägte Verhalten letztendlich nicht so hart bestrafen würden!

HOTELCHEF: Der Kellner kann von Glück sagen, dass er in Ihnen so eine gute Fürsprecherin hat. Aber um eine Abmahnung wird er nicht herumkommen!

3. b) Brief an den Kellner

Hinweis: Die Aufgabenstellung verlangt, dass du einen Brief aus deiner eigenen Perspektive an den Kellner schreibst und darin zu den Ereignisse des Weihnachtsabends Stellung nimmst. Das heißt, dass du deine Meinung zum Verhalten der beteiligten Personen äußern und begründen sollst. Überlege auch, was der Anlass für deinen Brief sein könnte und wie du von dem Geschehen erfahren konntest. Abschließend sollst du dem Kellner aus deiner Sicht einen Rat erteilen (z. B. dass er die Mutter des Jungen um Unterstützung bitten oder dem Hotelchef die Gründe für sein Verhalten erklären sollte).
Es ist auch möglich, dass du dich für den Brief in eine andere Person (z. B. Kollege, Freund, Schwester des Kellners) hineinversetzt und den Brief aus deren Perspektive schreibst. Dann musst du überlegen, welche Meinung diese Person vertreten könnte, und diese Position im Brief ausführlich darlegen und begründen.
In der folgenden Lösung ist die erste Variante gewählt.

… (dein Name und deine Adresse) … (Ort, Datum)

Herrn Fritz Ober
Kuhlengasse 13
78910 Altdorf

Sehr geehrter Herr Ober,

ich schreibe Ihnen, weil ich gehört habe, was am Weihnachtsabend im Schlosshotel passiert ist. Zuerst einmal möchte ich Ihnen sagen, dass ich es einfach klasse finde, was Sie gemacht haben! Ein kleiner Junge, von seinen Eltern an Heiligabend einfach sich selbst überlassen, hat durch Sie ein unvergessliches Weihnachtsfest erlebt. Immer öfter hört man von Kindern, die allein gelassen vor Fernseh- und Computerbildschirmen verkümmern und gar nicht mehr wissen, wie man richtig spielt. Der Junge in Ihrem Hotel wollte spielen und Sie sind darauf eingegangen. Um den kostbaren Parkettboden haben Sie sich in dem Moment keine Gedanken gemacht. Das finde ich sehr mutig und bewundernswert von Ihnen. Sie haben zwar einen Schaden im Fußboden eines Hotelzimmers verursacht, aber gleichzeitig einen viel größeren seelischen Schaden bei einem Kind verhindert. Für den kleinen Jungen bedeutet dieses Erlebnis sicher ungeheuer viel. Familien, die die Weihnachtstage im Schlosshotel verbringen können, haben bestimmt keine finanziellen Sorgen und vermutlich hat der Junge viele Weihnachtsgeschenke bekommen. Was ihm aber wirklich fehlte und von seinen Eltern vorenthalten wurde, haben Sie ihm gegeben, nämlich Zeit und Zuwendung. Dass man Sie dafür bestraft und Sie entlassen hat, finde ich äußerst ungerecht. Ich denke, Ihr Chef hat deshalb so reagiert, weil sich die Mutter des Jungen wegen der Kuhle verletzt hat und sie vermutlich eine gute Kundin des Hotels war. Dass es so weit gekommen ist, hat sie aber wenigstens zum Teil selbst zu verantworten. Hätte sie sich um ihr Kind gekümmert, anstatt sich in der Bar zu betrinken, wäre das alles nicht passiert.

Ich könnte mir vorstellen, dass der Hotelchef die Kündigung in seinem Ärger über den Unfall ausgesprochen hat und gar nicht weiß, was am Weihnachtsabend wirklich geschehen ist. Möglicherweise nimmt er die Kündigung zurück, wenn Sie ihm den Sachverhalt noch einmal genau schildern. Vielleicht bringt es auch etwas, die Mutter des Jungen zu bitten, sich für Sie einzusetzen. Meiner Meinung nach kann es ihr nicht egal sein, was Sie für ihren Sohn getan haben. Sie müsste sogar ein schlechtes Gewissen haben, denn sie hat ihren Sohn ausgerechnet am Heiligen Abend vernachlässigt.

Ich hoffe, dieser Brief hat Ihnen Mut gemacht und Sie bestätigt, sich als Mensch richtig verhalten zu haben. Ich drücke Ihnen die Daumen, dass die Kündigung zurückgenommen wird oder Sie bald wieder eine neue Anstellung finden. Mit den besten Wünschen für die Zukunft,

Ihr(e) … (dein Name)

Abschlussprüfung Deutsch an Realschulen in Hessen 2005
Lösungen zu Text 3

1. a) Thema des Textes – Einzelaspekte

In dem am 6. November 2004 in der Frankfurter Rundschau erschienenen Zeitungsartikel „Wie eine Wiedergeburt" spricht Reinhold Messner über seine Einstellung zum Bergsteigen.
Dabei beschreibt er seine eigene Entwicklung vom reinen Kletterer zum Bergsteiger, der stets nach neuen Herausforderungen sucht. Ausführlich geht er darauf ein, wie sich das Bergsteigen durch den Einsatz technischer Hilfsmittel verändert hat. Daraus hat Messner die persönlichen Konsequenzen gezogen, dass er – so weit es möglich ist – allein mit seinen natürlichen Kräften und Fähigkeiten die Berge bezwingen möchte. Bewusst geht er immer wieder an die Grenzen seiner Möglichkeiten und kalkuliert dabei auch seinen Tod ein, denn die Gefahren, denen er sich aussetzt, machen für ihn einen wesentlichen Reiz seiner Unternehmungen aus. Schließlich kritisiert Reinhold Messner die Alpenvereine, die sich harmlose Berge ohne Steinschlag, Lawinen und Absturzgefahr wünschen. Damit aber, so Messner, würden die Berge zur Attrappe und statt bergsteigen solle man dann besser nur an künstlichen Wänden in Turnhallen klettern.

1. b) Historische Entwicklung des Bergsteigens und des Kletterns

Reinhold Messner begann als Zwanzigjähriger, bis dahin unbekannte Routen zu klettern. Zu dieser Zeit fingen andere Kletterer an, stark überhängende Wände mit Dübeln, Haken und Leitern zu erschließen. Das Ziel, dieser Art zu klettern, war die so genannte „Direttissima" (Z. 33 f.), ein gerader und direkter Weg zum Gipfel. Messner lehnte diese Technologie mit ihrer Berechenbarkeit von Material und Zeit ab und entwickelte die heute unter dem Namen „Freeclimbing" bekannte Art des Kletterns weiter, bei der nur Sicherungshaken und Seile eingesetzt werden. Die heutige Art des Bergsteigens, wie sie von den Alpenvereinen durchgeführt wird, ist für ihn ein gefahrloses Freizeitvergnügen, bei dem die echte Auseinandersetzung mit der Natur fehlt.

1. c) Messners Auffassung vom Bergsteigen

Schon als Kind hat Messner mit dem Bergsteigen begonnen und beherrschte bereits als Jugendlicher schwierige Routen. Mit 20 Jahren bekam das Klettern für ihn einen „philosophischen Unterbau" (Z. 19), der darin besteht, dass er das Klettern und Bergsteigen als Auseinandersetzung des Menschen mit der Natur auffasst. Deshalb lehnte er die zu dieser Zeit einsetzende Entwicklung zum technisierten Klettern ab. Das Besondere an Reinhold Messners Auffassung vom Bergsteigen ist deshalb der weitgehende Verzicht auf technische Hilfsmittel. Er sieht jeden neuen Berg als Herausforderung der Natur, der er sich mit seinen eigenen menschlichen Fähigkeiten, seiner Geschicklichkeit und Körperbeherrschung stellt. Dabei ist die Lebensgefahr, in die er sich jedes Mal begibt, die eigentliche Erfahrung, auf die es ihm bei seinen Expeditionen immer wieder ankommt.

2. a) Sprachliche Wendungen/Bilder, mit denen Messners Auffassung vom Bergsteigen verdeutlicht wird

Hinweis: Im Folgenden wird anhand von sechs sprachlichen Wendungen/Bildern erläutert, welche Auffassung Reinhold Messner vom Bergsteigen hat. In der Prüfung genügt es aber, wenn du auf zwei Beispiele näher eingehst.

- „Ich bin im Grunde immer auf Phantasieberge gestiegen …" (Z. 10–12): Phantasieberge sind Berge, die es eigentlich nicht gibt. Sie existieren nur in der Vorstellung des Bergsteigers. Damit umschreibt Reinhold Messner die zusätzlichen Schwierigkeiten, denen er sich selber stellt und wodurch er die Berge immer wieder neu erobern kann: Er verzichtet auf die Sauerstoffmaske, er wandert ohne Begleitung, er wählt unbekannte Routen oder legt seine Expeditionen in Jahreszeiten mit ungünstiger Witterung.
- „Wir klettern einfach ganz gerade, so wie ein Tropfen herunterfallen würde, jeden Überhang hoch." (Z. 34–36): Mit diesem Vergleich kritisiert Messner den Einzug der Technologie in den Klettersport. Anstatt sich am Profil des Bergs zu orientieren und einen natürlichen Weg zum Gipfel zu suchen, wird mit Haken und Leitern die kürzeste Strecke erzwungen.
- „Da kann ich auch eine Maurertruppe anstellen, die macht das auch." (Z. 44 f.): Damit ist gemeint, dass das Klettern berechenbar wie eine Auftragsarbeit wird und jeder mithilfe von Haken, Leitern und Dübeln die Berge erklimmen kann. Durch den Einsatz der zur Verfügung stehenden Hilfsmittel ist weder eine spezielle Ausbildung noch Erfahrung als Bergsteiger nötig.
- „Ich kann das alles klettern wie ein Eichhörnchen, ohne viel Gerät." (Z. 46–48): Damit spielt Reinhold Messner auf seine Geschicklichkeit und Körperbeherrschung an. Seine eigenen Kräfte reichen aus, er braucht die modernen Hilfsmittel nicht.
- „Ich sagte, die Technologie hat das Bergsteigen überholt." (Z. 55 f.): Mit dieser Metapher drückt Reinhold Messner aus, dass durch die Entwicklung der technologisierten Kletterei der ursprüngliche Bezug zur Natur, der das Bergsteigen und Klettern früher prägte, verloren gegangen ist.

– „Ich bin leider kein Eichhörnchen, bin auch kein Affe, habe aber doch affenartige Verhaltensmuster." (Z. 63–65): Obwohl er auf technische Hilfsmittel weitgehend verzichtet und sich auf seine eigenen Körperkräfte verlässt, ist Reinhold Messner sich doch bewusst, dass diese Kräfte begrenzt sind. Ihm fehlen die körperlichen Voraussetzungen und die Instinkte dieser Tiere.

2. b) „Wenn das Umkommen keine Möglichkeit ist, dann ist es keine starke Erfahrung." (Z. 103–105) – Bedeutung des Satzes für R. Messner

Reinhold Messner versucht, Leistungen zu erbringen, die vor ihm noch kein Mensch geschafft hat. Deshalb gibt es auch keine Vergleichswerte oder Erfahrungsberichte, die er in seine Vorbereitungen einbeziehen könnte. So hat er ohne Sauerstoffmaske den Mount Everest bestiegen, viele Gipfel als Erster erreicht und lebensfeindliche Gebiete wie die Antarktis und die Wüste Gobi zu Fuß durchquert. Er geht bewusst das Risiko ein, dass seine Unternehmungen tödlich enden können. Die Gewissheit, dass er bei jeder Expedition an seine natürlichen Grenzen stößt und sie die letzte sein kann, macht ihren wirklichen Reiz aus. Eine solch lebensgefährliche Tour ist für ihn daher mit einer „starken Erfahrung" verbunden, womit ein tief bewegendes und nachhaltig wirkendes Erlebnis gemeint ist. Jede gelungene Unternehmung ist deshalb „wie eine Wiedergeburt", weil er sein Leben aufs Spiel setzt und es ihm wieder neu geschenkt wird.

2. c) Übertragung des Satzes auf die Handlungsweisen mancher Jugendlicher – Begründung

Es gibt viele Jugendliche, die sich immer wieder und bewusst in Gefahrensituationen begeben. Dazu gehören zum Beispiel das Rollerfahren ohne Helm, das Fahren auf „frisierten" Rollern, das S-Bahn-Surfen oder auch der übermäßige Konsum von Alkohol oder anderen Drogen. Einige betreiben Bungee-Jumping oder üben Extremsportarten aus, obwohl sie wissen und zuweilen auch in ihrer eigenen Umgebung erleben, dass es manchmal zu tödlichen Unfällen kommt. Was die Erwachsenen als „lebensgefährlichen Leichtsinn" bezeichnen, ist meiner Meinung nach die Suche nach dem „Kick", dem ganz besonderen Erlebnis, das einem durch die Nähe von Gefahr vermittelt wird. Trotzdem denke ich, dass man Reinhold Messners Einstellung nur zum Teil auf die Handlungsweisen dieser Jugendlichen übertragen kann. Denn anscheinend ist Reinhold Messner schon sein ganzes Leben lang und immer wieder auf der Suche nach diesem „Kick". Nach jeder gelungenen Erstbesteigung oder Wüstendurchquerung braucht er eine neue, noch stärkere Erfahrung, die ihm das berauschende Gefühl gibt, dem Tod gerade so wieder entronnen zu sein. Die meisten Jugendlichen aber, die sich ähnlich verhalten, hören damit auf, wenn sie erwachsen sind.

3. a) Brief an einen Brieffreund/eine Brieffreundin

Sturzhausen, 13. Mai

Lieber Tom,

vielen lieben Dank für deinen letzten Brief, ich habe mich sehr gefreut, dass du dich mal wieder gemeldet hast! Dass du beim Preisausschreiben einen Fallschirmsprung gewonnen hast, finde ich klasse und gratuliere dir dazu. Und jetzt soll ich dich beraten, ob du diesen Gewinn annehmen sollst?
Als ich deinen Brief das erste Mal gelesen habe, dachte ich bei mir: „Was für eine Frage, was gibt es da lange zu überlegen!“ Es muss ein irres Gefühl sein, an einem Fallschirm zu hängen und der Erde entgegenzuschaukeln, sich vom Wind tragen zu lassen, schwerelos und frei wie ein Vogel – wer würde sich das nicht wünschen? Viele träumen ewig davon, einmal mit dem Fallschirm abzuspringen, die meisten bekommen diese Möglichkeit niemals.
Jetzt denkst du sicher, dass ich dir unbedingt empfehlen möchte, den Sprung zu machen. Aber als ich dann darüber nachgedacht habe, wie ich mich an deiner Stelle entscheiden würde, sind mir auch andere Beispiele eingefallen: Geschichten von Fallschirmen zum Beispiel, die sich nicht öffnen, oder von Springern, die in Hochspannungsmasten landen. Ich will dir keine Angst machen, aber das Fallschirmspringen ist meiner Meinung nach ein echt gefährlicher Sport. Auch wenn dich Profis begleiten, damit die Sache nicht schief geht – nach dem Sprung aus dem Flugzeug gibt es kein Zurück! Du bist dann trotz guter Vorbereitung völlig auf dich allein gestellt, musst dich darauf verlassen, dass die Ausrüstung in Ordnung ist, dass dein Fallschirm rechtzeitig aufgeht, dass dich nicht ein Windstoß in die falsche Richtung treibt, dass dir kein anderer Fallschirmspringer in die Quere kommt, dass du nicht an einen Mast knallst und dass du an einer ungefährlichen Stelle landen kannst. Für deine Eltern und Geschwister wäre es sehr schlimm, wenn dir etwas passieren würde, und ich fände es, ehrlich gesagt, auch sehr traurig …
Du kannst mich jetzt halten, wofür du willst, aber ich denke, ich würde auf den Gewinn verzichten. Nur für diesen kurzen Kick, ein paar Minuten mit dem Wind zu spielen, wäre mir das Risiko zu groß.
Ich weiß nicht, ob dir das alles bei deiner Entscheidung hilft – ich hoffe sehr, du tust das Richtige!

Ich denk an dich,
dein Dennis

3. b) Rede zur Einweihung einer neuen Kletterwand

Sehr verehrte Gäste,

ich freue mich, Sie alle hier in unserer Turnhalle begrüßen zu dürfen. Zuallererst heiße ich natürlich die Damen und Herren von der Schulleitung und des

Lehrerkollegiums willkommen, außerdem die Frau Bürgermeisterin unserer Gemeinde, den Vorsitzenden des Schulelternbeirats, den Vorstand des Fördervereins, die beiden Vertreter des Alpenvereins, die Vertreterinnen und Vertreter der Presse und natürlich euch, liebe Mitschülerinnen und Mitschüler.
Als wir von der SV überlegt haben, wie man die Einweihung dieses tollen neuen Sportgeräts, das wir uns schon seit Jahren von gewünscht haben, passend feiern könnte, ist sofort *ein* Name gefallen. Und deshalb bitte ich Sie alle, sich zu erheben und gemeinsam mit mir unseren besonderen Ehrengast, den berühmten Bergsteiger und Kletterer Reinhold Messner, mit einem riesengroßen Applaus zu begrüßen!
Wir sind nicht nur unheimlich stolz darauf, dass es mit der vor langer Zeit beantragten Kletterwand jetzt endlich geklappt hat – wofür wir uns an dieser Stelle ganz herzlich bei allen, die die Anschaffung möglich gemacht haben, bedanken möchten –, sondern wir freuen uns am meisten darüber, dass Herr Messner es zwischen zwei Expeditionen in den Himalaja möglich machen konnte, bei der Einweihung dieser Kletterwand bei uns zu sein. Und das war gar nicht so einfach! Als wir ihn nach vielen Telefonaten endlich fragen konnten, sagte er gleich, Kletterwände in Turnhallen seien eigentlich „überhaupt nicht sein Ding." Mit dem Bergsteigen, wie er es versteht, habe das nichts zu tun. Erst als wir ihm versicherten, dass wir die Wand natürlich nur zur Vorbereitung auf richtige Klettertouren nutzen wollen, weil es in unserer Nähe nun mal weit und breit keine Achttausender gibt, hat er zugesagt. Denn auch Reinhold Messner hat mal klein angefangen. Mit 15 war er schon ein richtig guter Kletterer, wollte aber mit dem technischen Schnickschnack, der das Klettern zu einem Bergspaziergang machte, nichts zu tun haben. Wenn wir heute von „Freeclimbing" sprechen, dann ist das die Art zu klettern, die Reinhold Messner als das einzig wahre und richtige Bergsteigen bekannt gemacht hat und die alle Schülerinnen und Schüler unserer Schule ab sofort an dieser prächtigen Kletterwand trainieren werden. Die Berge so zu erleben, wie die Natur sie geschaffen hat, mit all ihren Möglichkeiten, mit all ihren Gefahren, das macht das Bergsteigen aus. Bis wir das mal ausprobieren können, werden wir fleißig an dieser neuen Kletterwand üben.
Lieber Reinhold Messner, als Erster auf den höchsten Berg der Welt zu steigen, den Mount Everest, das ist Ihnen leider nicht geglückt, weil dies Sir Edmund Hillary etwas früher als Sie geschafft hat – doch Ihnen ist es gelungen, diesen Berg als Erster ohne Sauerstoffmaske und ohne Begleitung zu besteigen. Doch auch Sie haben noch lange nicht alle Abenteuer bestanden, die es zu bestehen gibt und dürfen hier und heute als erster Mensch der Welt unsere neue wunderbare Kletterwand erklimmen, die damit in angemessener Weise ihrer Bestimmung übergeben wird. Ich bitte um Applaus für Herrn Messner und danke Ihnen allen für Ihre Geduld und Aufmerksamkeit!

Abschlussprüfung Deutsch an Realschulen in Hessen 2006
Lösungen zu Text 1

1. Inhalt des Gedichts

Die Aufgabenstellung ist so formuliert, dass keine Inhaltsangabe im herkömmlichen Sinn von dir erwartet wird. Die ersten beiden Teilaufgaben kannst du getrennt bearbeiten, es ist aber auch zulässig, die jeweiligen Örtlichkeiten und die Perspektive des Sprechers zusammenhängend zu beschreiben. Mit „Sprecher" oder „Sprecher-Ich" ist das „lyrische Ich" gemeint, ein Fachbegriff, der dir aus dem bisherigen Unterricht vielleicht eher bekannt ist. Es ist sinnvoll, wenn du deine Aussagen mit Zitaten aus den einzelnen Strophen belegst.
Die letzte Teilaufgabe verlangt, dass du mit eigenen Worten möglichst in einem Satz erklärst, worum es in dem Gedicht geht – ähnlich wie im Einleitungssatz einer Inhaltsangabe!

In der **ersten Strophe** des Gedichts „Städter" beschreibt Alfred Wolfenstein eng aneinandergereihte und dicht an den Straßen stehende Häuser, deren Fassaden von zahllosen Fenstern durchlöchert sind.
Der Eindruck von Enge setzt sich in der **zweiten Strophe** fort. Hier wird der Blick des Lesers auf das Innere einer Straßenbahn gelenkt, in der sich die Menschen drängen und gegenseitig beäugen.
Während der Dichter in den ersten beiden Strophen seine Beobachtungen **von außen** darstellt, tritt das **lyrische Ich** in der **dritten Strophe** in Erscheinung. Hier wird zunächst aus der Ich-Perspektive die fehlende Privatsphäre innerhalb der Häuser mit ihren viel zu dünnen Wänden beschrieben. („Dass ein jeder teilnimmt, wenn **ich** weine.", V. 10). Im letzten Vers der dritten Strophe verdeutlicht das lyrische Ich, dass es nicht nur ihm so geht, sondern dass auch die Gefühle und Gedanken der anderen durch die Hauswände dringen. („**Unser** Flüstern, Denken … wird Gegröle …")
In der **vierten Strophe** dehnt das lyrische Ich seine Empfindungen von Einsamkeit im Inneren der Häuser, hier als „dick verschlossene Höhle" bezeichnet (V. 12), auf die Allgemeinheit aus: „Steht ein jeder fern und fühlt: alleine." (V. 14).

Im dem 1914 erschienenen Gedicht „Städter" von Alfred Wolfenstein geht es um Menschen in der Großstadt, die sich trotz räumlicher Nähe fremd bleiben und deren Leben von Einsamkeit und Anonymität geprägt ist.

2. a) Eigenschaften der Großstadt und des Großstadtlebens – sprachliche Untersuchung

In dieser Aufgabe sollen wichtige Stilmittel, wie sie für Gedichte typisch sind, beispielhaft in den ersten drei Strophen aufgezeigt werden:

- *Vergleiche erkennst du daran, dass zwei Gebilde mit dem verbindenden Wort „wie" aufeinander bezogen werden, um etwas in besonderer Weise anschaulich zu machen.*
- *Bei Personifikationen werden abstrakte Begriffe oder Dinge durch menschliche Eigenschaften oder Handlungsmöglichkeiten zum Leben erweckt.*
- *Mit Enjambements oder Zeilensprüngen werden die Versgrenzen überspielt, was dem Text etwas Fließendes verleiht.*

Dichter verwenden diese sprachlichen Mittel, um die Aussage ihres Werkes zu unterstützen. Das bedeutet, dass du die Vergleiche, Personifikationen und Zeilensprünge nicht nur benennen sollst, sondern auch ihre Wirkung erklären musst, und zwar bezogen auf die am Ende von Aufgabe 1 formulierte Thematik des Gedichts!

In der **ersten Strophe vergleicht** Alfred Wolfenstein die dicht aneinandergereihten Fenster der Häuserfronten mit den Löchern eines Siebes. Damit weist er auf die nur unzureichenden Abgrenzungen zwischen den engen Wohnungen hin. Außerdem wird mit diesem Vergleich deutlich, dass die Lebenswelt der Stadtbewohner hinter den von Fenstern durchlöcherten Fassaden für jedermann von außen sichtbar ist. In den letzten beiden Versen der ersten Strophe wird das Einengende der Stadt durch einen weiteren Vergleich ins Bedrohliche und Unheimliche gesteigert: Die Häuser stehen so dicht beieinander, dass die Straßen zwischen ihnen „Grau geschwollen wie Gewürgte" aussehen. (V. 4).
In der **zweiten Strophe** werden Leute in der Straßenbahn als „Fassaden" (V. 6) bezeichnet. Im Gegensatz zum Stilmittel der Personifikation, bei der Dinge mit menschlichen Eigenschaften ausgestattet werden, lässt der Dichter hier Menschen zu Fassaden erstarren, das heißt, er setzt Personen mit Dingen gleich. Diese zu Fassaden versteinerten Personen lassen den Eindruck von Oberflächlichkeit und Gefühlskälte unter den Menschen entstehen. Sie sitzen einander gegenüber und starren sich an („… ihre nahen Blicke baden | Ineinander …", V. 7 f.), trotzdem kommt es zu keiner wirklichen Kommunikation, weil die Menschen ihr Inneres, ihren möglichen Wunsch nach Nähe, hinter den Fassaden verbergen.
Dass die Wände in der **dritten Strophe** als „dünn wie Haut" (Vergleich, V. 9) beschrieben werden, erzeugt den Eindruck von Verletzbarkeit und Wehrlosigkeit, von fehlendem Schutz der Privatsphäre gegenüber den allgegenwärtigen Mitmenschen.

Die Großstadt drängt ihre Bewohner auf enge Räume zusammen und übt Macht über sie aus. Vor allem durch die **Personifikationen** in der ersten Strophe wird dieses Bild von der Stadt als lebender und aggressiver Organismus, dem keiner entkommen kann, erzeugt: Die Fenster „stehen" dicht beieinander (V. 1 f.), die ebenfalls dicht gedrängten Häuser „fassen sich an" (V. 2 f.) und bedrängen die Straßen, die von diesem Würgegriff schon „grau geschwollen" sind (V. 4).

Mit Ausnahme der dritten Strophe sind alle Verse durch **Zeilensprünge** (**Enjambements**) miteinander verbunden. Dadurch entsteht in den ersten beiden Strophen zunächst ein schneller Lesefluss, der die langen Straßenzüge, aber auch die Ruhelosigkeit und das Gehetzte des Großstadtlebens vermittelt. Dieses Fluchtartige wird in der dritten Strophe, die keine Zeilensprünge enthält, unterbrochen. Statt eines anonymen Erzählers erscheint das lyrische Ich und verzögert den Textfluss, indem es den Blick auf den Einzelnen innerhalb der dünnwandigen Wohnungen lenkt. Das Leben in diesen Behausungen verhindert Privatsphäre, jeder nimmt – gewollt oder ungewollt – an den Gefühlen und Gedanken der anderen teil.

2. b) Einsicht des Sprechers in der letzten Strophe

Die Aufgabe verlangt von dir, die letzte Strophe in Beziehung zu den drei anderen zu setzen, die du in Aufgabe 2. a) analysiert hast. Die ersten drei Strophen beschreiben auf verschiedene Weise die Enge und die erzwungene Nähe der Großstadtmenschen, die dritte Strophe hingegen stellt als Folge dieser fehlenden Distanz die Einsamkeit des Einzelnen dar. Auch hier wird wieder ein Vergleich benutzt. Wichtig ist, dass in deiner Ausarbeitung dieser scheinbare Gegensatz (zwischen „Wände … dünn wie Haut" und „dick verschlossener Höhle") deutlich wird!

In der Großstadt leben viele Menschen auf engem Raum dicht beieinander. Diese erzwungene räumliche Nähe lässt keine Rückzugsräume zu, das Privatleben jedes Einzelnen ist für alle anderen sichtbar. Entsprechend werden die Fenster als „Löcher eines Siebes" (V. 1) beschrieben, die Wände sind „dünn wie Haut" (V. 9). Deshalb erscheint es zunächst widersprüchlich, wenn in der **letzten Strophe** die Wohnung eines jeden Menschen als „dick verschlossene[r] Höhle" (V. 12) bezeichnet werden. Damit drückt Alfred Wolfenstein aus, dass der Einzelne trotz der Nähe zu den vielen Nachbarn von seiner Umgebung nicht wahrgenommen wird, dass das räumliche Beieinander die Großstädter menschlich voneinander isoliert und keine Kommunikation zwischen ihnen stattfindet: „Ganz unangerührt und ungeschaut | Steht ein jeder fern und fühlt: alleine." (V. 13 f.).

2. c) Titel des Gedichts

Auch diese Aufgabenstellung greift die am Ende von Aufgabe 1 formulierte Thematik des Gedichts auf. Hast du in der ersten Aufgabe die Räume und Perspektivwechsel der einzelnen Strophen dargestellt, soll jetzt zusammenfassend verdeutlicht werden, wie der Autor von Strophe zu Strophe zum eigentlichen Thema seines Gedichts kommt und den Blick des Lesers auf den Menschen in der Großstadt, also den bzw. die „Städter" fokussiert.

Der Titel „Städter" deutet darauf hin, dass es dem Autor um die **Menschen** geht, die **in der Großstadt** leben. Zunächst werden die verdichtete und eintönige **Architektur** der Häuser und die düsteren engen Straßenschluchten beschrieben. Anschließend wird der Blick auf einen **Ausschnitt** der Stadt gelenkt, nämlich eine **überfüllte Straßenbahn**. Schließlich verengt sich die Sicht auf den **privaten Bereich** des Stadtbewohners. Seine Empfindungen in der engen Wohnung, die anonymen Geräusche aus den Nachbarwohnungen beschreiben das Lebensumfeld des Großstadtmenschen. Insgesamt wird eine beklemmende Atmosphäre von gegenseitigem Desinteresse und Einsamkeit geschaffen, der jeder einzelne Städter hilflos ausgeliefert ist.

3. Wahlaufgaben

Bei den Wahlaufgaben werden jeweils bis zu 20 Punkte vergeben, unterschätze sie also nicht! Dabei darfst du die zur Verfügung stehende Zeit nicht aus den Augen verlieren, deshalb musst du ziemlich schnell zum Kern der Sache kommen. Wenn dir klar ist, dass es bei dem Gedicht „Die Städter" um Einsamkeit und Fremdheit in der Großstadt geht, fällt es dir sicher leicht, dir zu einer der beiden Wahlaufgaben eine Geschichte auszudenken. Die Textsorte kannst du frei wählen, gut geeignet ist bei diesem Themenbereich eine Kurzgeschichte oder ein Text aus der Ich-Perspektive (Brief, Tagebucheintrag oder innerer Monolog). Achte insbesondere darauf, dass

- *das Thema der Vorlage erkennbar ist,*
- *die Handlung logisch aufgebaut ist,*
- *die Personen glaubhaft handeln, reden und denken,*
- *die Sprache zur inhaltlichen Ausgestaltung passt,*
- *die Geschichte einen Spannungsbogen erkennen lässt,*
- *dein Text erkennbar in Einleitung, Hauptteil und Schluss gegliedert ist und*
- *die grammatische Zeit zu deinem Text passt.*

3. a) Großstadtgeschichte zur dritten Strophe

In der dritten Strophe beschreibt Alfred Wolfensteins die Hellhörigkeit der Großstadtwohnungen: Nicht nur Geräusche aller Art dringen durch die dünnen Wände, das lyrische Ich hat den Eindruck, dass sogar die Gedanken und Gefühle der Bewohner voreinander bloßgelegt werden.
Für diese Aufgabe könnte z. B. eine Situation dargestellt werden, in der ein Hochhausbewohner versucht, seine Einsamkeit inmitten der vielen Mitbewohner zu durchbrechen. Ob es ihm gelingt, bleibt deiner Phantasie überlassen. Die hier abgedruckte Lösungsvariante ist nur eine von vielen Möglichkeiten und könnte natürlich auch anders gestaltet werden.

Jeden Morgen verließ Herr G. seine kleine Hochhauswohnung, fuhr mit dem Fahrstuhl 14 Stockwerke ins Erdgeschoss, ging die paar Schritte zur Bushaltestelle und fuhr zu der Firma, in der er arbeitete. Dort saß er in seinem grauen Anzug mit vielen anderen in einem großen Büro und bearbeitete den ganzen Tag lange Zahlenreihen, die über seinen Computerbildschirm flimmerten. Mittags ging er mit Herrn H., der ihm gegenübersaß und ebenfalls schon seit vielen Jahren jeden Tag lange Zahlenreihen auf dem Computerbildschirm bearbeitete, in die Kantine zum Essen. Um 17 Uhr verließ Herr G. das Büro, fuhr mit dem Bus nach Hause, kaufte zuvor noch ein paar Lebensmittel ein und verbrachte den Rest des Tages zumeist in seiner Wohnung, wo er Fernsehen schaute oder ein Buch las. Nur selten ging er aus, manchmal ins Kino und danach in ein Schnellrestaurant, bisweilen holte er sich in der Leihbibliothek Bildbände über ferne Länder. Die Bücher halfen ihm, die Stille in seinen eigenen vier Wänden zu ertragen, die vom Lachen, Lärmen, Schreien und Schimpfen aus den ihn umgebenden Wohnungen zerrissen wurde.
Eines Abends, Herr G. war gerade in einen Bildband über Patagonien vertieft, klingelte es an seiner Tür. Herr G. erschrak furchtbar, denn er hatte vergessen, wie sich seine Türklingel anhörte. In all den Jahren, in denen er hier schon wohnte, hatte es bislang nur einmal bei ihm geklingelt. Das war ein Briefbote gewesen, der für einen seiner Nachbarn eine dringende Sendung abzugeben hatte. Herr G. hatte sie nicht angenommen, weil er den Nachbarn nicht kannte. Er kannte keinen seiner Nachbarn. Er hörte nur ihre Geräusche. Aber nun hatte es an seiner Tür geklingelt, ein Briefbote konnte es nicht sein zu dieser Tageszeit, jemand wollte etwas von ihm. Herr G. öffnete die Wohnungstür. Auf dem Flur stand eine junge Frau, helle Augen, Lächeln, eine mehlfleckige Schürze über ausgefransten Jeans. „Guten Abend. Ich wohne neben Ihnen. Gerade bin ich dabei, einen Kuchen zu backen, aber ich habe nicht genug Eier. Könnten Sie mir vielleicht aushelfen?“ Herr G. starrte sie an, bemerkte eine kleine Mehlspur auf ihrer Nase, ihre unordentliche Frisur, ein Loch in ihrem Pantoffel. „Äh, ja, natürlich, wie viele brauchen sie denn?“, antwortete er nach sekun-

denlanger Pause. Er fragte sich, welche von den Geräuschen, die er tagtäglich aus den umliegenden Wohnungen hörte, wohl der Unbekannten zuzuordnen wären. „Zwei reichen, vielen Dank!“ Herr G. ließ die Frau auf dem Flur stehen, ging in seine Küche, holte die Eier aus dem Kühlschrank und brachte sie der Nachbarin, die vor seiner Wohnungstür gewartet hatte. Dann schloss er die Tür und nahm wieder sein Buch zur Hand. Aber er konnte sich nicht mehr auf die Bilder und Texte konzentrieren. Er lauschte auf die Geräusche, die sich in seiner Wohnung trafen und überlegte, welche davon die Unbekannte von eben erzeugt haben mochte. Als ein feiner Duft nach frisch gebackenem Kuchen durch das Stockwerk zog, lächelte er glücklich. Am nächsten Tag kaufte er nach Feierabend ein Paket frische Eier im Supermarkt und stellte es in den Kühlschrank. Dann setzte er sich in sein Wohnzimmer, lauschte auf die Geräusche der Nachbarn und wartete. Auch am nächsten Abend wartete er und an jedem weiteren. Nach zwei Wochen warf er die Schachtel mit den Eiern fort.

3. b) Szene in einer Straßenbahn/einem Bus/einer S-Bahn

Diese Wahlaufgabe weist ausdrücklich auf die zweite Strophe hin. Wegen der erzwungenen Nähe schauen sich die Leute zwar gegenseitig an, bleiben aber hinter ihren versteinerten „Fassaden“ für sich. Wenn du schon einmal in einer fremden Stadt in einem überfüllten Bus oder einer U-Bahn gefahren bist, hast du eine solche Situation sicher bereits erlebt. Versuche also, wie in der Aufgabenstellung gefordert, dich in eine derartige Bahn voller fremder Menschen gedanklich zu versetzen.
Plötzlich passiert etwas. Was könnte das sein? Vielleicht etwas Spektakuläres – jemand zieht im U-Bahntunnel die Notbremse, ein Fahrgast hat plötzlich eine Waffe in der Hand, schreit und bedroht die anderen ... Auf jeden Fall werden die Mitfahrer sich aus ihrer Erstarrung lösen und reagieren. Diese Veränderung im Verhalten der Menschen überzeugend darzustellen, macht den eigentlichen Reiz der Aufgabe aus. Dazu muss nicht unbedingt etwas Aufregendes passieren, es kann auch eine scheinbare Nebensächlichkeit sein wie in der hier vorgeschlagenen Lösungsvariante. Denn die Lösung hier ist, wie bei allen Wahlaufgaben, nur eine von vielen Möglichkeiten!

Ein kalter Morgen wie viele andere. Graue Gesichter im fahlen Licht des S-Bahn-Tunnels. Augen, die blicklos aneinander vorbei ins Leere starren, nichts finden, was sie festhalten wollen. Der Geruch von feuchter Wolle und hastig gerauchten Zigaretten. Plötzlich ist es da – ein fremdes Geräusch! Es gehört nicht hierher. Es schwebt über der gewohnten Klangkulisse aus Anfahren und Bremsen des Zuges, Öffnen und Schließen der Türen an den Stationen, Geklapper und Getrappel eiliger Schritte auf den Bahnsteigen, metallischem Gewisper aus MP3-Playern, Klingeltönen fremder Mobiltelefone. Sie finden es lästig, das lebendige und lachende Geräusch, diesen hellen heiteren Klang, der hereinbricht in die vertraute Eintönigkeit des Morgens und wie ein kleiner bunter Vogel verirrt über die Köpfe der Menschen in der S-Bahn hinwegflattert. Finstere Blicke werden in die vermutete Richtung der Störungsquelle geschickt. Doch bevor diese irgendjemand ausfindig machen kann, ist das Geräusch schon wieder verschwunden. Nur ein Nachhall bleibt übrig. Der jedoch tastet sich hartnäckig in die Ohren der Menschen, setzt Lichter in leere Augen, zieht Farbe über blasse Haut, lässt starre Gesichter aufleben. Hastig und betreten versuchen alle, ihr Lächeln zu verbergen. Es gelingt ihnen nicht. Für eine kleine Weile scheint jedem der Tag voller Verheißungen zu sein, der Morgen heller als die anderen davor. Nur kurz dauert dieser Moment. Dann jedoch versteinern die Gesichter wieder, Mundwinkel sinken herab, Blicke irren aneinander vorbei ins Nichts. Und schon an der nächsten Station achtet niemand mehr darauf, wie ein kleiner Trupp von Kindern nahezu lautlos aus der Bahn auf den Bahnsteig huscht und vom Dunkel der nächsten Rolltreppenabfahrt verschluckt wird.

Abschlussprüfung Deutsch an Realschulen in Hessen 2006
Lösungen zu Text 2

1. Inhalt des Textes – Überschriften/Kernaussagen

Die Aufgabe ist so formuliert, dass keine Inhaltsangabe im klassischen Sinn erwartet wird. Es geht darum, die Aussage jedes einzelnen der acht Abschnitte des Textes auf den Punkt zu bringen. Entscheidest du dich dafür, jedem Abschnitt eine Überschrift zu geben, muss diese nicht unbedingt als vollständiger Satz formuliert sein, wie man es ja auch von Überschriften bei Zeitungsartikeln oder Buchkapiteln kennt. Formulierst du hingegen Kernaussagen, musst du natürlich vollständige Sätze bilden. In beiden Varianten soll der innere Aufbau des Textes erkennbar sein: die stufenweise heftiger werdenden Reaktionen der Menschen auf die Krawatten des Herrn Cleophas.

Variante 1: Überschriften

1. Abschnitt: Parkspaziergang mit grüner Krawatte
2. Abschnitt: Grüne Krawatte erregt Verwirrung und Unverständnis
3. Abschnitt: Kritik wegen blauer Krawatte
4. Abschnitt: Neue Krawattenfarbe als Auslöser für Spott
5. Abschnitt: Träger grüner Krawatten als Wüstlinge beschimpft
6. Abschnitt: Hass auf Krawattenträger weitet sich aus
7. Abschnitt: Menschenmenge bezichtigt Träger grüner Krawatten des Meuchelmords
8. Abschnitt: Die Verleumdung wird zur Überzeugung

Variante 2: Kernaussagen

1. Abschnitt: Herr Cleophas **beeindruckt** die Leute mit seiner neuen **grünen** Krawatte.
2. Abschnitt: Bei seinem nächsten Spaziergang reagieren die Menschen **verwirrt** auf die **grüne** Krawatte.
3. Abschnitt: Jetzt trägt Herr Cleophas eine **blaue** Krawatte, was **Kritik** hervorruft.
4. Abschnitt: Herr Cleophas wird wegen seiner **violetten** Krawatte **verspottet**.
5. Abschnitt: Die gepflegt Kleidung des Herrn Herr Cleophas erregt den **Neid** seiner Mitmenschen, einer von ihnen **diskriminiert** die Träger grüner Krawatten als **Wüstlinge**.
6. Abschnitt: Der Wortführer **bezeichnet** alle Träger grüner Krawatten als **Diebe** und findet erste Zustimmung.

7. Abschnitt: Als eine ganze Menschenmenge die Herren mit der grünen Krawatte als **Meuchelmörder beschimpft**, spricht Herr Cleophas den Wortführer an, der ihm aber heuchlerisch versichert, dass er nicht gemeint sei.

8. Abschnitt: Hinter seinem Rücken wird Herr Cleophas als Wüstling, Dieb und Meuchelmörder **abgestempelt**.

2. a) Reaktionen der Leute auf den Wechsel der Krawattenfarbe

Bei dieser Aufgabe wird von dir erwartet, dass du die einzelnen Textabschnitte auf solche sprachlichen Merkmale hin untersuchst, die die steigende Abwehrhaltung der Leute gegen Herrn Cleophas deutlich machen. Du erkennst dies, wenn du auf die Nomen, Adjektive und Adverbien achtest, die der Autor im Zusammenhang mit dem Verhalten der Menschen verwendet. In der Tabelle kannst du die entsprechenden Formulierungen als Zitate verwenden oder mit eigenen Worten wiedergeben.

Krawattenfarbe	Zeile	Reaktion der Leute	Zeile
grün	3	Lob, Anerkennung; manche versuchen sogar ihn zu imitieren	4–7
grün	9	skeptisch, nervös, verzweifelt	9–12
blau	13	nervös, ablehnend: lautstarke Empörung – die Leute weigern sich, den Wechsel von der gewohnten Farbe zu akzeptieren.	14–18
violett	20	höhnisch: Herr C. wird als „Herr mit der grünen Krawatte" bezeichnet", obwohl er schon zweimal die Krawattenfarbe gewechselt hat. Hass: Die „Herren mit der grünen Krawatte" werden als „Wüstlinge", „Diebe" und „Meuchelmörder" beschimpft.	21 24, 31, 35 f.

2. b) Warum wollen die Leute den Wechsel der Krawattenfarben nicht anerkennen?

Ging es bei den ersten Aufgaben darum, die veränderte Reaktion der Menschen auf die Krawatten des Herrn Cleophas herauszuarbeiten und zu beschreiben, sollst du nun versuchen, das Verhalten der Menschen zu begründen. Es handelt sich also um eine Aufgabe zur Textinterpretation. Hier ist es wichtig, sich genau an die Fragestellung zu halten. Die Ergebnisse aus den anderen Aufgaben können dir bei der Lösung dieses Arbeitsauftrags helfen: Die Menschen fühlen sich offenbar zunehmend provoziert von den bunten Krawatten des Herrn Cleophas. Das auffällige Kleidungsstück hebt seinen Träger deutlich von ihnen ab. Da sie es ihm nicht gleich tun können, lehnen sie aufgrund der Äußerlichkeit den Besitzer der Krawatte ab und diskriminieren ihn sogar.

Herr Cleophas wohnt zurückgezogen außerhalb der Stadt, er kleidet sich sehr elegant und sorgfältig. Dadurch ist er ein **Außenseiter**. Bei seinen Spaziergängen im Park macht er durch sein äußeres Erscheinungsbild deutlich, dass er seinen Mitmenschen sowohl an Reichtum als auch an Geschmack überlegen ist. Manche bewundern seine Art, sich zu kleiden, versuchen sogar, seinen Stil zu kopieren, was ihnen aber nur ansatzweise gelingt. Aus der anfänglichen **Bewunderung** wird **Neid und Missgunst**, als Herr Cleophas durch ständig neue Krawatten in den unterschiedlichsten Farben seine Unabhängigkeit vom Massengeschmack und die große Distanz zwischen ihm und den übrigen Menschen betont. Das **verärgert und verunsichert** die Leute, die den Anblick des Herrn Cleophas mit grüner Krawatte gewöhnt sind. Da sie nicht in der Lage sind, es Herrn Cleophas gleichzutun, fühlen sie sich ihm **unterlegen**. In ihrem Kopf hat sich das Bild des Herrn Cleophas als „der mit der grünen Krawatte" festgesetzt und sie sind nicht bereit, dieses Urteil zu korrigieren.

2. c) Rolle des „Lautesten" im Verlauf des Textes

Auch dies ist eine Aufgabenstellung zur Textinterpretation. „Der Lauteste" wird nicht näher benannt, hat keinen Namen. Arthur Schnitzler möchte mit seiner Geschichte beispielhaft zeigen, wie ein Einzelner aufgrund einer Äußerlichkeit, die ihn aus der Allgemeinheit heraushebt, ausgegrenzt und abgelehnt werden kann. Anschließend weitet sich die Ablehnung auf alle mit demselben Merkmal aus. Dem „Lautesten" wird bei diesem Mechanismus in der anonymen Menschenmenge nur eine Funktion zugeordnet: Er ist der, der die Vorurteile, die sich bei den Menschen gegen Träger grüner Krawatten festgesetzt haben, offen ausspricht.

„Der Lauteste" macht sich zum **Wortführer** einer Gruppe von Menschen, die mit wenig Geld auskommen müssen („der ihre Mittel nichts anderes erlaubten, als Zwirnsfäden um den Hals zu schlingen." Z. 22 f.). Der Anblick des elegant gekleideten Herrn Cleophas führt „dem Lautesten" seine gesellschaftliche **Unterlegenheit und Benachteiligung** immer wieder vor Augen und erzeugt **Hass** auf die Reichen und Vornehmen. Da persönliche Eigenschaften und Verhaltensweisen des Herrn Cleophas keinen Anlass zur Kritik geben, wird eine Äußerlichkeit, nämlich die grüne Krawatte, zum Grund für die Beschimpfung. **Ohne sachliche Argumente** für seine Anfeindungen gelingt es ihm, die Menge aufzuheizen und gegen Herrn Cleophas einzunehmen. Durch sein lautstarkes und aggressives Auftreten **manipuliert er die Menschen** und erzeugt gegenüber einem völlig harmlosen Einzelnen eine Hetzstimmung, von der zu befürchten ist, dass sie außer Kontrolle gerät.

2. d) Absicht des Textes

Diese Teilaufgabe fragt insgesamt nach deinem Textverständnis. Hier darfst du also Formulierungen wie „Meiner Meinung nach …" oder „Ich schließe daraus …" und ähnliche verwenden. Wichtig dabei ist, dass deine Ergebnisse sich aus dem Text und aus deinen Antworten der vorangegangenen Aufgabenstellungen schlüssig belegen lassen. Frage dich also, ob es sich bei deinen Aussagen um reine Behauptungen oder wirklich nachvollziehbare Aussagen handelt!

Arthur Schnitzler macht in seinem Text deutlich, wie ein Mensch aufgrund einer Äußerlichkeit zunächst **Aufmerksamkeit** erregt und schließlich **abgelehnt** und **ausgegrenzt** wird. Das Kleidungsstück, das erst **Wohlwollen**, dann **Kritik**, **Spott**, schließlich **Hass und Beschimpfung** erzeugt, wird mit seinem Träger gleichgesetzt. Persönliche Verhaltensweisen und Charaktereigenschaften des Herrn Cleophas spielen bei diesem Prozess keine Rolle. Gleichzeitig möchte Arthur Schnitzler meiner Meinung nach zeigen, dass große soziale Ungleichheit und ihre Zurschaustellung in einer Gesellschaft zu Unruhen führen kann. Wie im Text deutlich wird, sind Menschen, die sich benachteiligt fühlen, leicht zu manipulieren und aufzuhetzen.

3. Veränderung in den Reaktionen „der anderen" auf Herrn Cleophas – Untersuchung der sprachlichen Mittel

Bei dieser Aufgabe wird eine sprachliche Analyse von dir verlangt. Diesmal sind es Veränderungen und Umschreibungen im Wortfeld „sagen/sprechen", die herausgearbeitet werden sollen. Das bedeutet, dass du darauf achten musst, wie die Menschen sich ausdrücken: Ob sie reden, rufen oder schreien, höflich, nervös oder hasserfüllt sind. Am besten ist es auch hier, wie in Aufgabe 1 und 2. a) abschnittsweise vorzugehen. Halte dich eng an den Text, du kannst auch Zitate verwenden.

Der Lösungsvorschlag umfasst deutlich mehr als vier Beispiele. In der Prüfung reicht es allerdings, wenn du dich an die geforderte Anzahl hältst, denn mehr als acht Punkte, zwei pro richtig dargestelltem Beispiel, kannst du nicht bekommen.

Im ersten Abschnitt wird Herr Cleophas **höflich gegrüßt**, die Leute versuchen ihn sogar nachzuahmen und „sprachen durch einige Tage mit viel Anerkennung von der grünen Krawatte des Herrn Cleophas." (Z. 5 f.).
Der zweite Abschnitt ist bereits von Verunsicherung und Nervosität geprägt, einige Menschen sind **verzweifelt** und „riefen aus …". (Z. 11).
Das wird im dritten Abschnitt gesteigert: „Die Nervöseren aber riefen laut: …" (Z. 15), die Menschen sind **misstrauisch und verärgert**.
Der Argwohn wandelt sich im vierten Abschnitt zu **Spott**, Herr Cleophas wird lautstark verhöhnt: „… riefen die Leute höhnisch aus …" (Z. 20 f.)
Im fünften Abschnitt tritt „der Lauteste" (Z. 26) auf, der seine **Missgunst** herausschreit (vgl. Z. 26) und Herrn Cleophas **verleumdet**.
„Der Lauteste" erfährt im sechsten Abschnitt Unterstützung; jetzt sind es schon „manche" (Z. 31 f.), die mit lautem Geschrei Herrn Cleophas **verunglimpfen**.
Im siebten Abschnitt tritt unter der Wortführerschaft des „Lautesten" eine Menschenmenge auf, die schreiend alle Träger grüner Krawatten als „Meuchelmörder" (Z. 34 f.) **diffamiert**.
Im achten Abschnitt schließlich klatscht „der Lauteste" in die Hände und schlussfolgert rufend, dass Herr Cleophas ein „**Wüstling, Dieb und Meuchelmörder**" (Z. 43 f.) **sein müsse**.

4. a) Übertragung der Thematik des Textes auf eine gegenwärtige Situation

Bei den Wahlaufgaben werden jeweils bis zu 20 Punkte vergeben, nimm sie also sehr ernst! Entscheidest du dich für 4. a), sind deiner Fantasie (fast) keine Grenzen gesetzt. Dabei darfst du die zur Verfügung stehende Zeit nicht aus den Augen verlieren, deshalb musst du ziemlich schnell zum Kern der Sache kommen. Wenn dir klar ist, dass es bei dem Text „Die grüne Krawatte" darum geht, wie Vorurteile entstehen, was sie begünstigt und welche Folgen sie haben können, fällt es dir sicher leicht, dir dazu eine Geschichte auszudenken, die heute spielen könnte. Achte insbesondere darauf, dass
- *das Thema erkennbar ist,*
- *die Handlung logisch aufgebaut ist,*
- *die Personen glaubhaft handeln, reden und denken,*
- *die Geschichte einen Spannungsbogen erkennen lässt und*
- *dein Text erkennbar in Einleitung, Hauptteil und Schluss gegliedert ist.*

Mit herabhängenden Schultern ging Andreas nach Hause. Die Hände hatte er tief in den Taschen seines Overalls vergraben, in der Rechten zerknüllte er das Papier, auf dem es schwarz auf weiß und unwiderruflich stand: *„… müssen Ihnen zu unserem Bedauern mitteilen, dass wir aus betriebsbedingten Gründen keine Beschäftigung mehr für Sie haben und das Arbeitsverhältnis zum Ende des Monats kündigen."* Wo sollte er jetzt etwas Neues finden, hier in dieser Gegend, wo ein Betrieb nach dem anderen dicht machte? Drei Jahre hatte die Ausbildung in der Autowerkstatt gedauert, dann hatte der Meister sich für ihn eingesetzt und er wurde übernommen. Seitdem waren auch schon wieder fast zwei Jahre vergangen. „Hallo, Andreas!" Eine fröhliche Stimme von der gegenüberliegenden Straßenseite riss ihn aus seinen traurigen Gedanken. Er sah auf und erblickte Murat, der ihm von der Bushaltestelle aus zuwinkte. Murat war in derselben Klasse wie er gewesen, sie waren sogar befreundet, aber im Gegensatz zu ihm hatte Murat nach dem Realschulabschluss weitergemacht und war auf die Oberstufe in der Nachbarstadt gegangen. Andreas hatte ihn seitdem kaum gesehen. Inzwischen musste er längst das Abi in der Tasche haben. Andreas schlurfte über die Straße und begrüßte seinen alten Schulkameraden. „Wie geht's?", fragte er und versuchte ein Lächeln. Der andere merkte nichts von seiner gedrückten Stimmung. „Alles prima", strahlte er. „Ich habe heute frei, wegen unseres Opferfestes. Aber sonst muss ich ziemlich ranklotzen an der Uni. Ich habe ein Stipendium bekommen nach dem Abi, weißt du? Jetzt studiere ich Maschinenbau, es ist interessant, aber die schenken einem nichts, kann ich dir sagen. Und du?" Maschinenbau – Andreas schluckte. Er hatte es zum gekündigten Mechatroniker gebracht, und dieser Ausländer …?! „Bin zufrieden", antwortete er, „die Arbeit ist okay, die Kohle stimmt auch einigermaßen. Wir sehen uns, Ciao." Er ging und ließ den verblüfften Murat stehen. Aus einem Lebensmittelladen drang orientalische Musik. Andreas kickte wütend eine Coladose gegen die Gemüseauslage. Musste er sich jetzt dieses Basargedudel anhören? Am Dönerimbiss stand sein alter Kumpel Ali hinter der Theke. „Hey, hast du Hunger? Komm, ich lade dich ein! „Schieb dir deinen Türkenfraß sonst wo hin!", brüllte Andreas. Kein Wunder, dass er seinen Job verloren hatte! „Die kommen einfach hierher, machen sich breit und nehmen uns die Arbeitsplätze weg!", dachte Andreas. Das sagten schließlich alle, und bis jetzt hatte er diesem Gerede nicht besonders viel Bedeutung zugemessen. Seit dem heutigen Tag aber wusste er, dass es stimmte. Aber er würde sich von diesen Ausländern nichts mehr gefallen lassen, sie würden ihn noch kennenlernen …

4. b) Fortsetzung der Geschichte

Willst du lieber eine Fortsetzung schreiben, musst du auf einen möglichst nahtlosen Übergang achten, sowohl was die Sprache als auch die innere Logik betrifft. Niemand hat den Menschen widersprochen, die Cleophas zunehmend angefeindet haben, keiner hat sich für ihn eingesetzt. Im Gegenteil: Erst haben sich nur einige gegen Cleophas gewandt, anschließend haben alle die vorgebrachten Meinungen übernommen. Es wäre also nicht überzeugend, würde sich plötzlich das Blatt wenden!

Die Frage blieb in der Luft hängen. „Wer darf jetzt noch daran zweifeln?“ Niemand in der Menge zweifelte noch. Hatte er doch eben gezeigt, dass er sich direkt angesprochen fühlte, auch wenn er heute erneut eine Krawatte von anderer Farbe trug. Damit wollte er sicher nur davon ablenken, dass er auch dazugehörte. Es war klar, dass die mit den grünen Krawatten Schurken sein mussten. Das sagte jeder. Auch wenn sie zur Tarnung bisweilen mit anderen Krawattenfarben auftauchten. Hatte denn irgendjemand sich für diese Leute stark gemacht, sie jemals verteidigt? Eben nicht. Deshalb war es logisch, dass sie heimtückische Verbrecher waren. Sie waren unerträglich. Man musste es ihnen endlich mal zeigen. Man konnte sich nicht einfach alles von ihnen gefallen lassen. Diese Leute mit ihren abscheulichen grünen Krawatten glaubten wohl, sich erlauben zu können, was sie wollten. Dem musste ein Ende gemacht werden, bevor sie der Gesellschaft Schaden zufügen konnten. Der Lauteste klatschte ein zweites Mal. Es klang wie eine Aufforderung. Die Menge setzte sich in Bewegung, langsam, dann immer schneller. Herr Cleophas, der bereits ein gutes Stück weitergegangen war, sah sich zu seinem Erstaunen plötzlich von einer großen Gruppe schlecht gekleideter Leute umringt, die ihn hasserfüllt anstarrten. Er trat einen Schritt auf den zu, der ihm bekannt vorkam und der offenbar der Anführer war. Aber bevor er das Wort an ihn richten konnte, spürte er einen heftigen Schlag gegen seine rechte Schulter und geriet ins Straucheln. Jemand packte ihn an der Krawatte und riss ihn wieder hoch. Der nächste Hieb traf ihn mitten ins Gesicht. Er schmeckte Blut und ging zu Boden. Die Schläge und Tritte, die nun von allen Seiten auf ihn einhagelten, spürte er nicht mehr. Erst im Krankenhaus kam er wieder zu sich. Sein gesamter Körper und sein Gesicht waren mit Mullbinden dick bandagiert, auf einem Stuhl neben dem Bett erspähte er aus zugeschwollenen Augen mühsam seinen völlig verschmutzten und zerrissenen Anzug, über der Lehne hingen die traurigen Überbleibsel seiner ehemals leuchtend roten Krawatte. „Was ist eigentlich passiert? Was haben diese Leute gegen Sie?“, fragte der Polizist, der mit einem Notizblock in der Hand auf der anderen Seite des Bettes auf einem Stuhl Platz genommen hatte. Nur mühsam und unter Schmerzen konnte Herr Cleophas unter all seinen Bandagen mit den Schultern zucken. „Ich habe wirklich keine Ahnung“, flüsterte er.

Abschlussprüfung Deutsch an Realschulen in Hessen 2006
Lösungen zu Text 3

1. Inhaltsangabe und Gliederung des Textes

Die Aufgabenstellung ist so formuliert, dass du den Text abschnittsweise zusammenfassen sollst. Diese Vorgabe kommt dir insofern entgegen, als der auf den ersten Blick doch sehr lange Text dadurch etwas übersichtlicher wird. Nimm also einen Stift und markiere beim ersten Lesen, wann ein Gedankengang zu Ende ist und ein neuer beginnt. Lass dich nicht davon irritieren, dass die Abschnitte unterschiedlich lang sind!
Die ersten elf Zeilen lassen sich als Einleitung auffassen, die Ort und Anlass der nachfolgenden Gedankengänge darstellen. Ab Zeile 12 kommen zwei längere Abschnitte, in denen die unterschiedlichen Zeitauffassungen von Europäern (Z. 15–36) und Afrikanern (Z. 37–79) einander gegenübergestellt werden. Die Beschreibung der afrikanischen Einstellung wird mit einem Beispiel veranschaulicht, das der Ausgangssituation im Bus ähnelt. Der längste Abschnitt (Z. 80–126) setzt sich mit der besonderen Fähigkeit afrikanischer Menschen zu warten auseinander. Wie in den anderen Textteilen zuvor wechseln sich Beschreibung und Gedankengänge des Autors einander ab. Manche dieser Reflexionen sind schwierig zu verstehen, weil sie die Überlegungen des Autors über das Wesen der Zeit auf abstrakte Weise vertiefen. Diese gedanklichen Umwege kehren aber immer wieder zu gut verständlichen Darstellungen zurück, sodass das Verfassen der Inhaltsangabe weniger schwer ist, als es zunächst den Anschein hat! Der letzte Abschnitt besteht nur aus zwei Zeilen und bildet gemeinsam mit der Einleitung den Rahmen des Textes.
Deine Einleitung zur Inhaltsangabe soll Folgendes enthalten:
- *Autor (Ryszard Kapuściński)*
- *Titel (Der Weg nach Kumasa)*
- *Textsorte (Bericht, Reportage)*
- *Ort der Handlung (Bus/Bushaltestelle irgendwo in Afrika)*
- *Zeit der Handlung (zweistündige Wartezeit bis zur Abfahrt des Busses)*
- *Thema (unterschiedliches Verhältnis zur Zeit bei Europäern und Afrikanern)*

Bei der Zusammenfassung des Inhaltes musst du gemäß der Aufgabenstellung darauf achten, dass der fünfteilige Aufbau (Einleitung und vier gedanklich absetzbare Textabschnitte) deutlich wird. Schreibe im Präsens, vermeide ausführliche Darstellungen und wörtliche Rede. Einen zusammenfassenden Schlusssatz brauchst du nicht zu formulieren.

In seiner **Reportage** „Der Weg nach Kumasa“ beschreibt Ryszard Kapuściński seine Gedanken während einer zweistündigen Wartezeit auf die Abfahrt eines Autobusses in Afrika. Er beschäftigt sich damit, welche Rolle die „Zeit“ im Alltagsleben von Afrikanern und Europäern spielt.
Der **erste Abschnitt** (Z. 1–11) dient als **Einleitung**: Ein afrikanischer Busfahrer reagiert erstaunt auf die Frage eines Fahrgastes, der wissen möchte, zu welchem Zeitpunkt der Bus abfährt. Der Bus fahre ab, wenn alle Plätze besetzt seien, ist die Antwort des Busfahrers.
Im **zweiten Abschnitt** (Z. 12–36) beschreibt Kapuściński, wie die Zeit das Alltagsleben der Europäer regiert. Durch den ständigen Zwang, Termine einhalten zu müssen und Daten zu beachten, kann er ohne das feste Regelwerk nicht existieren und wird dabei zum „Diener der Zeit“ (Z. 23). Dass der europäische Mensch diesen Anforderungen nicht entkommen kann und er sich sein Leben lang der Zeit unterwerfen muss, zerstört ihn.
Der **dritte Teil** des Textes (Z. 37–79) beschreibt die afrikanische Auffassung von Zeit im Unterschied zu der des Europäers. Hier ist es der Mensch, der den Ablauf der Zeit bestimmt und ihren Rhythmus beeinflusst, nicht umgekehrt. Aus afrikanischer Sicht ist die Zeit also vom Menschen abhängig, ist ihm untertan. Der Autor macht dies deutlich am Beispiel einer Dorfveranstaltung, die erst dann beginnt, wenn sich alle Menschen versammelt haben.
Der **vierte Abschnitt** (Z. 80–126) thematisiert die Fähigkeit afrikanischer Menschen zu warten. Der Autor beschreibt, wie sie beim Warten in einen entspannten, schlafähnlichen Zustand verfallen, der viele Stunden lang anhalten kann und weder von der brennenden Sonne noch von Fliegen oder der Befriedigung körperlicher Bedürfnisse gestört oder unterbrochen wird. Am Ende dieses Abschnitts fragt sich Ryszard Kapuściński, was die Menschen während dieses Wartens denken und empfinden könnten.
Der Bericht endet schlagartig mit dem **fünften Abschnitt** (Z. 127 f.), als der voll besetzte Bus nach zweistündiger Wartezeit endlich abfährt.

2. Untersuchung des Satzbaus und Wirkung der verschiedenen Satzarten

Bei dieser Aufgabenstellung wird eine sprachliche Analyse besonderer Art von dir verlangt: Der Satzbau des Textes soll untersucht und seine jeweilige Wirkung bestimmt werden. Wenn dir die Aufgabe zunächst unverständlich vorkommt, überlege zunächst, welche Formen des Satzbaus du kennst. Fang beim einfachsten an: Es gibt lange Sätze und kurze Sätze, Hauptsätze und die unterschiedlichsten Arten von Nebensätzen, Satzreihen und Satzgefüge, es gibt Aussagesätze und Fragesätze und es gibt auch unvollständige Sätze (Ellipsen). Wenn manche dieser Bauformen in einem Text an bestimmten Stellen gehäuft vorkommen, entfalten sie eine vom Autor beabsichtigte Wirkung: Lange Sätze mit ausführlichen Beschreibungen scheinen die Lesezeit zu dehnen, kurze, abgehackte Sätze, Satzreihen und Aufzählungen bringen Schnelligkeit in den Lesefluss, Fragesätze beziehen den Leser in die Gedankengänge des Verfassers ein, Satzgefüge mit Relativ- und Konjunktionalnebensätzen vertiefen die Ausführungen und machen Erklärungen verständlich.

Im **ersten Abschnitt** wird die Neugierde des Lesers durch einen **Dialog** geweckt (Z. 8–11), der auf den ersten Blick absurd erscheint: Auf eine einfache **Frage** „Wann fährt der Autobus ab?" des europäischen Reisenden folgt zunächst die **Gegenfrage** „Was heißt wann?" des afrikanischen Busfahrers und dann die knappe und für den Reisenden unverständlich **Antwort** in Form eines **unvollständigen Satzes:** „Wenn so viele Leute beisammen sind, dass er … besetzt ist." Diese Antwort wird im anschließenden Text erklärt.
Der **zweite Abschnitt** des Textes ist geprägt von Sätzen, die ihre Länge fast ausschließlich durch **Aufzählungen** erhalten. Nicht nur die Ausführungen des Verfassers selbst, sondern auch das Newton-Zitat, das er verwendet, ist in dieser Weise formuliert. („Die absolute, wirkliche und mathematische Zeit …", Z. 19 f.). Zum Ende des Abschnitts werden die Sätze mit den Aufzählungen kürzer, abgehackter: „Er muss Termine einhalten, Daten, Tage und Stunden. … Dieses Getriebe drückt ihm seine Zwänge, Anforderungen und Normen auf." (Z. 27–32) Die **inhaltliche Aussage**, dass die Zeit das Leben des Europäers zerstückelt, wird auf diese Weise **durch den Satzbau verstärkt**.
Im **dritten Abschnitt**, der das Verhältnis der Afrikaner zum Phänomen Zeit darstellt, sind es **Satzgefüge** mit mehreren aneinandergehängten **Konjunktional- und Relativnebensätzen**, die dem Leser ausführliche und vertiefende Erklärungen liefern: „Die Zeit ist sogar etwas, was der Mensch selbst schaffen kann, weil die Existenz der Zeit zum Beispiel in Ereignissen zum Ausdruck kommt, ob es aber zu diesem Ereignis kommt oder nicht, hängt schließlich vom Menschen ab." (Z. 43–48) Auch hier **spiegelt sich im Satzbau die Textaussage**, nämlich der großzügige und gelassene Umgang der Afrikaner mit der Zeit.
Im **vierten Abschnitt**, in dem das Warten der Afrikaner beschrieben wird, werden **kurze Hauptsatzreihen** verwendet, die dem Inhalt entsprechend Ruhe in den Text bringen: „Sie hören auf zu sprechen. Eine Menge reglos Wartender ist stumm. Sie gibt keinen Laut von sich, sie schweigt. Die Muskeln entspannen sich …" (Z. 100–103)
Am **Ende dieses Abschnitts** fällt die **Anhäufung von Fragen** auf, die der Autor sich selbst und seinen Lesern stellt. „Denken sie vielleicht nach? Träumen sie? Erinnern sie sich? …" (Z. 123–126) Antworten auf die Fragen gibt es nicht, **gemeinsam mit dem Verfasser** wird der **Leser** dazu angeregt, zu **überlegen**, was in den Menschen vorgehen könnte und wie man selbst mit längeren Wartezeiten umgeht.

3. a) Warum wird ein Afrikaner, der in Afrika in einen Bus einsteigt, wahrscheinlich nicht fragen: „Wann fährt der Bus ab?"

Die Lösung dieser Aufgabe muss in zwei Abschnitten erfolgen: Zuerst wird die Warum-Frage der Aufgabenstellung beantwortet, anschließend sollst du dein Textverständnis unter Beweis stellen, indem du deine Antwort mithilfe geeigneter Textstellen begründest. Der Text enthält mehrere passende Argumente, die sich zum Teil ähneln oder wiederholen.

Der Afrikaner stellt die Frage nach der Abfahrtszeit des Busses nicht, weil es für ihn nur wichtig ist, dass der Bus ihn **irgendwann** an sein Ziel bringt.
Zeit ist aus Sicht afrikanischer Menschen eine so lockere Kategorie, dass sie nicht stattfindet, wenn sie es nicht wollen oder wenn geplante Handlungen ausfallen (vgl. Z. 43–48).
Da **Zeit** ausschließlich dann stattfindet, wenn sie **mit einer Handlung verbunden** ist (vgl. Z. 53–56), ist die Wartezeit im Bus auch nicht mit dem Gefühl des **Verlustes** oder der **Verschwendung** verbunden, wie es bei uns Europäern zumeist der Fall ist. Der Afrikaner verbringt diesen Stillstand der Zeit im „physiologischen Schlaf", der viele Stunden dauern kann (Z. 110–119). Einem Afrikaner würde es seltsam vorkommen, einen leeren Bus losfahren zu lassen. Ein Bus ist dazu da, Menschen an **bestimmte Ziele** zu bringen, nicht, um einen **Fahrplan einzuhalten**. Aus Sicht des Afrikaners sind die Menschen, damit also auch der Fahrer und die Passagiere des Busses, **keine Diener der Zeit**, vielmehr bestimmen sie ihren Ablauf und Rhythmus (Z. 40–43).

3. b) „Der Europäer sieht sich also als Diener der Zeit" (Z. 23) – eigene Meinung

In dieser Teilaufgabe sollst du zu einer Aussage des Textes Stellung nehmen. Grundsätzlich bleibt es bei solchen Aufgaben dir überlassen, ob du der Aussage ganz oder teilweise zustimmst oder sie ablehnst, solange du deine Einstellung überzeugend begründen kannst. Da du als Schüler/in sicher selbst genügend Erfahrungen mit Zeitmanagement hast, sollte dir die Gestaltung dieser Aufgabe nicht besonders schwer fallen. Achte darauf, dass du entsprechend der Aufgabenstellung diese Alltagserfahrungen einbringst!

Öffnungszeiten und Termine bestimmen ab dem Kindergartenalter den Alltag des Europäers. Unser Stundenplan überzieht den Vormittag mit einem Raster im 45-Minuten-Rhythmus. Die Nachmittage sind ebenfalls häufig von Terminen bestimmt: Training, Arztbesuch, Nachhilfe, Hausaufgaben. Verpasste Termine erzeugen ein schlechtes Gewissen. Die Stechuhr teilt den Tag des Arbeiters in Arbeitszeit und Freizeit ein. Pläne, Kalender und Uhren geben dem Europäer einen festen Rahmen, vielleicht sogar einen Käfig, aus dem er nicht

entkommen kann. Wochenenden und Ferien haben den Anschein von selbst bestimmter Zeit, sind aber ebenfalls absehbar begrenzt. Man spricht vom „Zeitdruck“, unter dem man leidet, beugt sich aber diesem Druck und hetzt sich notfalls ab, um alles zu schaffen und nirgends zu spät zu kommen. Aus diesen Gründen bestätige ich die Aussage des Textes, dass der Europäer ein „Diener der Zeit“ ist, denn er muss sich ihr beugen und kann keinen Einfluss auf sie nehmen.
Andererseits denke ich aber auch, dass besonders in Schule und Beruf ein vorgegebener Zeitplan für ein geregeltes Zusammenleben wichtig ist. Ich kann mir nicht vorstellen, dass eine Schule funktionieren würde, in der der Unterrichtsbeginn davon abhängt, dass alle Schüler einer Klasse versammelt sind. Auch Arbeitsabläufe in der Industrie sind auf verlässliche Zeitpläne angewiesen, Kunden müssen wissen, wann Läden und Ämter geöffnet haben. Deshalb ist die im Text beschriebene Einstellung des afrikanischen Menschen zum Phänomen „Zeit“ in unserem Kulturkreis meiner Meinung nach nicht anwendbar.

4. Wahlaufgaben

Bei den Wahlaufgaben werden jeweils bis zu 20 Punkte vergeben, bearbeite sie also sehr sorgfältig! Bei diesem Thema hast du die Wahl zwischen einer Erörterung, bei der du deine persönliche Meinung begründet darstellen sollst, und einer Geschichte, in der das Thema „Zeit“ eine Rolle spielt. Wofür auch immer du dich entscheidest, behalte im Hinterkopf, dass die dir zur Verfügung stehende Zeit begrenzt ist!

4. a) „Zeit ist Geld.“ – Stellungnahme

Was ist Zeit? Auf jeden Fall für jeden etwas anderes. Das hast du bei deinen bisherigen Ausarbeitungen bereits in mehreren Variationen ausformuliert. Die Aussage „Zeit ist Geld“ des Amerikaners Benjamin Franklin steht erkennbar im krassen Gegensatz zu der gelassenen Haltung der Afrikaner, bei denen die Zeit offenbar so lange stillsteht, bis jemand irgendetwas tut.
Auch bei diesem Arbeitsauftrag sollst du zu einer Aussage begründet Stellung nehmen. Das Thema geht aber über die vorige Aufgabenstellung hinaus. Franklins Satz ist auf die im Text beschriebene afrikanische Mentalität zu beziehen, bei der stundenlanges Warten auf ein Ereignis nicht als Zeitverschwendung verstanden wird. Für den Europäer ist Warten hingegen gleichbedeutend mit dem Verlust von Zeit. Weil man während des Wartens kein Geld verdienen kann, verliert man beim Warten Geld, denn die Zeit bleibt nicht stehen und verrinnt nutzlos. Du sollst bei dieser Aufgabe Franklins Ausspruch begründen und mit Beispielen erklären, welche Bedeutung und Folgen er in

unserem Kulturkreis hat, und zwar positive wie negative! Ob du dem Satz „Zeit ist Geld" selbst zustimmst oder ihm eher kritisch gegenüberstehst, sollte am Schluss deiner Ausführungen ebenfalls deutlich werden. Achte insgesamt darauf, dass
- *deine Argumente überzeugend klingen,*
- *du deine Argumente mit Beispielen veranschaulichst,*
- *du eine eigene Position beziehst,*
- *du einen Bezug zur Textvorlage herstellst und*
- *du am Schluss persönlich Stellung nimmst.*

„Just in time" ist eine Produktionsform westlicher Industrien, bei der Zubehörteile immer in dem Moment angeliefert werden, in dem sie gebraucht werden. Klappt das nicht, entstehen Wartezeiten, in denen der Produktionsablauf ins Stocken gerät. Dann werden weniger Teile fertig gestellt, es können weniger verkauft werden, es wird weniger verdient. Kaum ein anderer Bereich in der modernen Industriegesellschaft bestätigt mehr als die Just-in-time-Produktion den Ausspruch des Amerikaners Benjamin Franklin: „Zeit ist Geld". Steht für den wartenden Afrikaner die Zeit einfach still, werden Wartezeiten bei uns mit Untätigkeit gleichgesetzt, Untätigkeit ist unproduktiv, produktiv ist nur das, was sich in Geld messen lässt. Die beschriebene Produktionsform hat natürlich Auswirkungen auf die Zulieferfirmen, die dafür verantwortlich sind, dass die bestellten Teile immer zum richtigen Zeitpunkt zur Stelle sind. Dieser wirtschaftliche Ablauf wird von Menschen getragen, deren Leben von den Zeitvorgaben der jeweiligen Produktion bestimmt wird. Sind sie unpünktlich, kommt ihr Bus zu spät, passiert etwas Unvorhergesehenes, kann das Auswirkungen auf den gesamten Produktionsprozess haben – es wird weniger Geld verdient. Dieses Diktat der Zeit presst die Menschen in ein enges Korsett, aber wie ein Korsett gibt es ihnen auch Halt. Zeitvorgaben bestimmen ja nicht nur die Arbeitswelt, sondern helfen auch die übrigen Lebensbereiche zu organisieren. Verlässliche Kindergarten- und Schulzeiten sind für berufstätige Eltern wichtig, garantierte Öffnungszeiten von Läden und Ämtern bedeuten einen reibungslosen Ablauf des öffentlichen Lebens, Verabredungen zu festen Uhrzeiten regeln die Freizeitaktivitäten. Es ist also meiner Meinung nach nicht nur schlecht, sich nach der Uhr zu richten und sein Leben nach einem Zeitplan zu organisieren. Die lockere Einstellung der Afrikaner zur Zeit, die sich nach ihnen richten muss, hat etwas Reizvolles und klingt nach ewigen Ferien, passt aber nicht in das durchstrukturierte öffentliche Leben in westlichen Industrienationen.

Wer sich andererseits nur nach dem Ausspruch „Zeit ist Geld" richtet, verpasst möglicherweise vieles in seinem Leben, was sich nicht mit Geld bemessen lässt und trotzdem einen Wert darstellt. Dazu gehören z. B. vertrödelte Nachmittage, „Abhängen" mit Freunden, ergebnislose Einkaufsbummel, Besuche im Krankenhaus oder Altenheim und andere Aktivitäten, die Zeit kosten und bei denen nichts herauskommt, was sich in Euro und Cent auszahlt. Jedoch bereichern meiner Meinung nach Phasen der Selbstbesinnung und der Pflege sozialer Kontakte ohne den Blick auf materielle Ergebnisse das Lebens eines jeden Einzelnen und sind keine vergeudete Zeit.

4. b) Geschichte, in der das Verrinnen der Zeit eine besondere Rolle spielt

Hier ist deine Fantasie gefragt. Die Textsorte kannst du selber wählen, es kann z. B. eine Kurzgeschichte oder ein Märchen sein. Zeit und Ort bestimmst du ebenfalls selbst. Aber allzu viel Zeit hast du jetzt vermutlich nicht mehr. Du musst also ziemlich schnell zum Kern deiner Geschichte kommen. Achte trotzdem darauf, dass

- *der Zusammenhang mit dem Sprichwort deutlich wird,*
- *deine Geschichte eine Gliederung in Einleitung, Hauptteil und Schluss erkennen lässt,*
- *die Handlung logisch aufgebaut ist,*
- *Sprache und Empfindungen der beteiligten Personen nachvollziehbar gestaltet sind und*
- *ein Spannungsbogen erkennbar ist.*

„Beweg' dich, du Mistding!" Lisa starrte auf den Minutenzeiger der Uhr, die über der Klassentür hing. Es schien eine Ewigkeit her, dass er nur ein winziges Stückchen vorgerückt war. Neben ihr saß Steffi und malte gedankenverloren rote Herzchen in ihr zerfleddertes gelbes Lektüreheft, das Gleiche, aus dem vorne in der ersten Reihe Kevin monoton und stockend vorlas. Lisa hatte keine Ahnung, worum es in der Geschichte ging, es interessierte sie auch nicht besonders. Wenn nur diese Stunde endlich vorübergehen wollte! Immer noch 37 Minuten bis Schulschluss. Seit dem Morgen, seit acht Uhr flossen die Sekunden wie zähe Harztropfen zu endlos scheinenden Minuten und kaum zu Ende gehenden Unterrichtsstunden zusammen. Englisch, Mathe, zweimal Bio, Geschichte, jetzt auch noch Deutsch. Ein quälender Schulvormittag, zerteilt in immer gleiche Einheiten, umschalten im 45-Minuten-Takt von Vokabeln zu Geometrie zu Fotosynthesevorgängen zu Bismarcks Sozialgesetzgebung zu Literatur. Normalerweise machte Lisa das nichts aus, in beinahe zehn Jahren Schule hatte sie sich, wie alle anderen auch, daran gewöhnt. Aber seit gestern Abend war alles anders. Seit sie vom Volleyballtraining nach Hause gegangen war, wusste sie, dass sie ihn heute wiedersehen würde, heute, nach der sechsten Stunde. Noch nie war ihr ein Schulvormittag so lang vorgekommen. „Du spielst nicht schlecht. Fährst du morgen auch mit dem Bus? Nach der sechsten? Dann sehen wir uns ja. Ciao!" Mehr hatte er nicht gesagt, dann war er gegangen, zusammen mit seinen Kumpels, lachend und lärmend waren sie um die Ecke der Turnhalle verschwunden. Aber die wenigen Worte hatten genügt, Lisa war verloren. Sie hatte kaum geschlafen, war viel zu früh aufgestanden, hatte sich bei ihrem Outfit dreimal umentschieden, zum Frühstück kaum einen Bissen heruntergebracht, ihren Vater ungeduldig gedrängt, schneller zu fahren – und jetzt dauerte es immer noch eine halbe Stunde bis zum Klingeln. Lisa fixierte den Uhrzeiger, als könnte sie ihn durch Hypnose dazu bewegen, die Zeit zu beschleunigen. Und wenn er nun gar nicht da war? Wenn er krank geworden war? Oder früher aus hatte? Quatsch, er ging in die Oberstufe, die hatten normalerweise eher länger Unterricht. Vielleicht kam er ja gar nicht pünktlich zum Bus! Vielleicht hatte er ein Gespräch mit einem Lehrer! Vielleicht hatte er sich mit seinen Freunden spontan zu einer Arbeitsgruppe verabredet! Lisa brach der Schweiß aus. Endlich klingelte es! Lisa schob sich rücksichtslos zwischen den Kleineren mit ihren sperrigen Schulrucksäcken durch und eilte zum Busparkplatz. Und da – er war da, begrüßte sie lachend: „Na, Muskelkater bekommen? War ein prima Spiel gestern!“ Lisa strahlte ihn an, sie konnte nicht antworten, weil sie vom Rennen außer Atem war. Immer hatte sie es gehasst, dass der Bus so knallvoll war, heute genoss sie es. Er stand dicht bei ihr, redete die ganze Zeit über Volleyball, sprach vom Pritschen und Baggern, Aufschlag, Rotation und Libero – er hätte auch von Schildkröten reden können oder von Atomphysik. Die Worte umhüllten sie wie eine Wolke aus farbigem Licht, sie hörte zu und verstand nichts. Sie war einfach nur glücklich. „Was ist los?“ Ärgerlich schüttelte sie Steffis Hand ab, die ihren Arm gepackt hatte. „Hey, wir müssen aussteigen! Schläfst du!?“ Tatsächlich, der Bus stand an ihrer Haltestelle. Lisa schien es, als sei kaum eine Minute vergangen, dabei hatte die Fahrt fast eine halbe Stunde gedauert. „Morgen zur Ersten im Bus?“, rief er ihr noch zu, bevor sich die Tür schloss. Lisa konnte nur nicken.

Abschlussprüfung Deutsch an Realschulen in Hessen 2007
Lösungen zu Text 1

1. Erschließung des Gedichtinhalts

Bei der ersten Teilaufgabe wird von dir keine Inhaltsangabe im eigentlichen Sinne erwartet. Vielmehr sollst du zeigen, dass du die bilderreiche Sprache des Gedichts verstanden hast und in eigene Worte „übersetzen" kannst.
Die Textsorte und den Namen der Autorin nennst du in deiner Antwort zur zweiten Teilaufgabe, die du ähnlich wie den Einleitungssatz einer Inhaltsangabe formulieren solltest.
Bei der dritten Teilaufgabe sollst du nicht nur Strophen und Verse zählen und auf das fehlende Reimschema hinweisen, sondern auch auf formale Auffälligkeiten, z. B. auf die unterschiedlichen Strophen- und Verslängen, eingehen.

Kernaussagen zu jeder Strophe
Erste Strophe: Der April bringt Wind, Sonne und Regen, lässt erstes Grün sprießen und überrascht dann wieder mit Kälte und Sturm.
Zweite Strophe: Weil die Wetterumschwünge im April teilweise so extrem sind, dass sie wie ausgelassene Streiche oder „gangsterhaft", also schon kriminell wirken, fällt es manchmal schwer, den April zu mögen.
Dritte Strophe: In seiner Wechselhaftigkeit ist der April trotzdem ein „prächtiger Kerl", also ein Monat, der Spaß macht, gerade weil er ständig für Überraschungen sorgt.

Thema des Gedichts
In dem Gedicht „April" beschreibt Rose Ausländer den Monat April in personifizierter Form und seine wechselnden Wetterlagen, was sie bewirken können und wie sie empfunden werden.

Formaler Aufbau
Die drei Strophen des Gedichts „April" haben jeweils eine unterschiedliche Anzahl von Versen. Die erste Strophe ist mit elf Verszeilen die längste, die zweite Strophe weist sechs Zeilen auf, die dritte nur vier.
Die Verse sind unterschiedlich lang und häufig mit Zeilensprüngen (Enjambements) verbunden (z. B. V. 4–6, 7 f., 15–17, 19 f.). Reime oder gar ein festes Reimschema gibt es in dem Gedicht „April" nicht. Außer der Klammer um die Verse 15–17 werden keine Satzzeichen verwendet. Während die ersten beiden Strophen mit einem Großbuchstaben beginnen, wird die letzte Strophe mit einem klein geschriebenen „und" eingeleitet.

2. Personal- und Redesituation

Was mit dieser Aufgabe gemeint ist, steht in der Aufgabenstellung in Klammern: Es geht um das lyrische Ich und seinen Adressaten, das lyrische Du. Bei solchen Aufgaben geben Personal- und Possessivpronomen und ihre Verwendung im Gedicht wichtige Hinweise auf die Personal- und Redesituation: Beachte also besonders die Personalpronomen „er" (V. 1, 14), „du" (V. 15), „uns" (V. 16) und „dich" (V. 17) sowie das Possessivpronomen „mein" (V. 15). Demnach kannst du davon ausgehen, dass es ein lyrisches Ich gibt, das auch die Leser mit einbezieht („mein", V. 15, „uns", V. 16) und seine Worte mitunter direkt an ein lyrisches Du, den April, richtet. Diese Redesituation offenbart sich ausschließlich in der zweiten Strophe, in der sich das lyrische Ich mit den Worten „mein Lieber" (V. 15) und „du machst es uns nicht leicht" (V. 16) zu erkennen gibt.

In der ersten Strophe wird der April und das, was er tut, ausführlich vorgestellt. Dabei wird der Monat mit menschlichen Fähigkeiten ausgestattet und damit personifiziert. Die zweite Strophe verstärkt diese Vermenschlichung des April: Nicht mehr seine Tätigkeiten werden im Einzelnen beschrieben, sondern er selbst wird zusammenfassend als „toller Geselle" mit „gangsterhaften Gesten" bezeichnet. Bis jetzt bleibt unklar, wer diese sehr persönliche und detaillierte Beschreibung vornimmt. Erst in der zweiten Hälfte der zweiten Strophe gibt sich das lyrische Ich zu erkennen, indem es den April direkt anredet: „jaja mein Lieber **du** machst es uns nicht leicht […]" (V. 15 f.). Das „mein Lieber" wirkt dabei wie ein freundschaftliches Schulterklopfen des lyrischen Ichs, das einen Freund, auf dessen Eigenheiten und Macken es sogar ein bisschen stolz ist, scherzhaft ermahnt. Das Personalpronomen „uns" (V. 16) bezieht die Leser des Gedichts in diese freundschaftliche Sichtweise des April mit ein.
Auch die letzte Strophe greift diese Haltung auf. Sie stellt ein zusammenfassendes Lob des Monats April dar, der ein „prächtiger Kerl" genannt wird.

3. Untersuchung der formalen und sprachlichen Mittel

Bevor du dich an die Bearbeitung dieser Aufgabe machst, musst du dir über das Thema (mit anderen Worten: die Aussage des Gedichts) noch einmal klarwerden. Kurz beantwortet hast du das bereits in der ersten Aufgabe: Es geht um den Monat April und seine verschiedenen Erscheinungsformen. Die Dichterin Rose Ausländer variiert dieses Thema mit einer Fülle sprachlicher Mittel. Wenn du nicht mit allen der oben genannten Sprachelemente etwas anfangen kannst, ist das nicht so schlimm. Erläutere zwei oder drei gründlich und mit Beispielen, dann kannst du auch die volle Punktzahl erreichen. Gehe z. B. auf die Häufung der Verben in der ersten Strophe ein und überlege, warum sie alle am Zeilenanfang stehen. Auffällig sind auch die Personifikationen, die den April wie einen Menschen darstellen. Beim Satzbau fällt auf, dass die Dichterin nicht nur die Satzzeichen weglässt, sondern im zweiten Teil des Gedichts auch Sätze konstruiert, in denen das Verb fehlt. Solche unvollständigen Sätze nennt man Ellipsen. Auch solltest du auf die Wortstellung innerhalb der Sätze eingehen: Wenn wie in Vers 14 die gewohnte Reihenfolge verdreht ist, bezeichnet man das als Inversion. Und vielleicht hast du dich beim ersten Lesen auch schon gefragt, was denn eigentlich „Regenhebel“ und „Luftlappen“ sein sollen – das sind ungewöhnliche Zusammensetzungen, sogenannte Wortneuschöpfungen, mit denen die Aussage des Gedichts besonders unterstrichen wird.

Verben

Verben, die die Aussage des Gedichts unterstützen, spielen nur in der ersten Strophe eine Rolle. Hier werden sieben der elf Verse mit den Verben „wirft“ (V. 2), „drückt“ (V. 3, 9), „lacht“ (V. 4), „pufft“ (V. 7), „macht los“ (V. 10) und „lässt laufen“ (V. 11) eingeleitet. Es sind Verben der Bewegung, der Schnelligkeit und der Lebensfreude. Ihre auffällige Stellung am Zeilenanfang betont besonders die extreme und wechselhafte Wetterlage im Monat April. Auch die anderen in dieser Strophe verwendeten Verben, die nicht am Versanfang stehen („wickelt“, V. 4; „zerreißt“, V. 5 und „spielt“, V. 7) personifizieren den April als lebhaften und temperamentvollen Spaßmacher.

Enjambements

Zeilensprünge bestimmen den Aufbau und den Leserhythmus des Gedichts. So besteht die gesamte erste Strophe aus einer aneinandergereihten Aufzählung von Sätzen, die durch Enjambements ineinander übergreifen. An manchen Stellen werden sogar Satzglieder durch Zeilensprünge getrennt (V. 4 f., 7 f.), womit diese Satzteile zerrissen oder – entsprechend der Aussage des Gedichts – durcheinandergewirbelt erscheinen.

Auch in den beiden anderen Strophen greifen die Verse ineinander über und bilden insgesamt einen langen Satz. Darin eingeschoben ist in Klammern die direkte Anrede des April als lyrisches Du. Die Enjambements innerhalb dieser Anrede (V. 15 f.) und zwischen den beiden letzten Strophen (V. 17 f.) vermitteln den Eindruck, dass es sich bei dem Gedicht um eine einzige fortlaufende Lobrede auf den April handelt.

Syntax (Satzbau)

Die Verse und Sätze des Gedichts werden weder durch Punkte noch durch Kommas gekennzeichnet, sondern sind einfach aneinandergereiht. Das bewirkt ein schnelles, geradezu atemloses Lesen der einzelnen Aktivitäten des April und unterstützt damit die beschriebenen temperamentvollen Eigenschaften dieses Monats. In den ersten beiden Versen der zweiten Strophe und in der dritten

Strophe sind die Sätze elliptisch verkürzt: Es fehlt jeweils das Verb „ist" („[Er ist] Ein toller Geselle, eine Art Eulenspiegel", V. 12 f.; „im Großen und Ganzen [ist er] ein prächtiger Kerl", V. 19 f.). Diese Ellipsen wirken fast umgangssprachlich, was auch zur freundschaftlichen, fast kumpelhaften Anrede des April passt.

Die auffälligen Inversionen in Vers 14 („auch gangsterhafte Gesten hat er") und in den abschließenden Versen 20 und 21 („ein prächtiger Kerl dieser April"), bei denen die normale Satzstellung verdreht wird, betonen noch einmal, wie sehr das lyrische Ich den April trotz seiner Unberechenbarkeit mag.

Nomen/Nomenkombinationen

Rose Ausländer verwendet fantasievolle Wortneuschöpfungen, um die Aussage ihres Gedichts zu unterstreichen: „Luftlappen" (V. 2), „Regenhebel" (V. 9), „Nordhunde" (V. 10) und „Windeslust" (V. 11) sind metaphorische Ausdrücke, die den Eindruck von feuchtem, böigem und mitunter wild bewegtem Wetter vermitteln, das in seiner Unberechenbarkeit und Lebendigkeit jedoch gute Laune macht. Beispielsweise lässt die Wortneuschöpfung „Luftlappen" an heftige, kompakt wirkende Windböen denken, die einem wie „Lappen" entgegenwehen. Die Formulierung „drückt alle Regenhebel" vermittelt die Vorstellung von jemandem, der mithilfe eines Schalters die Stärke des Niederschlags einstellen kann. Mit den „Nordhunden" sind die Winde aus Richtung Norden gemeint, die unerwartet kalte Luftströmungen mit sich bringen und daher wie unkontrollierte Hunde wirken, die von ihren „Ketten" befreit wurden. Mithilfe der Zusammensetzung „Windeslust" wird dem Wind eine menschliche Eigenschaft zugeschrieben: Es scheint so, als ob er Lust beim Wehen verspürt.

Personifikation

In dem Gedicht wird der Monat April auf verschiedene Weise personifiziert. Die erste Strophe beschreibt seine Handlungen mit menschlichen Tätigkeitsverben. In der zweiten und dritten Strophe wird der April durch die Bezeichnungen „Geselle" (V. 14) und „Kerl" (V. 20) als männliche Figur dargestellt. Mit der Benennung als eine „Art Eulenspiegel" (V. 13) erhält der Monat sogar eine Charakterisierung, die seine Eigenschaften mit denen einer bekannten literarischen Gestalt vergleicht. Till Eulenspiegel war ein Spaßmacher, der es liebte, seine Mitmenschen an der Nase herumzuführen und sie mit Streichen zu foppen. Manchem seiner Mitmenschen gingen seine Scherze zu weit – so wie nicht jeder das launische Aprilwetter schätzt. Durch die freundschaftliche Anrede „mein Lieber" (V. 15) schließlich verstärkt die Dichterin die Darstellung des Monats April als zwar lausbubenhafte, aber durchaus sympathische Person.

4. Zweiteilung des Gedichts

Die Aufgabe beinhaltet, dass du zwei Aspekte berücksichtigen musst: Den Inhalt des Gedichts und die Form. Wie wird der April in dem Gedicht eigentlich dargestellt, eher negativ oder eher positiv? Obwohl er alles mögliche anrichtet, wie in der ersten und zum Teil auch in der zweiten Strophe beschrieben, erhält er am Ende doch ein großes Lob. Das ist der inhaltliche Aspekt. Wie wird diese Kehrtwende eingeleitet und ausgeführt? Formal kündigt der auffällige Einschub, in Klammern gesetzt (V. 15–17), etwas Neues an. In der letzten Strophe wird deutlich: Der April ist ein willkommener und liebenswerter Monat.

Obwohl das Gedicht aus drei Strophen besteht, hat es eigentlich nur zwei Teile. Bis zur zweiten Hälfte der zweiten Strophe werden die Missetaten des Aprils aufgezählt, der sich auf schon fast verbrecherische Weise seinen Spaß auf Kosten anderer verschafft. Insgesamt vermitteln die Verse 1–14 den Eindruck, der April sei ein Monat, der einem gehörig auf die Nerven geht. Mit einem in Klammern gefassten Einschub, in dem sich das lyrische Ich zu Wort meldet, wird jedoch der zweite Teil des Gedichts vorbereitet: Durch die freundschaftliche Anrede „mein Lieber" (V. 15), gesteigert noch durch die Verwendung von „lieb […] haben" (V. 17), macht das lyrische Ich deutlich, dass ihm der April trotz seiner Untaten sympathisch ist. In der dritten Strophe schließlich verkehrt sich die negative Beschreibung des Monats ins Gegenteil. Bekräftigt durch die Formulierung „und doch und doch" (V. 18) wird allen Vorbehalten widersprochen und durch die abschließenden Verse „ein prächtiger Kerl dieser April" (V. 20 f.) unmissverständliche Anerkennung und Zuneigung ausgedrückt.

5. a) Gedicht oder Lobrede zu einem anderen Monat

Das ist keine leichte Aufgabe! Wofür du dich auch entscheidest, du solltest auf jeden Fall zunächst eine Stoffsammlung zu den typischen Merkmalen des gewählten Monats (z. B. in Form einer Mind-Map oder einer Tabelle) anlegen. Die gesammelten Stichworte können dir dann beim Formulieren helfen. Weil Gedichte und ebenso auch Redetexte erst durch Sprachbilder lebendig und überzeugend wirken, solltest du dich von Rose Ausländers April-Gedicht anregen lassen: Achte auf anschauliche Adjektive, griffige Verben, vielleicht sogar eigene Wortschöpfungen, dazu Vergleiche, Metaphern und Personifikationen.
Beim <u>Gedicht</u> spielt auch die äußere Form sowie der Satzbau eine wichtige Rolle, wie du bei den Bearbeitungen der ersten Aufgaben gesehen hast. Aber ein gereimtes Gedicht wird nicht von dir erwartet! Es ist nichts dagegen einzuwenden, wenn du dich bei deinem eigenen Gedicht auch formal an der Textvorlage orientierst und eine Art Parallelgedicht schreibst.

Bei der Formulierung der Lobrede musst du darauf achten, dass wie bei einem Brief bestimmte formale Vorgaben eingehalten werden müssen. Zunächst sollte der zu Lobende angesprochen werden. In der anschließenden Rede soll eine Gliederung erkennbar sein in Einleitung (Vorstellung des Gelobten), Hauptteil (Grund für die Rede, Beschreibung der Vorzüge und positiven Charaktereigenschaften und/oder Heldentaten) und einen Schluss, in dem z. B. noch einmal ein abschließendes Lob für den Angesprochenen formuliert wird oder weitere Zuhörer aufgefordert werden, sich den Gelobten zum Vorbild zu nehmen.
Die Aufgabenstellung enthält keinen Hinweis zur Länge deines Gedichts oder deiner Lobrede, jedoch sollte klar sein, dass ein Vierzeiler oder eine nur wenige Aspekte ansprechende Lobrede nicht mit 20 Punkten bewertet werden kann!

Variante 1: Gedicht zum Monat Oktober

Stoffsammlung in Form einer Mind-Map:

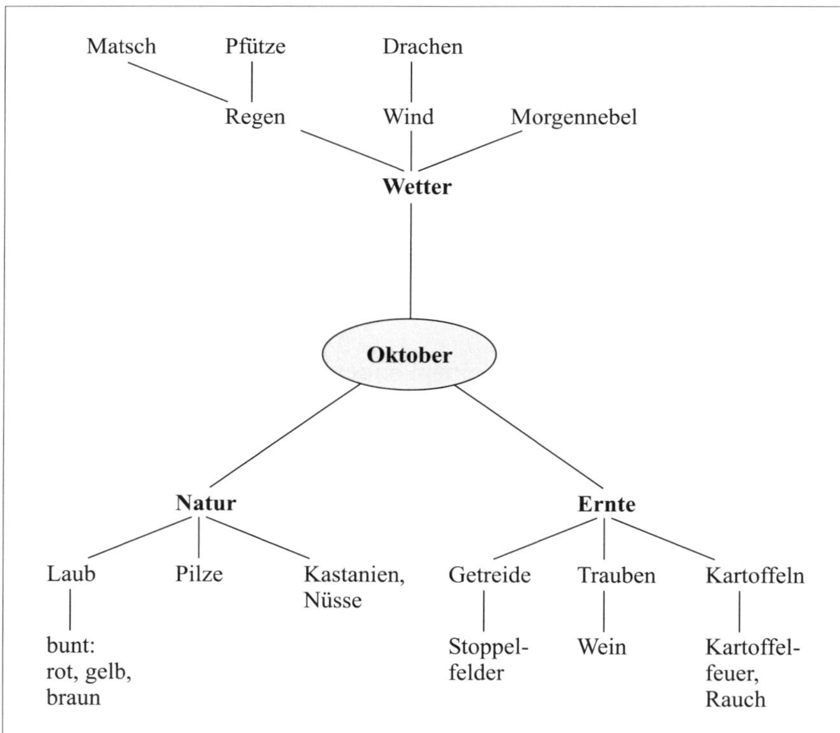

Ausarbeitung:

Oktober
Gelbgoldenes Glühen
regenbuntes Rascheln
braun glänzendes Kinderglück
im grünen Stachelkleid

Trampelst mit schlammigen Stiefeln
vollen Körben
und Rauchatem
in die dunstige Stille

Tanzt im Strohkleid
mit leuchtenden Vögeln
Und verwirbelst frech
die roten Röcke der Windsbraut

Bläst die Backen auf
spielst den wilden Mann
bist aber dann doch
voller Zärtlichkeit

Variante 2: Lobrede auf den Januar

Stoffsammlung in Form einer Tabelle (geordnet nach Wortarten):

Nomen	**Verben**	**Adjektive**
Frost, Eis, Schnee, Kälte, Winter, Kristall, Sterne, Luft, Sturm, Raureif, Pelzmütze, Eiszapfen, Eisblumen, Eispalast, Winter-schlaf, Wolken …	schneien, frieren, fallen, glitzern, strahlen, leuchten, stürmen, regnen, rieseln …	Weiß, blau, grau, eisig, frostig, klar, verhangen, stürmisch, wolkig, weich, sternenklar, märchenhaft …

Ausarbeitung:

Lieber Januar,
heute möchte ich dich einmal im Namen derer loben, die deine Ankunft alljährlich mit Ungeduld erwarten, für die du wie kein zweiter den Winter verkörperst, nach dem wir uns elf Monate im Jahr sehnen.
Zu Unrecht stehst du im Schatten der hellen, warmen Monate, die sich immer weniger voneinander unterscheiden. Unverwechselbar bist du allein, strahlst in

deiner weißen Pracht hervor zwischen dem dunklen Dezember, der sich nie zwischen Frühling und Herbst entscheiden kann, und dem Februar, der auch nie genau weiß, ob er lieber Schnee oder Schneeglöckchen hervorbringen soll. Auf dich können wir uns verlassen: Januar, **wer den Winter liebt, der liebt dich**!
Er liebt die schimmernden Schneekristalle in deinem Haar, liebt den frostigen Atem, mit dem du die Welt in einen funkelnden Eispalast verzauberst, liebt das leuchtende Weiß, das wie Laken von glänzender Seide die Felder überspannt.
In deinen schneeweichen Armen hältst du uns mit eisigen Händen umfangen, wiegst uns in der Stille deiner langen Sternennächte. Niemand kann sich deinem Bann entziehen, dem eisigen Blau deiner klaren Tage, dem schweren Dunkelgrau deiner Sturmwolken, dem scharfen Geschmack deiner Schneeluft, mit denen du die nächste Flockenfracht aus dem Norden ankündigst.
Du bist der Einzige, der die Zeit anhält im schnellen Jahreslauf, der keine Kerzen und geschmückten Zimmer, keine bunten Bänder und flatternden Fahnen, keinen Lärm und kein lautes Lachen braucht, um sich zu feiern.
Bitte, lieber Januar, lass dich nicht beirren von der drohenden Klimaerwärmung und vom Treibhauseffekt, schmücke auch im nächsten Jahr wieder unsere Dächer mit schimmernden Eiszapfen und unsere Fenster mit der flüchtigen Schönheit deiner Eisblumen.
Lieber Januar, wir mögen dich. Bleib so, wie du bist!

5. b) Märchen oder Geschichte (mit April, Nordhunden, Regenhebel und Luftlappen)

Entscheidest du dich, ein Märchen zu schreiben, solltest du vor allem die märchentypischen Elemente einhalten: Ort und Zeit sind unbestimmt, der scheinbar Schwache oder Benachteiligte findet sein Glück, weil er im entscheidenden Augenblick selbstlos handelt, es gibt Zauberdinge, und Wünsche gehen in Erfüllung. Beachte vor allem, dass am Ende eines Märchens in der Regel das Gute belohnt und das Schlechte bestraft wird und das, was zusammengehört, auch zusammenfindet. Welche Rolle der April, die Nordhunde, die Regenhebel und die Luftlappen in deiner Geschichte spielen, bleibt natürlich dir selbst überlassen!
Wenn du statt des Märchens lieber eine Geschichte schreiben willst, solltest du ebenfalls bestimmte Vorgaben beachten. Inhaltlich müssen der April und die drei genannten Wortschöpfungen vorkommen: Sie können eine gewichtige Rolle in deiner Geschichte spielen oder nur am Rand erwähnt werden. Jedoch muss deine Geschichte, sei sie nun traurig oder lustig, eine nachvollziehbare, das heißt logische Handlung haben. Die formalen Kriterien beschränken sich auf einen gegliederten Aufbau in Einleitung, Hauptteil und Schluss, einen erkennbaren Spannungsbogen und eine angemessene Sprache.

Variante 1: Das Märchen von April und Mai

Es war einmal ein König, der hieß **April**. König April war sehr unglücklich, denn seit er denken konnte, war er in Prinzessin Mai verliebt, die aber nichts von ihm wissen wollte. Jahr für Jahr war es dasselbe: Kurz bevor seine dreißig Tage dauernde Regierungszeit endete, ließ er seine Hofeinfahrt putzen, sperrte die **Nordhunde** in den Zwinger und stellte alle **Regenhebel** auf Null. Dann öffnete er die Tore weit und empfing Prinzessin Mai mit demütig geneigtem Kopf. Die Prinzessin trippelte hoheitsvoll durch den Torbogen, betrat das Königreich, ließ ihr blaues Band durch die Lüfte flattern und verschwand hinter den noch kahlen Hecken. König April beachtete sie dabei nicht. Und jedes Jahr versuchte er aufs Neue voller Sehnsucht, sich ihr zu nähern und ihr seine Liebe zu gestehen – vergeblich. Tagelang belagerte er ihr Königreich, bis es ihr zu bunt wurde. „Verschwinde endlich mit deinen Kötern!“, keifte sie ihn an, „jedes Jahr dasselbe! Du störst meine Arbeit! Deine Zeit ist um! Hau ab und lass nicht wieder deine dreckigen **Luftlappen** überall herumliegen!“ Ihre blauen Bänder waren violett angelaufen und umflatterten aufgeregt ihr zornig gerötetes Gesicht. Und wie jedes Jahr gab König April klein bei, nahm die Nordhunde an die kurze Leine, sammelte die triefenden Luftlappen ein und verzog sich traurig. Wen sollte er nur um Rat fragen? Mit den meisten anderen Königen und Prinzessinnen hatte er kaum etwas zu tun. Juni vielleicht? König April seufzte. Selbst wenn Juni nichts gegen ihn hatte, so konnte er sie doch nicht um Hilfe bitten. Sie und Mai waren die meiste Zeit des Jahres die besten Freundinnen. Nur während ihrer beiden Monate waren sie eifrig damit beschäftigt, sich gegenseitig zu übertrumpfen. Wenn Prinzessin Mai duftige grünweiße Schleier über Felder und Gehölze warf, webte Juni leuchtende Teppiche aus schimmernden Gräsern und farbigen Blüten. Wenn Mai süße Flötentöne mit Nachtigallen und Lerchen einstudierte, komponierte Juni mächtige Choräle für die gesamte Vogelwelt.

Vielleicht der faule Februar? Aber wie sollte der ihm einen guten Rat geben. Meistens verschlief er seine Zeit, nicht selten ließ er es sogar zu, dass der Januar einfach frech weitermachte und sich erst zurückzog, wenn König März auftauchte und auf sein Recht pochte. Sollte er den März vielleicht fragen, ob er einen Rat wüsste? Der März galt als kluger Geselle, aber eigentlich mochte König April ihn nicht besonders, weil er hochnäsig und eingebildet war. Er hielt sich für etwas Besonderes, nur weil ihm 31 Tage zustanden und überdies in seine Regierungszeit die Tagundnachtgleiche fiel – als ob das sein Verdienst wäre! Aber König April sah ein, dass er Hilfe brauchte, und so klagte er schließlich doch dem Kollegen März sein Leid. Der spottete: „Prinzessin Mai? Was findest du an diesem weinerlichen Blassschnabel? Nichts dran ist an ihr! Denk dir das Blütengeriesel und das lästige Geflatter ihrer blauen Bänder weg – ein magersüchtiges Mädchen und launisch dazu! Wenn ich mir dagegen

Prinzessin Juni vorstelle …“ Er seufzte sehnsuchtsvoll. „Aber ich gebe dir trotzdem einen Rat: Wenn du willst, dass Prinzessin Mai dich liebt, musst du ihr etwas schenken, und zwar etwas Wertvolles. So sind die Frauen!“ König April staunte. „Was soll ich ihr denn geben, das so erlesen ist, dass sie mir ihre Liebe schenkt?“, fragte er. „Gib ihr das Kostbarste, was du hast“, antwortete der März und sah ihn erwartungsvoll an. König April ging in Gedanken seinen Besitz durch, dachte an die sabbernden Nordhunde, die ausgefransten Luftlappen, die ewig glitschigen Regenhebel und war verzweifelt. „Ich habe nichts!“, jammerte er. „Doch!“, raunte der März. „Du hast ein Königreich! Schenk es ihr. Es ist das Kostbarste, was du zu geben hast.“ König April schwieg einen Augenblick verblüfft. „Genau!“, rief er dann. „Das ist es! Danke, König März!“ Und sofort eilte er mit tropfender Jacke zu Prinzessin Mai, um ihr sein Königreich zu Füßen zu legen. Die Prinzessin nahm sein Geschenk an, heiratete den April und fortan regierte sie jedes Jahr zwei Monate lang. Nur manchmal, wenn sie müde war oder April sich besonders gut benommen hatte, durfte er sich nach Windeslust austoben, die Regenhebel tagelang auf volle Leistung drehen, die Nordhunde von den Ketten lösen und mit Luftlappen um sich werfen. Und wenn sich nicht einer von den beiden in einen anderen Monat verliebt, werden Mai und April noch lange ein Paar bleiben und jedes Jahr so weitermachen.

Variante 2: Ein Apriltag mit überraschender Wendung (Geschichte)
Es war ein nasskalter, windiger Tag im **April**. Hannes stemmte sich in die Pedale seines Fahrrades und kämpfte sich mühsam die Steigung hinauf. Acht öde und anstrengende Schulstunden hatte er hinter sich gebracht, der Rest des Nachmittags sah auch nicht viel besser aus. Hausaufgaben und ein Referat warteten auf ihn, dazu ein ganzer Haufen Vokabeln, von denen er noch nicht eine einzige konnte und die allesamt bis zur 2. Stunde am nächsten Tag sitzen mussten. Hannes verwünschte sich innerlich, sich und seine Faulheit, denn das Referatthema hatte er zu Beginn des Halbjahrs bekommen, den Präsentationstermin für die morgige Stunde auch. Der Vokabeltest war vor einer Woche angekündigt worden, und seitdem lag das Englischbuch unberührt in seiner Schreibtischschublade. Und dann dieses Wetter! Wie nasse **Luftlappen** fühlte sich der Wind an, der ihm um die Ohren schlug. Musste der April ausgerechnet jetzt alle Register ziehen, alle **Regenhebel** auf Höchstleistung stellen? „Bloß nach Hause“, dachte Hannes, obwohl er wusste, dass am Kühlschrank bloß wieder ein gelber Zettel mit dem Hinweis auf eine Tiefkühlpizza kleben würde und er keine Lust auf Pizza hatte, keine Lust auf Hausaufgaben, keine Lust auf englische Vokabeln, keine Lust auf ein uninteressantes Referatthema, keine Lust auf die kalte leere Wohnung, keine Lust auf irgendwas. Das letzte Stück der Straße musste Hannes schieben; das alte Dreigangrad seiner Mutter war

überfordert mit der Steigung. Er dachte an sein wunderbares silberfarbenes Mountainbike, mit dem jetzt irgendein Strolch die Waldwege hinabbretterte – seine eigene Schuld, hätte er es nicht ohne Schloss vor dem Kino stehen lassen! So, jetzt nur noch am Garagenhof der Spedition „Nordhund" vorbei, und dann nichts wie in die Kiste, in das vor Stunden verlassene und immer noch zerknäulte Bett gekrochen, Fernseher angeschaltet und erstmal aufgewärmt. Das mit den Schularbeiten würde sich schon irgendwie von alleine regeln.
Hannes war in Gedanken schon zu Hause, als ein klägliches Fiepen seine Vorstellung von einem gemütlichen Restnachmittag im Bett unterbrach. Er hielt inne und schob die nasse Kapuze zurück, um besser hören zu können. Neben den Garagen der Spedition standen mehrere angerostete Container, und von dort kam das Geräusch. Es klang, als ob jemand auf einem Grashalm pfeifen würde und dabei heftige Bauchschmerzen hätte. An diesem windigen, nassen und kalten Nachmittag auf dem Containerhof der Spedition war es ein seltsam unwirkliches Geräusch. Hannes stellte das Fahrrad neben dem jaulenden Container ab und versuchte, den Deckel aufzuschieben. Die metallene Abdeckung war schwer und ließ sich kaum bewegen. Es gelang Hannes mit einigen Mühen, den Deckel um kaum einen Viertel Meter zurückzuschieben, sodass das trübe Nachmittagslicht in den Container sickerte, spähte in den Abfallberg und versuchte, zwischen den zerrissenen Kartonagen irgendetwas zu entdecken. Das Fiepen hatte in dem Moment aufgehört, als Hannes den quietschenden Deckel zurückgeschoben hatte. Er brauchte eine Weile, bis sich seine Augen an das spärliche Licht gewöhnt hatten und er eine kaum wahrnehmbare Bewegung zwischen den Pappkartons erkennen konnte. Er blinzelte noch einmal und dann sah er es: Zwei angstvoll geweitete Augenpaare, spitze Öhrchen, schwarze Schnauzen, zitternde Glieder, etwas helles Pelziges, das sich an die kalte Innenwand des Containers presste … Hannes schob die Abdeckung mit einem wütenden Ruck so weit auf, dass er hineinklettern und die beiden Welpen herausholen konnte. Es war das erste Mal, dass er froh über den peinlichen Einkaufskorb am Fahrradlenker war. Aus seinem Rucksack holte er die Sporthose, die sogar noch einen einigermaßen trockenen Eindruck machte, wickelte die beiden wimmernden feuchten Fellbündel hinein und packte das zappelnde Paket in den Korb. Inzwischen hatte der Regen aufgehört, und die Sonne brach hervor. Auf einmal erschien Hannes der zuvor so trübe Nachmittag voller Verheißungen. „Na, ihr **Nordhunde**?", fragte er die zwei Paar Kulleraugen, die ihn aus dem Fahrradkorb anblickten. „Habt ihr Lust, euch mit mir eine Pizza zu teilen?"

Abschlussprüfung Deutsch an Realschulen in Hessen 2007
Lösungen zu Text 2

1. Inhaltsangabe

Beachte die wichtigen Merkmale einer Inhaltsangabe. Der Einleitungssatz enthält Angaben zu Autor, Titel, Textsorte, Ort und Zeit der Handlung sowie zum Thema des Textes. Schreibe die Inhaltsangabe für jemanden, der die Geschichte nicht kennt, die wesentlichen Handlungsschritte aber trotzdem verstehen soll. Denke auch daran, die richtige Zeitform (Präsens) und eine sachliche Sprache zu verwenden. Zudem nimmst du die Perspektive eines allwissenden Berichterstatters ein: Du darfst die Ich-Form der Geschichte nicht übernehmen, sondern informierst deine Leser über die Hauptperson in der Er-Perspektive.

Die Geschichte „Das reiche Haus gegenüber" von Joseph Roth spielt in einer reichen Wohngegend und erzählt von zwei Männern, die sich während einiger Wochen von Balkon und Fenster aus über die Straße hinweg täglich grüßen, aber keine Gelegenheit bekommen, einander kennenzulernen.
Der eine Mann, der selbst nicht besonders wohlhabend ist, aber in der Nähe reicher Menschen leben möchte, zieht in ein Hotel in dieser reichen Wohngegend. Täglich beobachtet er von seinem Zimmer aus das prächtige gegenüberliegende Haus, das unbewohnt scheint und eine geheimnisvolle Anziehungskraft auf ihn ausübt.
Eines Morgens bemerkt der Mann, dass Fenster und Türen des Hauses geöffnet sind und eine große Schar Angestellter mit Putzen und Lüften beschäftigt ist. Das wiederholt sich täglich, zwei Monate lang. Auf seine Nachfrage hin erzählt die Hotelwirtin dem Mann, dass der Besitzer des Hauses jedes Jahr acht Wochen darin verbringe und die Angestellten derzeit seine Ankunft vorbereiteten.
Am Tag seines Eintreffens erscheint der Besitzer, ein alter Herr, auf dem Balkon des Hauses und schaut zu dem Mann herüber, offenbar ohne ihn wahrzunehmen. Nachdem sich das eine Woche lang jeden Nachmittag in dieser Weise abgespielt hat, grüßt der Mann aus dem Hotel den alten Herrn. Der Gruß wird erwidert, und in den darauffolgenden Tagen grüßen die beiden einander täglich durch ein kurzes Kopfnicken. Bald darauf stirbt der alte Herr. Der Mann überlegt, am Begräbnis teilzunehmen, traut sich wegen der vornehmen Beerdigungsteilnehmer dann aber doch nicht.
Wenig später überreicht der Notar des alten Herrn dem Mann einen Brief, in dem er ihm mitteilt, dass dieser sein Freund hätte werden können. Er hätte ihn als Erben eingesetzt, wenn er nicht nur Schulden hinterließe, und bittet ihn darum, ihn in guter Erinnerung zu behalten. Am nächsten Tag zieht der Mann weg.

2. Erster Kontakt und Beziehung zwischen dem alten Herrn und dem Mann (Z. 58–76)

Du sollst dich mit dem vorgegebenen Textausschnitt genauer auseinandersetzen und mit eigenen Worten beschreiben, was sich in der Zeit vom ersten Blickkontakt bis zum Tod des alten Herrn zwischen den beiden Männern abspielt. Eine Wertung oder Interpretation der Textstelle ist nicht verlangt.

Am Tag seiner Ankunft begibt sich der alte Herr auf den Balkon seines Hauses. Er schaut zwar zu dem Mann im Hotel herüber, der seine Ankunft beobachtet hat, aber es wird nicht klar, ob er ihn überhaupt wahrnimmt (Z. 63–66). Nachdem der alte Herr eine Woche lang jeden Nachmittag auf diese Weise unbewegt zum Hotel herübergesehen hat, grüßt ihn der Mann. Der alte Herr erwidert den Gruß „zögernd, aber deutlich" (Z. 69). Nun sehen sich die beiden Männer offen an, und bevor der alte Herr den Balkon verlässt, nickt er seinem Gegenüber am Hotelfenster „hastig" zu (Z. 70). Dieses Ritual des gegenseitigen stummen Grüßens wiederholt sich von nun an regelmäßig, bis der alte Herr nach etwa zehn Tagen plötzlich stirbt.

3. Gründe für den Brief des alten Herrn und für das Überbringen durch seinen Notar

Schon an der hohen Punktzahl lässt sich ablesen, dass von dir bei dieser Aufgabe mehr als bloßes Wiedergeben des Geschehens mit eigenen Worten erwartet wird. In deiner Antwort solltest du Vermutungen über die Beweggründe des alten Mannes anstellen und am Text belegen. Wilde Spekulationen sind nicht gefragt, nur was sich aus dem Text ableiten lässt, kann zur Beantwortung der beiden Fragen herangezogen werden. Da die Aufgabe sich auf den Brief bezieht, liegt der Schlüssel zur Antwort im Inhalt des Briefs.

Aus dem Brief wird ersichtlich, dass sich der alte Herr die Mühe gemacht hat, Erkundigungen über den Mann im Hotel gegenüber einzuziehen, mit dem er tagelang nichts weiter als höfliche Grüße über die Straße hinweg ausgetauscht hat. Als er dessen Namen ermitteln ließ, hat er vermutlich auch festgestellt, dass sein Gegenüber nicht reich ist. Gerne hätte er ihm deshalb sein Erbe hinterlassen. Offenbar hat dem alten Herrn der tägliche Blickkontakt sehr viel bedeutet. Der Mann im Hotel sei „der einzige Mensch, der mein Freund hätte werden können", heißt es in dem Brief (Z. 87). Das lässt sich so verstehen, dass der alte Herr in seinem Leben bislang vergeblich auf der Suche nach einem Menschen war, den er als „Freund" hätte bezeichnen können. „Denn Sie behielten, obwohl ich Ihnen sympathisch war, die Distanz und, obwohl Sie neugierig waren, die Schweigsamkeit", schreibt der alte Herr in seinem Abschiedsbrief weiter (Z. 88 f.). Er erklärt also genau, welche Eigenschaften und

Verhaltensweisen er von einem Freund erwartet. Diese Eigenschaften glaubt er in dem Mann im Hotel gegenüber gefunden zu haben, der ihn nur aus der Ferne grüßt. Warum der alte Herr so scheu auf die Kontaktaufnahme des Hotelbewohners reagiert, lässt sich dem Text nicht entnehmen. Möglicherweise hat er es wegen seines abweisenden Äußeren sein Leben lang schwer gehabt, Zugang zu den Menschen zu finden. Diese Wirkung hat er zumindest auf den Ich-Erzähler: Beispielsweise beschreibt er dessen Nase als „scharf und hart" und vergleicht sie mit dem „Rand einer sonderbaren Waffe" (Z. 62), also mit etwas Bedrohlichem. Die bloße Möglichkeit, am Ende seines Lebens beinahe doch noch so etwas wie Freundschaft erlebt haben zu können, ist dem alten Herrn so wichtig, dass er die Mitteilung von einem Notar überbringen lässt. Es gibt keinen anderen Menschen, der ihm so nahe steht, dass er für ihn eine so vertrauliche und bedeutsame Nachricht zuverlässig an den Empfänger weiterleiten könnte. Die Personen, die ihn umgeben, sind Dienstboten, die das Haus für seine Ankunft vorbereiten (Z. 39–50), ein Diener, der ihm den Mantel bringt (Z. 66 f.) und die auch auf einen Außenstehenden abschreckend wirkenden „kühlen und stolzen Leidtragenden" auf der Beerdigung des alten Mannes (Z. 75 f.). Selbst der Notar, der den Brief persönlich überbringt, tut dies nur aus beruflicher Verpflichtung. Menschlich ist ihm der alte Herr nicht nur gleichgültig, er hält ihn überdies für überspannt und schrullig: „‚Eine von seinen Marotten!', sagte der Notar und ging." (Z. 83 f.) So hat der alte Herr, der sonst nichts mehr zu vererben hatte als das Geständnis der Zuneigung zu einem Fremden, den Notar testamentarisch als Boten verpflichtet, um sicherzustellen, dass sein Brief den Empfänger erreicht.

4. a) Das „reiche Haus gegenüber"

Die Aufgabe ist weniger anspruchsvoll als die vorherige, weil sich die Antwort offensichtlicher aus dem Text ergibt. Der Erzähler beschreibt selbst, was das Haus für ihn repräsentiert. Du musst im Wesentlichen also nur die passenden Textstellen heraussuchen und in eigene Worte kleiden. Vor allem die Textpassage von Zeile 25–55 ist dafür sehr aufschlussreich. Die Bewertung mit fünf Punkten signalisiert dir, dass deine Lösung nicht allzu umfangreich sein muss.

Der Mann sehnt sich nach Reichtum und hofft, diesem durch den Umzug in das Hotel näher zu kommen. Das Haus gegenüber repräsentiert Reichtum und weckt von Anfang an seine Neugier. Täglich beobachtet er es stundenlang und beschäftigt sich gedanklich mit seinen Besitzern, die nie zu sehen sind. Das verschlossene Tor und die Fenster mit den „verschwiegenen Jalousien" (Z. 32) scheinen ein Geheimnis zu bergen, das er unbedingt aufdecken möchte. Er hofft, wenn er seinen offenbar reichen Nachbarn erst zu Gesicht bekommt, würde sich auch das Geheimnis des Hauses für ihn erschließen. Als die Dienerschaft des Hauses zum Putzen und Lüften eintrifft, verleiten ihn die geöffneten Fenster dazu, sich das Innere des Hauses auszumalen, die Ausstattung der Zimmer, den Glanz und Duft der kostbaren Möbel. Voller Spannung und Ungeduld erwartet der Mann die Ankunft des Hausbesitzers. Der goldene Knauf in der Mitte des geschlossenen Tores, der das Sonnenlicht reflektiert und es wie ein Abglanz des Reichtums in das Fenster seines Hotelzimmers lenkt, scheint täglich heller zu strahlen, bis der Besitzer des Hauses endlich da ist.

4. b) Das Haus als Zeichen für Abgrenzung/Einsamkeit und Öffnung/Kommunikation

Der Arbeitsauftrag „Führe aus" erscheint dir möglicherweise ungewohnt und nicht ganz eindeutig. Er bedeutet nichts weiter, als dass du für beide der genannten gegenteiligen Bedeutungen des Hauses Textbelege finden und sie mit eigenen Worten erläutern sollst. Mit „Abgrenzung" ist hier eine Trennung zwischen zwei gesellschaftlichen Schichten gemeint, das Wort „Einsamkeit" bezieht sich auf die Situation der beiden Männer, deren Kontakt auf das tägliche höfliche Grüßen über die Straßengrenze hinweg beschränkt bleibt. Du markierst zunächst alle Stellen, in denen das Haus als verschlossen und abweisend beschrieben wird. In den Zeilen 25–38 ist davon die Rede, wie das Haus in seiner Verschlossenheit auf den Mann im Hotel wirkt. Nach dem Tod des alten Herrn ist davon noch einmal die Rede (Z. 77). Diese Textstellen sind dafür geeignet, auf die beiden Bedeutungen „Abgrenzung" und „Einsamkeit", die durch das Haus repräsentiert werden, einzugehen. Die lauten Aktivitäten der Dienerschaft, ihre Wirkung auf den Beobachter im Hotel und schließlich das tägliche Grüßen über die Straße hinweg stehen für die beiden anderen Bedeutungen des Hauses: „Öffnung" und „Kommunikation".

Abgrenzung/Einsamkeit

Das Haus wirkt mit seinem geschlossenen Tor und den heruntergelassenen Jalousien abweisend. Seine Lage auf der gegenüberliegenden Straßenseite steht für die Abgrenzung zwischen dem scheinbar reichen alten Herrn und dem wenig wohlhabenden Beobachter. Dem Mann im Hotel, das sinnbildlich auf der „Schattenseite" steht, bleibt nur der Abglanz des Reichtums in Form des sich im goldenen Torknauf reflektierenden Sonnenstrahls. Eine Verbindung zwischen den Seiten gibt es nicht, die Kommunikation der beiden Männer beschränkt sich auf den Blickkontakt und ein knappes Grüßen. Wie der Brief des alten Mannes beweist, haben sich zwar beide gedanklich mit ihrem Gegenüber beschäftigt, jedoch bleibt jeder einsam und isoliert auf seiner Seite, die Grenze wird nicht überwunden. Nach seinem Tod ist das Haus wieder „still und geschlossen" (Z. 77). Der Brief des alten Herrn nach seinem Tod deutet nur an, was hätte möglich sein können.

Öffnung/Kommunikation

Als die Dienstboten die Ankunft des Hausbesitzers vorbereiten, kommt Leben in das geheimnisvolle Haus: „In der Frühe erwachte ich von einem fröhlichen und geschäftigen Lärm." (Z. 39) Die Jalousien sind hochgezogen, das Tor und die Fenster weit geöffnet. Damit wird die Erwartung des Ich-Erzählers geweckt, dass er nun bald seinen geheimnisvollen Nachbarn kennenlernen wird. Er beobachtet, wie die Dienstboten mit ihren alltäglichen Verrichtungen und Aktivitäten das Haus aus seiner Versunkenheit holen: Sie putzen Möbel und Fensterscheiben, klopfen Teppiche, lüften Polster, reiben Messingstangen und bohnern Dielen. Mit allen Sinnen nimmt der Ich-Erzähler diese Signale des offen stehenden Hauses auf. Er versetzt sich gedanklich in die vornehmen Zimmer, glaubt den Duft der Möbel zu riechen, hört den schmetternden Gesang eines Stubenmädchens. Endlich kommt der Besitzer; das lautlose Gleiten seines Autos durch das weit geöffnete Tor, sein Erscheinen auf dem Balkon am selben Nachmittag bereiten die sich anbahnende Kommunikation vor.
Mit dem Tod des alten Herrn ist der zögerliche Kontakt quer über die Straße beendet, das Haus wird wieder geschlossen, der Mann verlässt das Hotel.

5. a) Lebensgeschichte des alten Herrn

Die Aufgabenstellung verlangt, dass du eine ausführliche Lebensgeschichte verfasst. Ein knapper Lebenslauf mit Auflistung der wesentlichen Daten wäre also mit Sicherheit falsch! Stattdessen solltest du hier eine Biografie erfinden, die zu dem in der Geschichte geschilderten Lebensende des alten Herrn passt. Seine Einsamkeit, die Gründe für seinen Reichtum und dessen Verlust solltest du in deiner Geschichte auf nachvollziehbare Weise ansprechen. In der Einleitung könntest du z. B. auf die Herkunft des alten Herrn eingehen, im Hauptteil schicksalhafte Verwicklungen erfinden, die auch seine finanziellen Verhältnisse am Ende seines Lebens erklären, und schließlich die Tatsache berücksichtigen, dass er sich jedes Jahr nur für zwei Monate in dem beschriebenen Haus aufhält.

Igor und Roman

Als der kleine Igor Brendel an einem warmen Juninachmittag das Licht der Welt erblickte, wurde seine Ankunft gefeiert wie noch nie zuvor eine Geburt in diesem hochherrschaftlichen Haus. Nach vier Töchtern war seiner Familie endlich der ersehnte Sohn und Erbe geschenkt worden. Igor wuchs behütet auf, es fehlte ihm an nichts. Seine Eltern liebten ihn zärtlich, seine Schwestern wetteiferten darin, ihn zu verhätscheln, die Dienstboten verwöhnten ihn. Er war der verzärtelte Prinz der Familie. Doch das wahre Glück seiner Kindertage fand Igor in der Küche des Hauses. Sooft er sich der Fürsorge seiner Familie, seines Kindermädchens und später seiner Hauslehrer entziehen konnte, suchte er die Küche auf, wo ER schon immer auf ihn wartete: Roman, der Sohn der Köchin, knapp zwei Jahre älter als Igor. Roman eröffnete ihm die wirklichen Abenteuer und Geheimnisse der Kindheit, eroberte mit ihm die verwinkelten Dachböden des Hauses, zeigte ihm die Verstecke im Holundergebüsch am Ende des Gartens, entdeckte mit ihm die verfallene Baumhütte in der alten Eiche hinter den Geräteschuppen, führte ihn an den Bachlauf jenseits der Mauer. Viele Stunden verbrachten die Jungen an diesen verborgenen Stätten, waren Indianer, Räuber und Ritter, saßen schweigend mit der Angel am Ufer des Baches und brauchten keine Worte, um sich zu verstehen. Oftmals schmiedeten sie tollkühne Pläne für ihrer beider Leben, ohne dass einer den gesellschaftlichen Abstand zwischen ihnen zur Kenntnis nahm, und in all ihren Plänen war klar, dass keiner jemals ohne den anderen sein würde. Igors Eltern missfiel diese Freundschaft zunehmend, sie fürchteten den Einfluss des einfachen Jungen auf ihren Sprössling, und als Roman einmal bei einem kleinen Diebstahl ertappt wurde, nahm man das zum Anlass, seiner Mutter zu kündigen und sie mitsamt ihrem Sohn fortzuschicken. Für Igor bedeutete der Verlust seines Freundes das Ende der Kindheit. Er tat, was seine Familie von ihm erwartete, schloss Schule und Studium mit glänzenden Ergebnissen ab, aber alles geschah ohne Leidenschaft. Kein Tag verging, an dem Igor nicht an seinen verlorenen Freund dachte. Er ließ niemanden an sich heran und galt bald als schrulliger Einzelgänger. Als seine Eltern und alle seine Schwestern an einer schrecklichen Grippeepidemie starben, schickte Igor die Dienstboten fort, ließ die Fenster und Türen des Hauses verschließen und suchte sich eine andere Bleibe. Nur einmal im Jahr zog er für zwei Monate lang in sein Elternhaus; dann streifte er durch die dunklen Flure, suchte im allmählich zuwuchernden Park die Verstecke seiner Kindheit und gab sich seiner Verzweiflung hin. Er führte die Geschäfte seines Vaters fort, aber da er nicht mit dem Herzen dabei war, machte er bald Verluste und verlor nach und nach das ererbte Vermögen. In all den Jahren lernte er immer wieder Menschen kennen, Kunden, Geschäftspartner, und jedes Mal keimte in ihm neue Hoffnung auf. Dann schaute er ihnen in die Augen und suchte nach etwas Vertrautem, dem wortlosen Einverständnis der verwandten Seele, die er als Kind verloren hatte. Er wurde immer enttäuscht. Nur einmal war es anders. Wieder war er in seinem vornehmen Haus, und von seinem Balkon aus erblickte er in einem Fenster des gegenüberliegenden Hotels, das schon etwas verwahrlost aussah, einen Mann, der direkt zu ihm hinübersah. Etwas in dessen Blick fesselte ihn, und als ihm nach einigen Tagen der Fremde höflich zunickte, grüßte Igor zurück. Dieses Ritual spielte sich nun täglich ab, und Igor war sicher, endlich gefunden zu haben, wonach er seit Romans Fortgehen gesucht hatte. Aber er wusste, dass es zu spät war. Kurz vor seinem Tod verfasste er einen Brief an den Fremden, den er seinem Testament beifügte. Er schrieb von der Möglichkeit, dass der Hotelgast sein Freund hätte werden können. Es war das Wertvollste, was er noch zu vererben hatte.

D 2007-17

5. b) Innerer Monolog des Ich-Erzählers

Ein innerer Monolog hat zum Ziel, den Bewusstseinszustand einer Person unmittelbar wiederzugeben. Dazu werden das Präsens und die Ich-Form verwendet. Dabei hast du verschiedene Möglichkeiten, deine Fantasie und auch deine sprachliche Ausdrucksformen zu entfalten. Du kannst den inneren Monolog leicht mit deinen eigenen Gedanken vergleichen: Innerhalb eines Gedankengangs gibt es Sprünge und unvollständige Sätze. Bei dieser Aufgabe sollen also Gedanken und Gefühle des Mannes in dem Hotel wiedergegeben werden, nachdem er den Brief erhalten hat. Wie entwickelt sich sein Entschluss, das Hotel gegenüber dem „reichen Haus" zu verlassen? In deinem inneren Monolog sollte deutlich werden, warum der Mann überhaupt in diese Gegend gezogen ist, welche Erwartungen er beim Anblick des Hauses gegenüber hatte, wie er das tägliche Grüßen empfunden hat und welche Gedanken ihm beim Lesen des Briefes durch den Kopf gegangen sind. Am Ende sollte seine Entscheidung, die Gegend zu verlassen, mithilfe dieser Gedankenkette plausibel erscheinen.

Sein Freund hätte ich werden können? Wie kommt er darauf? Wir haben uns doch nur ein paar Tage lang über die Straße hinweg angesehen und gegrüßt. Meine Distanz und Schweigsamkeit lobt er – Kunststück! Wenn man sich täglich so wie wir gegenübersteht und anschaut, grüßt man eben irgendwann einmal. Ob er mir sympathisch war, kann ich gar nicht genau sagen. Natürlich war ich neugierig. Wenn es eine Möglichkeit gegeben hätte, mehr über ihn herauszufinden, hätte ich das sicher getan. Aber besonders einladend wirkte er ja nicht, trotz seiner täglichen Grüße. Eigentlich war ich eher enttäuscht, als er ankam. Nachdem ich wochenlang das Haus angestarrt hatte, hätte ich mir interessantere Nachbarn gewünscht als diesen schweigsamen Alten mit dem starren Blick. Immerhin hat er Nachforschungen über mich angestellt, weil er sich für mich interessiert hat. Warum bloß? – Dass ich sein Erbe hätte werden können, nutzt mir jetzt auch nicht mehr viel. Eigentlich kann der alte Herr einem nur leidtun. Was hatte er von seinem schönen Haus? Es gibt niemanden, der wirklich um ihn trauert, und einen Fremden wie mich sah er als möglichen Freund – nur wegen ein paar höflich ausgetauschter Grüße über die Straße hinweg. Sogar für das Überbringen dieser kurzen Nachricht musste er einen Notar beauftragen. Wie kann es nur sein, dass ein Besitzer eines so reichen Hauses zugleich so arm ist? Habe ich mich vielleicht geirrt? Sind die, die hier wohnen, alle so? Sind all die schönen Fassaden, die gepflegten Gärten nur Gefängnisse für einsame Seelen? Ist das der Preis, den man zahlen muss für die vornehme Umgebung? Können Besitz oder auch vergangener Reichtum Menschen ersetzen, die man liebt und denen man vertraut? Ich werde wegziehen von diesem Friedhof des Gelds, dahin, wo Menschen leben, die miteinander reden, lachen und über ihre Sorgen und Hoffnungen sprechen. Am besten schon morgen!

Abschlussprüfung Deutsch an Realschulen in Hessen 2007
Lösungen zu Text 3

1. Kurze Inhaltsangabe

Der Arbeitsauftrag fordert eine Inhaltsangabe in verkürzter Form, in der du auf nicht allzu viele Einzelheiten eingehen sollst. Die Einschränkung auf drei bis fünf Sätze macht klar, dass es hier eher um einen Überblick geht, in dem grob über die verschiedenen inhaltlichen Aspekte des Textes informiert werden soll. Ein Einleitungssatz mit den wichtigsten Angaben zum Text (Autorin, Titel, Textsorte, Herkunft des Textes, Thema) gehört aber unbedingt dazu. Du schreibst im Präsens, verzichtest auf ausschmückende Formulierungen und auf wörtliche Rede.

In ihrer Reportage „Der Stoff der Erinnerung", erschienen am 6. Mai 2006 in der Frankfurter Rundschau, berichtet Sabine Kieslich über den Alltag von Demenzkranken in einer Tagespflegestätte.
Die Autorin schildert einen Tag in der Einrichtung und stellt die besonderen Probleme von Alzheimerkranken wie Verwirrtheit, Gedächtnisverlust und Dehydration dar. Am Beispiel der Patientin Erna Z. beschreibt sie, mit welchen Mitteln das Pflegepersonal den speziellen Problemen der Patienten begegnet und deren Familienangehörige entlastet.

2. a) Spezifische Probleme von Alzheimerkranken und ihren Angehörigen

Bei dieser Aufgabenstellung wird von dir erwartet, dass du aus der Reportage die Probleme von Alzheimerkranken und ihren Angehörigen herausfilterst, die die professionelle Betreuung der Kranken durch geschultes Personal erforderlich machen. Dazu gehören nicht nur die Krankheitszeichen, die sich direkt körperlich auswirken, z. B. das fehlende Durstgefühl, sondern vor allem der zunehmende geistige Verfall, der die Patienten so hilflos macht und ihre Angehörigen auf Dauer überfordert.

Menschen, die an der Alzheimerkrankheit leiden, können sich immer weniger orientieren. Im Verlauf der Krankheit wird es für sie zunehmend schwieriger, sich verständlich zu machen, da sie ihre Erinnerungen verlieren. Nur Erlebnisse aus früheren Zeiten „sind tief verwurzelt und bleiben fast immer bis zum Ende erhalten" (Z. 52 f.).

Wegen der schwindenden Gedächtnisleistung wissen die Patienten oft nicht mehr, wann sie zum letzten Mal etwas gegessen oder getrunken haben, sodass für sie die Gefahr der Dehydration und Unterernährung besteht. (Z. 93 f.)
Die intensive Betreuung, die für Demenzkranke erforderlich ist, kann von den Angehörigen allein kaum geleistet werden. Sabine Kieslich beschreibt am Beispiel von Erna. Z., in welchem Ausmaß die Tageseinrichtung Ernas Mann von den Aufgaben, die ihm durch die Betreuung seiner erkrankten Frau auferlegt werden, entlastet. „Ernas Mann war mit seiner Kraft am Ende, als seine Frau zu uns kam [...]. Für ihren Mann, der sich ganz allein um sie und den Haushalt kümmert, sei das eine ungeheure Unterstützung." (Z. 114–126).

2. b) Hilfsmittel/Maßnahmen zur Erleichterung von Leben und Alltag der Kranken

Auch hier sollen wieder bestimmte Informationen, die in den Text eingestreut sind, zusammengestellt werden. Manche dieser Informationen sind eindeutig formuliert, andere muss man aus dem Zusammenhang entnehmen. Im folgenden Lösungsvorschlag werden fünf Maßnahmen näher beschrieben, zum Erreichen der vollen Punktzahl genügen jedoch vier Maßnahmen.

Eine wichtige Maßnahme des Pflegepersonals ist die Einbeziehung der **Lebensgeschichte** der Patienten. Je mehr über die früheren Lebensumstände bekannt ist, umso mehr können die Betreuer auf die Kranken eingehen. Deutlich wird das am Beispiel von Erna Z. Die alte Dame hat eine besondere Beziehung zu Stoffen, deshalb lässt man sie in der Tagesstätte mit den Küchentextilien hantieren: „Nimmt den Spüllappen und faltet ihn zusammen. Greift nach dem bunt gemusterten Küchenhandtuch [...]" (Z. 4–11). Offensichtlich ist ihre Vorliebe für Stoffe darauf zurückzuführen, dass „ihr Handarbeiten früher viel bedeutet haben" (Z. 45 f.). Das Ende der Reportage greift diese Eigenart von Erna nochmals auf: „Ernas Tasche ist aus Baumwolle. Die letzte halbe Stunde hat sie damit zugebracht, eine gelbe Küchenschürze [...] zu befeuchten. [...] Immer wieder taucht sie ihre Hand in eine Schüssel und lässt sie [...] über das Gewebe gleiten." (Z. 135–143)
Eine weitere Maßnahme, letzte Erinnerungen festzuhalten, sind die **persönlichen Untersetzer**. Der Name des Tagesgastes in unübersehbaren Großbuchstaben und ein individuelles Motiv knüpfen an die Persönlichkeit jedes einzelnen Patienten an (vgl. Z. 36–39). Auf Ernas Untersetzer ist beispielsweise eine „bestickte Tischdecke" (Z. 42) abgebildet.
Um dem Problem der Dehydration zu begegnen, hat sich das Ritual des **Zuprostens** bewährt. Damit werden die Patienten zum Trinken animiert, ohne sich bevormundet zu fühlen (vgl. Z. 104–108).

Regelmäßig kommt ein Akkordeonspieler in die Pflegegruppe. Nicht nur die **Musik** und das gemeinsame Singen, sondern besonders die alten Lieder aus der Jugend der Demenzkranken wecken die Lebensfreude der Patienten (vgl. Z. 60–78).
Eine wichtige Rolle, um für alle Beteiligten den Alltag der Kranken zu erleichtern, spielt die **genaue Dokumentation** der Lebensgewohnheiten der Patienten. Eine Pinnwand enthält genaue Informationen über Medikamente, Ess- und Trinkgewohnheiten (vgl. Z. 87–89) jedes einzelnen, weil die Patienten selbst oft keine Auskunft darüber geben können. Darüber hinaus hat jeder Patient ein Heft, in das die Pflegekräfte Besonderheiten des Tagesablaufs für die Angehörigen eintragen können. Diese Aufzeichnungen werden am Ende des Tages den Patienten mitgegeben. Auf diese Weise sind die Familien der Kranken über eventuelle Veränderungen immer genau informiert (vgl. Z. 131–134).

3. a) Kennzeichen für die Einstellung der Autorin

In dieser Aufgabe soll herausgearbeitet werden, wie die Autorin selbst zum Thema steht. Hinweise darauf geben die sprachlichen Merkmale, die in der Reportage Verwendung finden. Schon beim ersten Durchlesen fällt auf, dass die Autorin in den Teilen der Reportage, die den Alltag in der Pflegeeinrichtung beschreiben, sehr detailliert den behutsamen, geradezu liebevollen Umgang der Pflegekräfte mit den ihnen anvertrauten Menschen hervorhebt. Das weist einerseits auf die hohe Wertschätzung hin, die die Autorin der Arbeit des Pflegeteams in der beschriebenen Einrichtung zollt, andererseits auf ihre eigene respektvolle Haltung gegenüber den Patienten.

Sabine Kieslich behandelt in ihrer Reportage das Thema „Demenz“ auf sehr einfühlsame Weise. Die beschriebenen Menschen werden von der Autorin entweder mit ihrem Namen vorgestellt (Z. 1, Z. 64), als „Gäste“ (Z. 36, Z. 56) oder als „Damen und Herren“ (Z. 22 f.) bezeichnet. An keiner Stelle werden die Patienten als hilflose Kranke ohne Orientierungssinn beschrieben, sondern als Menschen, deren speziellen Schwierigkeiten bei der Bewältigung des Alltags man gerecht werden möchte. Besonders betont wird der liebevolle Umgang des Pflegepersonals mit den Patienten: „Behutsam legt die gelernte Krankenschwester den Arm um die ältere Dame [...]“ (Z. 14–16). Auch beim gemeinsamen Singen sind die Pflegekräfte um liebevollen Körperkontakt bemüht, sie „greifen Hände, umfangen Schultern, schunkeln sachte hin und her“ (Z. 71 f.). Die entspannte und familiäre Atmosphäre in der Tageseinrichtung wird noch einmal deutlich, als am Ende der Reportage Erna den Teebecher mit der Wasserschüssel verwechselt: Das löst allgemeine Heiterkeit aus; doch die alte Dame wird wegen des Missgeschicks nicht ausgelacht, sondern kann selbst herzlich mitlachen. Mit diesem Detail hebt die Autorin noch einmal hervor, welche Rolle persönliche Zuwendung und das freundliche Klima in dieser Einrichtung spielen und dass es nicht nur um bloße Versorgung und Beschäftigung geht. Dass die Tagesgäste nur auf eigenen Wunsch geduzt werden (vgl. Z. 16 f.) ist ein Zeichen für den respektvollen Umgang. „Die Tagesgäste sollen sich nicht bevormundet fühlen", wird die Vorsitzende der Alzheimer Gesellschaft Mittelhessen zitiert (Z. 104 f.). Auch hier wird deutlich, worauf es bei der Behandlung Demenzkranker ankommt: Bewahrung der Würde. Insgesamt begegnet Sabine Kieslich in ihrer Reportage den Patienten, den Angehörigen und dem Pflegepersonal mit Respekt und Einfühlungsvermögen.

3. b) Ziele der Autorin und Wirkungsabsicht der Reportage

Die Bewertung dieser Aufgabe mit 4 Punkten signalisiert, dass hier keine umfangreiche Bearbeitung mit Textbelegen erwartet wird. Die Formulierung der Aufgabe legt aber auch nahe, dass es nicht nur ein einzelnes Ziel ist, dass die Autorin verfolgt. In der Aufgabenstellung wird die Textsorte genannt, um die es sich hier handelt: Es ist eine Reportage. Verfasser von Reportagen wollen ihre Leser zwar in erster Linie informieren, aber sie möchten auch noch mehr erreichen. Bei der Formulierung weiterer Ziele kannst du auf die Ergebnisse der vorigen Aufgabe zurückgreifen: Die Reportage ist so formuliert, dass sie Mitgefühl weckt. Außerdem werden in der Reportage Zahlen genannt, eine Forderung wird formuliert (Z. 109–114). Damit sind zwei weitere Ziele erkennbar! Und trotz aller detaillierten und einfühlsamen Beschreibungen gibt die Autorin keine eigene Wertung ab: Der Leser soll sich ein eigenes Urteil bilden.

Mit ihrer Reportage will die Autorin über den Tagesablauf in einer Pflegeeinrichtung für Demenzkranke, die Zahl der Betroffenen und die typischen Merkmale der Krankheit Alzheimer informieren. Durch ihre einfühlsame Beschreibung möchte sie Verständnis wecken für die Situation der Kranken, ihrer Angehörigen und des Pflegepersonals. Auch will sie erreichen, dass mehr solcher Tagespflegeeinrichtungen geschaffen werden, da die jetzige Anzahl von vier Tagesstätten in ganz Hessen bei Weitem nicht ausreicht. Und obwohl die positiv wertende Einstellung der Autorin deutlich wird, endet die Reportage offen und ohne einen persönlichen Kommentar, sodass dem Leser die Möglichkeit bleibt, sich mithilfe der detaillierten Informationen ein eigenes Urteil zu bilden.

4. Merkmale einer Reportage

Hier solltest du dir noch einmal die typischen Merkmale einer Reportage vor Augen führen: Reportagen unterscheiden sich von anderen informierenden Texten wie z. B. Zeitungsberichten nicht nur durch die Länge, sondern besonders durch die Kombination von informierenden und beschreibenden bzw.

erzählenden Elementen. Diese verschiedenen Textteile sind innerhalb der Reportage zwar klar voneinander getrennt, aber dennoch so verwoben, dass der inhaltliche Zusammenhang erhalten bleibt. Häufig wird das behandelte Thema von einem Einzelschicksal ausgehend erschlossen. Typisch sind außerdem eingestreute Zitate aus Interviews und Stellungnahmen von Experten, die das Thema sachlich vertiefen. Die Nähe zum Geschehen wird durch die anschauliche Beschreibung und die Darstellung von Gefühlen hergestellt. Eine besondere Rolle für eine Reportage spielt auch ihr Titel, der Neugier wecken soll und auf bildhafte Weise mit dem Thema verknüpft ist.

Die Reportage „Der Stoff der Erinnerung“ von Sabine Kieslich beginnt mit einem szenischen Einstieg, in dem das Verhalten von Erna Z. minutengenau beschrieben wird (Z. 1–8). Die Szene erweitert sich zur Wohnküche eines Tageszentrums, und im zweiten Absatz informiert die Autorin über die Krankheit Alzheimer (Z. 25–35). Auch im weiteren Verlauf der Reportage wechseln sich Beobachtungen aus dem Alltag der Pflegeeinrichtung (Z. 74–92), Sachinformationen (Z. 93–114), eine Rückblende (Z. 114 f.) und Zitate (Z. 47–53, 56–59) ab. Ein solch **verschachtelter Aufbau aus beispielhaft beobachtenden und allgemein informierenden Absätzen** ist ein typisches Merkmal dieser Textsorte.

Die Schlussszene ähnelt dem Anfang der Reportage. Wieder wird Erna Z. beschrieben, deren Verhalten sich aber geändert hat: Wurde die alte Dame zu Beginn als ruhelos beschrieben, endet die Reportage mit dem gelösten Lachen der Patientin. **Einleitung und Schluss bilden einen Rahmen**, was ebenfalls typisch für den Aufbau von Reportagen ist.

Ein weiteres Merkmal ist die **Erschließung des Reportagethemas mithilfe eines Einzelschicksals**. Hier ist es die Patientin Erna Z., die im Mittelpunkt der Beobachtung steht. Nachdem sie an Alzheimer erkrankt und ihr Mann mit der Pflege allein überfordert war, bedeutete das Betreuungsangebot der Tagespflegestätte eine große Entlastung für ihn. Dieser Hintergrund bietet der Autorin Anknüpfungspunkte für Informationen über die Krankheit (Z. 25–35, 93–104), die Maßnahmen des Pflegepersonals (z. B. Z. 36–46) und über die Probleme der Angehörigen (Z. 114–126).

Das Reportagethema wird sachlich vertieft durch eingestreute **Zitate aus Experteninterviews**. In „Der Stoff der Erinnerung“ werden die Pflegedienstleitung (Z. 47–53, 56–59, 111–121) und die Vorsitzende der Alzheimer Gesellschaft Mittelhessens (Z. 93–104) zitiert.

Mit **anschaulichen und lebendigen Darstellungen** von Beobachtungen und Empfindungen stellt die Autorin Nähe zum beschriebenen Geschehen her (z. B. „Der Akkordeonspieler greift temperamentvoll in die Tasten […]“, Z. 74 f.).

Typisch für die Reportage ist schließlich ihr bildhafter **Titel**, der einerseits auf das Thema hinweist, andererseits aber auch eine Beziehung zum dargestellten Einzelschicksal herstellt. Der Titel „Der Stoff der Erinnerung“ bezieht sich vordergründig auf die besondere Bedeutung, die Stoffe im Leben der Patientin Erna Z. hatten, spielt aber in übertragenem Sinne auf eine der Maßnahmen an, mit denen sich das Pflegepersonal auf die besonderen Probleme der Tagesgäste einstellt. „Die Lebensgeschichte ist der Schlüssel zur Welt von demenzkranken Menschen. [...] Erinnerungen an früher sind tief verwurzelt und bleiben fast immer bis zum Ende erhalten.“ (Z. 47–53) Das bedeutet, dass es die persönliche Lebensgeschichte ist, aus der „Der Stoff der Erinnerung“ jedes Einzelnen gewoben wird.

5. a) Leserbrief

Bei dieser Aufgabe sind neben inhaltlichen Aspekten besonders auch formale Vorgaben zu beachten. Die Briefform fordert Ort und Datum, eine höfliche Anrede, einen Einleitungssatz mit Bezug auf die Reportage, einen Schlusssatz und schließlich auch eine Grußformel am Ende des Briefes. Für die korrekte Einhaltung dieser Formaspekte werden allein acht von zwanzig möglichen Punkten vergeben! Beim Inhalt des Briefes kommt es darauf an, einen Bezug zum Text herzustellen, verschiedene thematische Aspekte anzusprechen und diese klar zu gliedern. Es muss deutlich werden, ob du dem Inhalt des Textes zustimmst oder ihn ablehnst, das heißt, du musst deine eigene Meinung zum Ausdruck bringen. Persönliche Erfahrungen, die die Darstellungen des Verfassers bzw. der Verfasserin stützen oder widerlegen, darfst du auch in deinen Leserbrief aufnehmen. Dabei kann es sich um erfundene oder wirkliche Erfahrungen handeln. Zum Schluss kannst du auch Forderungen formulieren oder Appelle an die Öffentlichkeit richten. Da Leserbriefe grundsätzlich zur Veröffentlichung gedacht sind, musst du eine angemessene Sprache in deinem Brief verwenden.

... (Ort und Datum)

Sehr geehrte Frau Kieslich,
Ihre Reportage „Der Stoff der Erinnerung“, erschienen am 6. Mai 2006 in der Frankfurter Rundschau, hat mich sehr berührt. Es ist Ihnen gelungen, mit viel Einfühlungsvermögen und ohne Bloßstellung der demenzkranken Menschen den Lesern dieses schwierige Thema nahezubringen.

Obwohl die von Ihnen genannten Zahlen belegen, dass zunehmend mehr Menschen von Altersdemenz oder auch der Alzheimerkrankheit direkt oder indirekt betroffen sind, wird das Thema in der Gesellschaft überwiegend verdrängt. Noch immer schämen sich Angehörige, wenn sie demenzkranke Eltern oder Ehepartner haben, und verstecken sie vor der Öffentlichkeit. Viele leiden unter der Last der Pflege und wissen nicht, wo und wie sie Hilfe bekommen können.

Mit der Vorstellung des Wetzlarer Tageszentrums haben Sie einen Weg gewiesen, wie man mit der Krankheit und mit den Kranken leben kann.
In meiner eigenen Verwandtschaft habe ich erlebt, wie ein an Alzheimer erkrankter Großonkel vier Jahre lang von seiner Familie in bewundernswerter Weise umsorgt wurde und es seiner Frau und seinen beiden erwachsenen Kindern gelungen ist, ihm durch liebevolle Zuwendung seine letzten Jahre lebenswert zu gestalten. Trotz dieser Erfahrung bin ich sicher, dass die Möglichkeit, eine Einrichtung wie das von Ihnen beschriebene Tageszentrum in die Pflege einzubinden, auch der Familie meines Großonkels sehr geholfen hätte. Denn die Betreuung des alten Herrn, der sich immer weniger in seiner Umgebung zurechtfand, bedeutete einen 24-Stunden-Einsatz für die Familie, der mit den anderen Verpflichtungen der Betroffenen manchmal sehr schwer zu vereinbaren war. Berufliche und familiäre Anforderungen mussten vier Jahre lang zurückstehen, und die seelische Belastung, besonders für seine Frau, war manchmal kaum zu ertragen.
Es wäre gut, wenn häufiger derartige Reportagen das Thema in der Öffentlichkeit wachhalten und dazu beitragen, die Ängste und Vorurteile gegenüber einer Krankheit, die jeden treffen kann, abzubauen. Möglicherweise kann auch eine positive Berichterstattung wie diese die Einrichtung weiterer Tagesstätten beschleunigen, denn Ihrer Reportage ist zu entnehmen, dass derzeit der Bedarf bei Weitem nicht gedeckt werden kann.
Viele Betroffene, die demenzkranke Angehörige pflegen und erleben müssen, wie der „Stoff der Erinnerung" bei geliebten Menschen immer mehr abnimmt, sind sicher ebenso dankbar wie ich für Ihren gleichermaßen informativen wie feinfühligen Bericht über ein Thema, das uns alle angeht.
Es grüßt Sie ganz herzlich
… (dein Name)

5. b) Stellungnahme zum Zitat von Luis Buñuel

Der Arbeitsauftrag „Nimm Stellung …" bedeutet, dass du deine eigene Meinung zu einem Sachverhalt oder wie hier zu einer Aussage begründet darlegen sollst, ähnlich wie in einer Erörterung. Die Themenfrage ist in diesem Fall in ein Zitat verpackt. Du erschließt dir die Aufgabe, indem du zunächst für dich die Frage beantwortest: Ist ein Leben ohne Gedächtnis kein Leben? Denn das ist es, was Luis Buñuel behauptet. Argumente für deine Stellungnahme findest du in der Reportage. Wie in der Wahlaufgabe 5. a) muss auch hier ein Bezug zum Text hergestellt werden, wie in jeder Erörterung sind Argumente zu belegen und mit Beispielen zu illustrieren, du musst Position beziehen und am Schluss eine persönliche Stellungnahme abgeben. Eine Gliederung kann dir helfen, die einzelnen Elemente deiner Stellungnahme zu strukturieren.

Gliederungsvorschlag

A. Einleitung: Wiedergabe des Zitats mit eigenen Worten und Überleitung zur Themenfrage

B. Hauptteil: Diskussion der Aussage Buñuels

1 Negative Auswirkungen des Verlustes von Erinnerungen

1.1 auf die Bewältigung alltäglicher Verrichtungen

1.2 auf die Kommunikationsfähigkeit

Bezug zum Text:

- Verhalten von Erna Z., Fehlen von Durst und Hunger, Anforderungen an Pflegekräfte und Angehörige

2 Positives Lebensgefühl trotz Erinnerungsverlust

2.1 Lebensgeschichte als Schlüssel

2.2 Leben „in der Erinnerung“

Bezug zum Text:

- Beschreibung von Erna Z. und anderen Tagesgästen
- Tagesablauf in der Pflegeeinrichtung

3 Schlussfolgerung: Verantwortlicher Umgang mit den Betroffenen

C. Schluss: Widerspruch gegen die Aussage Buñuels, Relativierung seiner Aussage

Ausarbeitung

In seinem Zitat behauptet Luis Buñuel, dass das Leben eines Menschen ausschließlich durch sein Gedächtnis bestimmt wird. Ob es um die Kommunikation mit den Mitmenschen, die Tätigkeiten des Alltags oder um Gefühle geht, nach Buñuels Aussage ist jemand, der sich nicht erinnern kann, eigentlich nicht mehr am Leben, sondern schon gestorben. Ist ein Leben ohne Gedächtnis also kein Leben?

Ich kann dieser Auffassung nicht zustimmen. Zwar werden in der Reportage „Der Stoff der Erinnerung“ Menschen beschrieben, die unter Gedächtnisverlust leiden und sich auch nicht mehr mitteilen können. Sie vergessen, wann sie gegessen und getrunken haben, erkennen ihre Angehörigen nicht mehr, wissen nicht, was sie gerade getan haben oder eben noch tun wollten. Sie brauchen Hilfe bei den einfachsten alltäglichen Verrichtungen und finden sich in ihrer gewohnten Umgebung nicht mehr zurecht. Angehörige und Pflegekräfte sind rund um die Uhr gefordert, demenzkranke Menschen nicht nur zu begleiten, sondern sicherzustellen, dass sie sich selbst keinen Schaden zufügen.

Folgt man der Aussage Buñuels, so führen alle diese Menschen kein wirkliches Leben mehr, sind alle diese Menschen „nichts“, so als wären sie schon gestorben. Selbst wenn es einem jungen und gesunden Mensch schwerfällt, sich in die Rolle der beschriebenen Patienten hineinzuversetzen, so wird in der

Reportage doch deutlich, dass die Alzheimerkranken Glücksgefühle und Gemeinschaftserlebnisse wahrnehmen. Das gemeinsame Singen der alten Lieder lässt Erinnerungen wach werden, der Umgang mit verschiedenen Stoffen weckt in Erna Z. angenehme Gedanken. Auch wenn sie diese Gedanken nicht mehr zu einem vollständigen Bild zusammenfügen kann und ihr die Anknüpfungspunkte an ein früheres Leben verloren gegangen sind, sind diese Glücksmomente meiner Meinung nach doch ein Grund, ihr Leben als lebenswert zu erachten. „Erinnerungen an früher […] sind tief verwurzelt und bleiben fast immer bis zum Ende erhalten" (Z. 51–53). Diese in der Reportage zitierte Erkenntnis ist ein weiteres Argument gegen Buñuels Aussage. Auch wenn Alzheimerpatienten sich in der Gegenwart nicht mehr zurechtfinden, vielleicht sogar engste Familienangehörige nicht mehr erkennen, so verfügen sie offenbar doch über einen Erinnerungsvorrat, in den sie sich zurückziehen und der nicht verloren geht. Die Kenntnis der Lebensgeschichte der Patienten bietet dem Pflegepersonal und den Angehörigen die Möglichkeit, an deren Erinnerungen anzuknüpfen und somit Zugang zu den Betroffenen zu finden. Buñuels Behauptung, schon der stückweise Verlust des Gedächtnisses bedeute den Verlust des Lebens, kann ich deshalb nicht zustimmen. Ich glaube, dass es für die Betroffenen, besonders im Anfangsstadium, und für die Angehörigen, die den Verlauf der Krankheit erleben, schwer ist, die Krankheit zu akzeptieren. Das Leben der Alzheimerpatienten ist mit dem schrittweisen Verlust der Erinnerung aber nicht zu Ende, sondern nur völlig anders als vorher.

Das zu begreifen, sich darauf einzustellen und verantwortungsbewusst damit umzugehen, ist für Angehörige und Pflegepersonal eine große Herausforderung. In Sabine Kieslichs Reportage wird jedoch aufgezeigt, dass diese Herausforderung für diejenigen zu bewältigen ist, die sich mit der nötigen Sensibilität ihr zu stellen bereit sind.

Ich stimme Luis Buñuel insoweit zu, dass das Gedächtnis, auch für mich persönlich, einen wichtigen Teil meines Lebens ausmacht und sein Verlust, sei es auch nur stückweise, sehr tragisch für mich wäre. Dass wir aber ohne Gedächtnis nichts sind, dieser Auffassung kann ich nach dem Lesen der Reportage „Der Stoff der Erinnerung" nicht zustimmen.

Abschlussprüfung Deutsch an Realschulen in Hessen 2008
Lösungen zu Text 1

1. Zusammenfassung des Gedichts in 2–4 Sätzen

Bei dieser Aufgabe wird eine kurze Zusammenfassung von dir erwartet. Das heißt also, dass du im Präsens schreiben musst, wie immer, wenn du Texte über andere Texte verfasst. Auch Angaben über den Autor, die Textsorte und die äußere Form des Gedichts sollten in der Zusammenfassung enthalten sein.

In seinem Gedicht „Jahresringe" beschreibt Kay Hoff, wie schnell die Jahreszeiten in der Natur wechseln. In einer einzigen langen Strophe werden die typischen Eigenschaften und Merkmale der Monate und Jahreszeiten dargestellt. Das Gedicht beginnt mit dem April, setzt sich fort über Sommer, Herbst und den Jahreswechsel, führt durch ein weiteres Jahr und endet mit dem erneut beginnenden Frühling.

2. Funktionen der formalen und sprachlichen Mittel (Wiederholungen, Enjambements, Satzzeichen)

Bei dieser Aufgabe markierst du dir am besten zunächst die genannten formalen und sprachlichen Mittel in verschiedenen Farben. Das erleichtert dir nicht nur die Versangaben in deiner Lösung, sondern hilft dir auch, etwas über die Funktionen dieser Mittel innerhalb des Gedichts herauszufinden.
Bei den Wiederholungen behandelst du das Wort oder die Wortgruppe, die am häufigsten vorkommen, als Erstes. Enjambements (Zeilensprünge) liegen dann vor, wenn am Ende eines Verses der begonnene Satz nicht zu Ende ist, sondern in die nächste Zeile „überspringt".
Beim ersten Lesen ist dir darüber hinaus sicher schon aufgefallen, dass Kommas und Doppelpunkte sehr häufig verwendet werden. Doppelpunkte künden immer etwas an, z. B. eine wörtliche Rede, eine Aufzählung oder eine Erklärung. Kommas bringen Struktur in einen Text, indem sie einzelne Sätze oder Satzbausteine voneinander trennen. Sie signalisieren, wann man beim Lesen eine Pause machen muss. Kommas grenzen Sätze aber weniger stark voneinander ab als ein Punkt. Wenn z. B. zwischen zwei Hauptsätzen ein Komma steht anstelle eines Punktes, dann erscheint die Grenze zwischen den Sätzen weniger hart, und der Text wirkt fließender.

Wiederholungen
Das Gedicht enthält keine Reime und kein einheitliches Versmaß, durch eine Vielzahl von Wortwiederholungen wird jedoch ein **gleichmäßiger Takt** innerhalb der freien Rhythmen erzeugt.
Am häufigsten wiederholt wird das Zeitadverb „gestern", und zwar zwölf Mal (u. a. V. 3, 6, 10, 11, 14). Viermal wird es mit dem Wort „gerade" verbunden (V. 6, 11, 16, 26), im 3., 10. und 14. Vers findet sich die Zusammensetzung „gestern war's" bzw. „gestern [...] war es", und ebenfalls in Vers drei die Variation „gestern noch". Die Formel „gerade gestern" im Sinne von „es ist eben erst vorbei" drückt das Erstaunen darüber aus, wie schnell die Zeit im Jahreslauf vergeht: Es kommt einem so vor, als sei tatsächlich erst gestern Frühling, Sommer, Herbst oder Winter gewesen.
Häufig wiederholt wird auch das Adverb „kaum", und zwar in den Versen 1, 4, 7, 14 und 22. Dieses Wort bringt zusammen mit der häufigen Wiederholung der Zeitangabe „gestern" **Tempo in den Lesefluss**, indem es die Abstände zwischen den beschriebenen Monaten und Jahreszeiten extrem kurz erscheinen lässt: Kaum hat etwas begonnen, ist es schon wieder Vergangenheit, und etwas Neues beginnt („kaum zieht der Sommer/die hellen Vorhänge zu,/gestern, gerade gestern:/kaum wirft September [...]", V. 4–7).
Das schnelle **Verrinnen der Zeit** wird zusätzlich betont durch die fünfmalige Verwendung der Präteritum-Zeitform „war es" bzw. „war's", die abwechselnd mit „kaum" oder „gestern" (V. 3, 10, 14, 21, 22 f.) verbunden ist. Nur im letzten Vers wird die Wortfolge umgekehrt: „es war" steht als abschließender Gedanke für sich allein und drückt damit möglicherweise aus, dass wie das Vergehen der Jahreszeiten auch alles andere vergänglich ist.

Enjambements
Das Gedicht enthält zahlreiche Zeilensprünge, u. a. zwischen den Versen 1 und 2, 4 und 5, 7 und 8 und auch im weiteren Verlauf des Gedichts. Um den Sinn der auf diese Weise zerrissenen Sätze zu erfassen, muss der Leser über das jeweilige Versende hinauslesen. Der nächste Satz beginnt dann häufig in der Mitte des darauffolgenden Verses (z. B. V. 17–20), sodass der Leser erneut in die nächste Zeile geführt und der **Lesefluss beschleunigt** wird. Die Enjambements unterstützen so die Aussage des Gedichts, nämlich das scheinbar immer schnellere Verrinnen der Zeit.

Satzzeichen
Auffällig in diesem Gedicht ist die häufige Verwendung von **Doppelpunkten** und **Kommas**. Doppelpunkte stehen fünfmal am Versende in Verbindung mit „gestern" (V. 3, 6, 16, 21, 26). In den Versen 13 und 25 finden sie sich hinter „Märchen" und „gespitzt", in Vers 11 gibt es einen Doppelpunkt in der Mitte des Verses. Diese Zeichen markieren nicht das Ende eines Satzes, sondern

kündigen an, **dass etwas Neues beginnt**. In Verbindung mit „gestern" erzeugen die Doppelpunkte eine kurze Pause im Lesefluss und lenken die Aufmerksamkeit auf das, was als Nächstes kommt: Ein neuer Monat oder eine neue Jahreszeit.
Das Gedicht ist als ein einziger langer Satz geschrieben. Damit der Sinn dieses Satzes nicht verloren geht, stehen Kommas zwischen Hauptsätzen (z. B. zwischen den Versen 7 f. und 9, 11 f. und 13, 17–20), oder sie trennen unvollständige Sätze und Aufzählungen voneinander ab (z. B. V. 22–25). Da selbst Hauptsätze nie durch Punkte, sondern nur durch Kommas voneinander getrennt werden, wird der Lesefluss weniger unterbrochen und damit **das Fließen der Zeit** betont. Indem die genannten Zeitadverbien („gestern war's, gestern noch" und „gestern, kaum war es, kaum", z. B. V. 3, V. 6, V. 14) direkt nach dem Komma noch einmal wiederholt werden, entsteht zudem eine **Nachdrücklichkeit**, die das Erstaunen über das schnelle Verrinnen der Zeit besonders hervorhebt.
Der einzige Punkt im Gedicht hinter dem letzten Vers markiert gleichzeitig das Ende des Gedichts und das Ende des beschriebenen Jahreslaufs.

3. a) Personifikationen und ihre Bedeutung

Eine bildhafte Sprache ist besonders für lyrische Texte typisch, denn sie macht Gedichte lebendig und veranschaulicht ihre Aussage. Wenn Tiere, Pflanzen oder eben auch abstrakte Dinge wie Monate und Jahreszeiten mit menschlichen Fähigkeiten und Eigenschaften ausgestattet werden, spricht man von Personifikationen.

V. 1 f.: Kaum sprenkelt April/die Tage mit Knospen: An den Zweigen werden die Knospen von Blättern und Blüten sichtbar und sind kurz vor dem Aufbrechen. Bevor sie sich endgültig entfalten, erscheinen sie wie zarte Farbtupfer.

V. 4 f.: Kaum zieht der Sommer/die hellen Vorhänge zu: Zum Schutz vor allzu grellem Sonnenlicht und Hitze werden Vorhänge aus hellem Stoff zugezogen.

V. 7 f.: Kaum wirft September/sein Gold in die Wälder: Im September färben sich die Blätter der Bäume in verschiedenen Gelb- und Goldtönen.

V. 9: Oktober sammelt Beeren: Im Herbst sind viele Früchte reif und können geerntet werden.

V. 11 f.: Der Nebel/sieht schon nichts mehr: Dichter Nebel verhindert, dass man etwas sehen kann.

V. 13: Die Nacht spinnt Märchen: Das kann möglicherweise bedeuten, dass man sich an langen und dunklen Winterabenden gerne Märchen und Geschichten erzählt.

V. 14–16: kaum/starb in harschigen Spuren/das Jahr: Als das Jahr zu Ende ging, lag hart gefrorener Schnee, auf dem Menschen und Tiere Spuren hinterließen.

V. 17 f.: da überkommt der Märzwind/die Kronen: Der Wind schüttelt die noch kahlen Äste der Bäume.

V. 18 f.: April kämmt/die Weidenzweige: Der Wind streicht über die pelzigen Weidenkätzchen.

V. 19 f.: Der Mai/steckt sein Sommergrün auf: Im Mai sind alle Bäume ergrünt, der Sommer steht bevor.

3. b) Wirkung der Bilder auf den Leser

Mit „Leser" bist du selbst gemeint. Was empfindest du beim Lesen des Gedichts? Welche bildhaften Eindrücke erzeugen die Personifikationen bei dir? Nachdem du in Aufgabe 3. a) die Bilder jeweils einzeln beschrieben hast, geht es hier darum, zu einem zusammenfassenden Ergebnis zu kommen. Die geringe Punktzahl ist ein Hinweis darauf, dass keine längeren Ausführungen von dir erwartet werden.

Die Veränderung der Natur im Lauf der Jahreszeiten hat jeder schon beobachtet. Im Gedicht „Jahresringe" werden diese Veränderungen als für jeden Monat typische Tätigkeiten dargestellt. Durch die lebendige Beschreibung, die der Leser gut nachvollziehen kann, entstehen vor seinem inneren Auge Bilder von einzelnen Monaten bzw. Jahreszeiten und ihrem raschen Wechsel. Auf diese Weise ist es möglich, den Inhalt des Gedichts mit den persönlichen Erinnerungen an eigene Beobachtungen und Erlebnisse zu verknüpfen, in denen einem vielleicht bewusst geworden ist, wie schnell sich Dinge verändern können oder wie schnell die Zeit oft verrinnt.

4. Thema des Gedichts

Diese Aufgabenstellung geht über die vorangegangenen hinaus. Hast du dich in den ersten drei Aufgaben mit Inhalt, Sprache und Wirkung des Gedichts auseinandergesetzt, wird nun nach dem tieferen Sinn gefragt: Du sollst interpretieren. Wollte der Dichter nur anschaulich das Kommen und Gehen der Jahreszeiten beschreiben, oder steckt noch etwas anderes dahinter? Der Arbeitsauftrag gibt dir Hinweise, wie du dich der Lösung am besten näherst: Die Überschrift und der letzte Vers sind die Schlüssel zur Antwort!

In dem Gedicht „Jahresringe“ wird mit sprachlichen Bildern das Vergehen der Zeit dargestellt. Auch wenn mit jedem Frühling oder Sommer scheinbar etwas Neues beginnt, so sind doch die Folge und der Ablauf der Jahreszeiten immer gleich. Der Titel „Jahresringe“ verweist zunächst auf das Alter von Bäumen: Mit dem Ablauf eines jeden Jahres bildet sich im Stamm eines Baumes ein neuer Jahresring; nach dem Fällen des Baumes, nach seinem Tode also, kann man aus der Zahl der Jahresringe sein Alter ablesen. Das Muster der Jahresringe gibt zudem Aufschluss über gute und schlechte Jahre, denen der Baum ausgesetzt war.
Die Jahresringe lassen sich so auch als **Bild für das Altern aller Lebewesen**, also auch des Menschen, verstehen. Auch der Mensch erlebt gute und schlechte Zeiten, die ihre Spuren hinterlassen. Mit dem abschließenden Vers „es war“ und dem einzigen Punkt im ganzen Gedicht wird angedeutet, dass der Jahreskreis beendet ist, also der letzte Jahresring erreicht ist. Das Leben als sich immer wiederholender Zyklus von guten und schlechten Zeiten ist vorbei und existiert nur noch als Erinnerung.

5. a) Brief an eine Freundin/einen Freund zur Bedeutung der Zeit

In einem persönlichen Brief wie diesem musst du außer Anrede, Ort/Datum und einer Schlussformel keine formalen Aspekte beachten. Auf den Inhalt des Gedichts kannst du dich beziehen, die Aufgabenstellung schreibt dies aber nicht ausdrücklich vor. Auch ob dein Brief eher ernst und nachdenklich oder lustig ausfällt, bleibt dir selbst überlassen. Achte bei der Formulierung darauf, dass du zwar eine altersgemäße Sprache verwendest, aber allzu jugendsprachliche Ausdrücke besser vermeidest; Gefühle und Gedanken sollst du so schildern, dass sie glaubwürdig sind.

Neustadt, 22. Juli 2010

Lieber Joshi,

wie geht's dir so inzwischen da oben in deinem Hotel an der Ostsee? Macht die Ausbildung noch Spaß? Ich hatte ja immer vorgehabt, mich nach unserem Abschluss letztes Jahr erstmal eine Weile umzusehen, bevor ich mich entscheide, wie es weitergeht – vor allem nach dem ganzen Schulstress vor der Prüfung, du hast es ja selbst mitgemacht. So ein Jahr Pause zwischen Schule und Ausbildung, das wär's doch, dachte ich.
Inzwischen habe ich meine Einstellung geändert, und das kam durch meine Oma. Hast du sie eigentlich mal kennengelernt? Meine Oma ist 78, aber sie ist keine von den Omis mit den lilaweißen Löckchen und so altmodischen Outfits in langweiligen Farben, sondern eigentlich ziemlich cool, gar nicht wie eine Oma eben. So alle zwei bis drei Wochen besuche ich sie in ihrem Wohnheim,

auch, weil ich Kohle brauche, aber nicht nur. Sie hat immer viel von früher zu erzählen, und das ist meistens ziemlich abgedrehtes Zeug. Jedenfalls kam ich letztens wieder mal hin, und da lag der ganze Tisch voll mit Karten und Reiseführern und Prospekten. Dann hat sie mir erzählt, was sie vorhat dieses Jahr: Eine Weltreise will sie machen, sie hat ewig gespart dafür, und jetzt ist es so weit. Sie will nach Kanada und Alaska, und natürlich auf die Chinesische Mauer, und das Kap Hoorn will sie sehen und durch den Panamakanal und was weiß ich noch alles. Dann habe ich sie gefragt, ob das denn nicht ein bisschen viel wäre für eine einzige Reise, und weißt du, was sie dann gesagt hat? „Junge, was glaubst du eigentlich, wie viel Zeit ich noch habe?!“

Da bin ich schon ins Nachdenken gekommen, über mein verplempertes Jahr nach der Schule und darüber, was du und die anderen in dieser Zeit schon erreicht haben; und dann dachte ich auch, dass man nicht zu lange warten darf, wenn man seine Träume verwirklichen will, auf einmal geht's dann vielleicht nicht mehr …

Ich habe mich beworben und fange am 1. September an: Ich werde Bootsbauer, eigentlich habe ich mir so etwas schon immer gewünscht. Und eines Tages werde ich mit meinem selbst gebauten Boot auf große Fahrt gehen, das steht schon mal fest: Ich werde keine Zeit mehr einfach so verschwenden, dazu ist sie zu kostbar. Meine Oma ist inzwischen unterwegs, seit vier Wochen schon. Vor ein paar Tagen kam eine Karte mit einem Koalabären drauf. Irgendwie ist sie schon ziemlich cool, meine Oma.

Lass mal was von dir hören!

Dein Flo

5. b) Parallelgedicht

Bei einem Parallelgedicht geht es darum, das Thema und die Struktur des Originals beizubehalten und trotzdem etwas Neues zu schaffen. Du übernimmst das Gerüst des Gedichts, das s ind die Länge der Verse, die Wiederholungen, die Enjambements, die Kommas und die Doppelpunkte hinter bestimmten Versen. In diesen Aufbau des Gedichts fügst du für die Monate und Jahreszeiten passende bildhafte Ausdrücke bzw. Personifikationen ein, die du dir selbst ausdenkst. Da das Original den Ablauf von mehr als einem Jahr beschreibt, musst du nicht unbedingt mit dem April beginnen.

Kaum schüttet Januar
Sein Weiß aus den Wolken
Gestern war's, gestern noch:
Kaum pflanzt der Frühling
Narzissen ins Braun,
gestern, gerade gestern:
kaum zupft sich der Juni
das Heu aus dem Haar,
September deckt den Tisch,
November, gestern war's,
gestern gerade: der Wind
zürnt in kahlem Geäst,
der Tag ermüdet rasch:
gestern, kaum war es, kaum
ging in hellen Lichtern
das Jahr, gestern gerade:
da küsst die Märzsonne
die Felder, April zaust
die Hecken, der Mai
steckt sich Blüten ans Kleid,
gestern war's, gestern:
Flickengewänder, kaum
war es, Eisgirlanden,
erstarrt die letzte Rose,
die Zweige betäubt
gestern, gerade gestern:
es war.

D 2008-7

1. a) Zusammenfassung der Handlungsabschnitte in Kernaussagen oder Überschriften

Bei dieser Aufgabenstellung musst du dir zunächst selbst überlegen, in welche Handlungs- bzw. Sinnabschnitte sich der Text gliedern lässt. Die Schwierigkeit besteht darin, dass der Großteil der Geschichte aus Dialogen besteht. Achte daher darauf, dass ein neuer Abschnitt nicht nur dann beginnt, wenn in der Handlung etwas Neues geschieht, sondern auch, wenn sich im Rahmen eines Gesprächs etwas ändert, z. B. wenn ein Rückblick eingeschoben ist oder das Thema gewechselt wird. Im Anschluss an die Einteilung in Abschnitte geht es darum, das Wichtigste eines jeden Abschnitts in kurzer Form wiederzugeben. Formulierst du Kernaussagen, so achte darauf, im Präsens zu schreiben. Entscheidest du dich für die Variante „Überschriften", dann können diese, wie bei Schlagzeilen von Zeitungsartikeln, auch als unvollständige Sätze gestaltet sein.

Lösungsvorschlag 1: Kernaussagen

Z. 1–3: Der unsichere Mr. Framton Nuttel wird von der selbstbewussten Vera im Haus ihrer Tante empfangen.

Z. 4–10: Ein Rückblick gibt Aufschluss über den Grund von Mr. Nuttels Besuch: Er soll sich auf dem Land erholen. Weil er eher kontaktscheu ist, hat ihm seine Schwester Empfehlungsschreiben an ihre Bekannten dort mitgegeben.

Z. 11–20: Vera fragt Mr. Nuttel aus und stellt fest, dass er niemanden in der Gegend kennt und nichts über ihre Tante weiß.

Z. 21–46: Die Fünfzehnjährige tischt dem Gast eine Fantasiegeschichte über das mysteriöse Verschwinden ihrer drei Onkel bei einem Jagdausflug vor genau drei Jahren und das merkwürdige Verhalten ihrer Tante auf, die seitdem noch immer auf die Rückkehr der Vermissten warte und deshalb abends immer die Terrassentüre offen stehen lasse.

Z. 47–64: Als Veras Tante, Mrs. Sappleton, endlich auf die Bildfläche kommt, scheint sie zum Entsetzen ihres Gastes durch ihre Äußerungen, ihre Gestik und Mimik Veras erfundene Geschichte zu bestätigen.

Z. 65–70: Mrs. Sappletons erleichterte Bemerkung, dass die drei von ihr sehnlich erwarteten Männer sich dem Haus näherten, löst bei Vera scheinbares und bei Framton Nuttel echtes Grauen aus.

Z. 71–79: Bevor die drei angeblich im Moor Ertrunkenen das Haus betreten, flieht Mr. Nuttel vor den vermeintlichen Geistern.

Z. 80–86: Mr. Sappleton wundert sich über das eigenartige Verhalten des Gastes, und auch Mrs. Sappleton findet seine Flucht unerklärlich.

Z. 87–92: Das panikartige Verschwinden Mr. Nuttels erklärt Vera mit einer weiteren Schauergeschichte, die sie spontan erfindet.

Lösungsvorschlag 2: Überschriften

Z. 1–3: Erster Wortwechsel zwischen Gastgeberin und Besucher

Z. 4–10: Empfehlungsschreiben als Türöffner

Z. 11–20: Ein Ahnungsloser wird ausgehorcht

Z. 21–46: Die unglaubliche Geschichte vom Verschwinden dreier Männer im Moor und eine bedauernswerte Hinterbliebene

Z. 47–64: Ein mehr als beunruhigendes Gespräch

Z. 65–70: Nervenprobe für Mr. Nuttel

Z. 71–79: Besucher flieht vor Moorgespenstern

Z. 80–86: Verwunderung über den seltsamen Gast

Z. 87–92: Die kleine Lügnerin

1. b) Zusammenfassung des Textes in wenigen Sätzen

Bei dieser Aufgabe geht es darum, ähnlich wie im Einleitungssatz einer herkömmlichen Inhaltsangabe, Auskunft über Textsorte, Autor und Titel sowie Ort und Zeit der Handlung zu geben und diese mit Aussagen über das Wesentliche des Inhalts zu verbinden. Bist du in Aufgabe 1.a) abschnittsweise vorgegangen, so soll bei der Lösung dieser Aufgabe deutlich werden, dass du den Handlungszusammenhang insgesamt verstanden hast. Natürlich muss auch diese Lösung wieder im Präsens abgefasst werden.

Sakis Kurzgeschichte „Die offene Tür“ spielt an einem Oktobernachmittag im Wohnzimmer eines Hauses auf dem Land. Die 15-jährige Vera, die dort bei der Familie ihrer Tante lebt, treibt mit einer spontan erfundenen Schauergeschichte einen arglosen Gast aus dem Haus. Anschließend führt sie ihre Tante und ihren Onkel mit einer weiteren Fantasiegeschichte über den Grund für die Flucht des Besuchers in die Irre. Vera versteht es dabei, ihre Erzählungen so glaubhaft darzustellen, dass die Erwachsenen nicht merken, dass sie sich nur einen Spaß mit ihnen macht.

2. Veras geschickte Gesprächstaktik/Gesprächsstrategie

Wenn du den genannten Textabschnitt aufmerksam liest, stellst du fest, dass es sich um ein sehr einseitiges Gespräch handelt. Nachdem Vera die für sie wichtigen Informationen von Framton Nuttel erfahren hat, kommt er nicht mehr zu Wort. In deiner Lösung soll deutlich werden: Wie erfährt Vera, was sie wissen will? Wie weckt sie Mr. Nuttels Neugier? Wie schafft sie es, dass er ihre Geschichte glaubt?
Zeilenangaben werden bei der Lösung zwar nicht erwartet, dennoch sind sie als Hilfe für dich in diesem Lösungsvorschlag angegeben. Auch sind deutlich mehr als die vier geforderten Beispiele genannt.

Zunächst fragt Vera den Besucher aus und stellt dabei fest, dass er niemanden in der Gegend kennt und auch ihrer Tante noch niemals persönlich begegnet ist (Z. 11 f., Z. 16–20). Nachdem sie nebenbei in Erfahrung gebracht hat, dass Mr. Nuttels Schwester vor vier Jahren in der Gegend gewohnt hat (Z. 12 f.), verlegt sie ihre Fantasiegeschichte in den Zeitraum danach: „Ihre große Tragödie ereignete sich vor genau drei Jahren […]“ (Z. 21). Mit diesem **unvermittelten Gesprächseinstieg** und der Formulierung „große Tragödie“, die nach Mr. Nuttels Ansicht in dieser idyllischen Gegend deplatziert wirkt, **weckt** Vera die **Neugier** des Gastes.
Ausgangspunkt für ihre nun folgende Geschichte sind die offen stehenden Flügeltüren, auf die sie mit einer **indirekten Frage** (Z. 25) die Aufmerksamkeit des Besuchers lenkt. Dann gibt sie ihrer Geschichte **Nachdruck**, indem sie das präzise Datum („auf den Tag genau vor drei Jahren“, Z. 30) wiederholt und Framtons persönliches Erinnerungsvermögen in ihre Erzählung einbezieht („Das war nach diesem furchtbar verregneten Sommer, Sie erinnern sich gewiss […]“, Z. 33 f.).
Sie **spricht** zudem **stockend** und lässt ihre Stimme zittern (Z. 36 f.). Damit signalisiert sie, dass ihr die Geschichte selbst sehr nahegeht, und unterstreicht so den scheinbaren Wahrheitsgehalt ihrer Erzählung. Dieselbe Wirkung erzielt Vera, indem sie **Mitleid mit ihrer Tante** äußert, die den Verlust ihrer Familie nicht akzeptieren könne und an die Wiederkehr von Toten glaube (Z. 37–39). Sie behauptet, dass auch sie selbst bisweilen einen Schauer beim Anblick der offenen Tür empfände und glauben würde, die Verschwundenen könnten jederzeit eintreten (Z. 44–46).
Vera schmückt ihre Geschichte darüber hinaus mit **anschaulichen und glaubhaften Details** aus, sie beschreibt z. B. den weißen Regenmantel, den kleinen braunen Spaniel oder das nervtötende Lied des jüngsten Onkels.

3. Drei Bedingungen für das Gelingen von Veras Täuschung

Bei dieser Aufgabe sollst du am Text belegen, inwiefern die drei im Arbeitsauftrag genannten Bedingungen erfüllt sein müssen, damit Vera mit ihrem Lügenmärchen erfolgreich ist. Im ersten Teil der Aufgabe geht es um persönliche Eigenschaften Mr. Nuttels, die ihn zu einem geeigneten Opfer von Veras Geschichte machen. Der zweite verlangt eine Erläuterung der feststehenden Gewohnheiten von Mr. Sappleton und seiner Familie während der Jagdsaison, und schließlich sollst du erklären, inwiefern die Sitzpositionen von Vera, Mr. Nuttel und Mrs. Sappleton die Glaubwürdigkeit der Geschichte stützen.

Framton Nuttel
Bereits im ersten Abschnitt wird deutlich, dass Mr. Nuttel ein eher ängstlicher, wenig selbstsicherer Mensch ist. Im Gespräch mit der viel jüngeren, aber forschen Vera hat er sogar Mühe „die rechten Worte zu finden" (Z. 3). Auch aus den Äußerungen seiner Schwester geht hervor, dass er wenig geübt ist im Umgang mit anderen Menschen („du wirst dich da unten vergraben und mit keiner Menschenseele reden […]", Z. 5 f.). Deshalb kann er schlecht einschätzen, ob ihm jemand die Wahrheit erzählt. Weil seine Nerven angegriffen sind, sucht er Erholung auf dem Land („Die Ärzte haben mir einhellig vollkommene Ruhe verordnet […]", Z. 59–61). Das bedeutet, dass er leicht nervös wird und man ihn schnell ängstigen und sogar erschrecken kann. Überdies war er vorher noch nie in der Gegend und kennt die Familie Sappleton nicht, sonst würde er wissen, dass Veras Onkel am Leben ist und häufig auf die Jagd geht.

Die Sappletons
Zur Jagdzeit im Oktober haben die Sappletons seit Jahren dieselben Gewohnheiten: Der Onkel geht mit den Brüdern der Tante und dem kleinen Spaniel auf die Jagd. Überdies trägt Mr. Sappleton dabei immer einen weißen Regenmantel über dem Arm. Wenn es dunkel wird, kommen sie zurück und betreten das Haus durch die offene Terrassentür, wobei sie jedes Mal zum Ärger der Tante den verkrusteten Schlamm von ihrer Kleidung und ihren Schuhen im Wohnzimmer verteilen. Einer der Brüder singt beim Heimkommen ein bestimmtes Lied, das der Tante auf die Nerven geht. Würden diese Abläufe nicht so regelmäßig und vorhersehbar eingehalten, hätte Vera Mr. Nuttel nicht in dieser glaubwürdigen Weise von ihrer Geschichte überzeugen können.

Die Sitzordnung
Mr. Nuttel hat die offene Terrassentür im Rücken, Vera und später auch Mrs. Sappleton sitzen ihm gegenüber und können hinausschauen. Als Veras Mienenspiel blankes Entsetzen beim Anblick der Heimkehrer erkennen lässt, ist das nur für Framton Nuttel, nicht aber für Veras Tante sichtbar, sodass sie keinerlei Verdacht über Veras falsches Spiel schöpfen kann.

4. Wechsel der Erzählperspektive

Bei dieser Aufgabe wird von dir erwartet, dass du die im Text enthaltenen unterschiedlichen Erzählperspektiven identifizierst und benennst. Bis Zeile 80, also im größeren Teil des Textes, wird aus Sicht des Gastes erzählt. Wenn jedoch die Person, aus deren Sicht erzählt wird, das Geschehen verlässt, muss zwangsläufig die Perspektive wechseln, wenn weiter über dasselbe Geschehen erzählt werden soll.

Rufe dir noch einmal die wichtigsten Erzählperspektiven in Erinnerung:

***Ich-Perspektive:** Die Handlung wird in der Ich-Form aus der Sicht einer der handelnden Personen erzählt.*

***Auktoriale Erzählperspektive:** Der Erzähler steht allwissend über dem Geschehen, er kommentiert es mitunter oder spricht den Leser an.*

***Personale Erzählperspektive:** Es ist kein Erzähler erkennbar; der Leser nimmt Anteil an der Handlung, indem die Gedanken und Gefühle einer Figur in Er- bzw. Sie-Form dargestellt werden.*

***Neutrale Erzählperspektive:** Es ist kein allwissender Erzähler zu erkennen, die Handlung spiegelt sich nicht in den Gedanken einer der beteiligten Personen, und es überwiegen szenische Darstellungen.*

Bis Zeile 80 wird die Geschichte in der dritten Person Singular aus der Innensicht Framton Nuttels erzählt. Der Leser erfährt, was er an diesem Nachmittag denkt (Z. 3, 9 f., 18–20), er nimmt an seinen Erinnerungen teil (4–8) und an seinen Gefühlen (Z. 47–57). Der Hauptteil des Textes wird somit in **personaler Erzählperspektive** vermittelt.

In Zeile 80 jedoch ändert sich die Perspektive. Nachdem Framton in panischem Entsetzen vor den vermeintlich wieder auferstandenen Toten aus dem Haus geflohen ist, wird der Schluss nicht mehr aus einer personalen, sondern einer **neutralen Perspektive** erzählt. Das Gespräch der Sappletons und Veras anschließende Fantasiegeschichte werden wiedergegeben, ohne dass der Leser Einblick in die Gedanken oder Gefühle eines der Beteiligten bekommt. Hat sich der Erzähler durch die Beschreibung von Framtons Wahrnehmungen bislang innerhalb der Handlung befunden, beschreibt er das weitere Geschehen nun von einem äußeren Blickwinkel, ohne sich jedoch zu erkennen zu geben.

Erst in der letzten Zeile wird schließlich erneut die Sicht gewechselt, indem der Erzähler selbst einen Kommentar abgibt und auf Veras Vorliebe, abenteuerliche Geschichten zu erfinden, hinweist. So bekommt der Leser abschließend aus **auktorialer Erzählperspektive** eine Erklärung für das ungewöhnliche Verhalten Veras.

5. a) Ein neuer Schluss: Die Verschwörung

Bei der Formulierung deiner Lösung ist es wichtig,
- *dass der Text inhaltlich logisch fortgeführt wird,*
- *dass du die Zeitform nicht wechselst,*
- *dass die beschriebenen Charaktere nicht plötzlich verändert werden,*
- *dass du deinen Schreibstil an den der Geschichte anpasst.*

„Ach ja?", sagte Mrs. Sappleton in einem Ton, der gerade noch zur rechten Zeit ein Gähnen überspielte. „Entschuldigen Sie, dass ich Ihnen nicht meine ganze Aufmerksamkeit schenke", fügte sie hinzu, „aber ich mache mir große Sorgen, weil mein Mann und meine Brüder noch nicht zu Hause sind. Normalerweise müssten sie schon längst von der Jagd zurück sein."
„Ist schon in Ordnung", entgegnete Framton höflich, „ich kann Sie absolut verstehen." Er warf Vera einen mitfühlenden Blick zu und bemerkte dabei, dass sie ebenfalls sehr besorgt wirkte.
„Wieso schaut sie so suchend hinaus?", fragte er sich im Stillen. Ohne eine Antwort auf seine Frage zu finden, beobachtete er die Hausbesitzerin, die nervös auf dem Stuhl hin- und herrutschte. „Wo bin ich hier nur gelandet?", setzte er seinen inneren Monolog fort, „ob ich wohl wieder nach Hause gehen sollte? Die Leute hier sind ja mehr als merkwürdig. Wie soll ich denn in dieser Umgebung gesund werden?"
Er bemerkte schnell, dass es keinen Sinn hatte, sich mit Mrs. Sappleton zu unterhalten, zu sehr war ihre Aufmerksamkeit auf die offene Terrassentür und die fahle Dämmerung des späten Oktobernachmittags gerichtet. Auch Vera erschien ihm wie verwandelt. „Ich sollte jetzt wohl lieber gehen", unterbrach er die Stille. Wie aus einer Trance erwacht schaute Mrs. Sappleton auf. „Oh, entschuldigen Sie, ich bin heute irgendwie nicht ich selbst, es ist nur, weil ich mir so schreckliche Sorgen mache", wiederholte die Hausherrin seufzend. Wieder wollte Framton einen Blick zu Vera werfen.
„Haben Sie schon einmal daran gedacht, eine Therapie zu machen?", brachte Framton mit leiser Stimme hervor. Mrs. Sappleton schaute ihn an, als wäre er derjenige, der eine Behandlung nötig hätte. Auf ihrer Stirn bildete sich eine steile Zornesfalte, und in eisigem Tonfall zischte sie ihn an: „Ich denke, es ist wirklich besser, wenn Sie jetzt mein Haus verlassen!" Mr. Nuttel schaute sie verwirrt an, und Vera musste sich das Lachen verkneifen. Schweigend und erleichtert raffte Framton seine wenigen Gepäckstücke zusammen und verließ eilig das Haus.
Mrs. Sappleton wandte sich zu ihrer Nichte: „Wir hatten ja schon viele seltsame Leute hier zu Besuch, aber keiner war bislang so unverschämt wie dieser Herr." Vera stand auf und ging wortlos in ihr Zimmer.

Als kurz darauf Mr. Sappleton und die beiden Brüder der Hausherrin von ihrem Jagdausflug zurückkamen, fiel Mrs. Sappleton ihrem Mann erleichtert um den Hals und erzählte ihm sogleich von dem nachmittäglichen Besuch. „Wir hatten heute schon wieder einen seltsamen Gast, der sich so unmöglich verhielt, dass ich ihn hinauswerfen musste. Woran liegt es nur, dass sich ständig solch merkwürdige Leute bei uns einfinden?"
Mr. Sappleton zwinkerte über die Schulter seiner Frau hinweg Vera zu, die gerade mit einem verschwörerischen Grinsen im Gesicht die Treppe herunterkam. „Ich habe nicht den leisesten Schimmer!", sagte er.

5. b) Stellungnahme zum Zitat von Christian Morgenstern

Überlege dir genau, welchen Unterschied es machen würde, wenn der 1. April ein Feiertag wäre. Der Auftrag „Nimm Stellung" bedeutet, dass du deine eigene Meinung begründet darlegen sollst. Dazu gehört auch, dass man zu möglichen Gegenargumenten Position bezieht und abwägt, welche Seite überzeugender ist. Wichtig ist, Argumente mit Beispielen anschaulich zu machen. Du kannst bei deinen Ausführungen auf den Text Bezug nehmen, denn Veras Fantasiegeschichten kann man ja mit Aprilscherzen vergleichen. Die Aufgabenstellung lässt aber auch zu, dass du dich ganz vom Text löst. Wichtig ist in beiden Fällen, dass am Schluss deine persönliche Meinung deutlich wird. Denke daran, dass du von einer „was wäre, wenn"-Situation sprichst. Du musst also in der Regel den Konjunktiv II verwenden.

Der 1. April ist ein Tag, an dem man ungestraft anderen Menschen den größten Blödsinn erzählen und sie hinterher dafür auslachen darf, wenn sie darauf hereingefallen sind. Das macht vor allem dann Spaß, wenn man zu den Lachern und nicht zu den Hereingelegten gehört. Ob man z. B. an diesem Tag per anonymer Plakataktion in der Schule verbreitet, es gebe zur großen Pause kostenlose Hamburger, oder an sämtliche Toiletten, einschließlich der Lehrer-WC, Zettel mit dem Aufdruck „Defekt wegen Wasserschaden" anbringt – den Urhebern solcher Scherze droht in der Regel keine Strafe, wenn sie sie am 1. April ausüben und solange niemand dabei zu Schaden kommt.
Der Dichter Christian Morgenstern war der Meinung, dass viel zu wenige Menschen am 1. April die Möglichkeit für solche Scherze nützten. Sollte man deswegen, wie es der Dichter fordert, den ersten April zum Feiertag erklären?
Wäre der 1. April ein Feiertag, gäbe es vermutlich viel häufiger etwas zu lachen als an einem normalen 1. April, denn alle hätten genug Zeit, sich möglichst originelle Scherze auszudenken. Solange der 1. April ein gewöhnlicher Arbeits- und Schultag ist, haben die meisten Menschen zu viel zu tun, um sich lange Gedanken darüber zu machen, wie sie anderen einen Streich spielen könnten. Die meisten lassen sich daher, wenn überhaupt, nur kleine Späße ein-

fallen. An einem Feiertag wäre das sicher anders, und es gäbe viel mehr ausgefallene und vielleicht auch lustigere Aprilscherze. Auch die Nachwirkungen solcher gelungener Scherze wären größer: Jeder, der „in den April geschickt" wurde, würde alles daransetzen, es dem Witzbold im nächsten Jahr heimzuzahlen, es gäbe vielleicht sogar einen Wettbewerb der einfallsreichsten Aprilscherze.

Andererseits können auch gut ausgedachte Späße und Streiche nur dann erfolgreich sein, wenn der Betroffene sie nicht erwartet. Die meisten Aprilscherze gelingen ja nur, wenn der andere gerade nicht daran denkt, dass 1. April ist. Anders als an einem normalen 1. April würde an einem Feiertag aber jeder ständig damit rechnen, in den April geschickt zu werden. Die meisten Scherze würden daher nur halb so lustig ausgehen, wenn das Datum und seine Bedeutung in allen Köpfen gegenwärtig wären.

Vor allem jedoch wäre an einem Feiertag die Gefahr viel größer, dass die Grenze zu groben und verletzenden Scherzen überschritten wird. Bereits an einem normalen 1. April-Tag kann es vorkommen, dass jede zwischenmenschliche Gemeinheit als Aprilscherz bezeichnet und damit gerechtfertigt wird. Schnell sind die Grenzen zwischen Humor und boshafter Schadenfreude verletzt, und auch harmlos gemeinte Späße können durchaus unerwünschte Folgen haben. Diese Grenze einzuhalten ist nicht einfach. In Sakis Kurzgeschichte „Die offene Tür" tischt die junge Vera dem gutgläubigen Mr. Nuttel ein Lügenmärchen auf, das ihn schließlich zu einer panikartigen Flucht veranlasst. Framton Nuttel, der sich wegen seiner angegriffenen Nerven eigentlich auf dem Land erholen soll, wird Opfer von Veras Lust am Erfinden fantastischer Geschichten. Vermutlich wird er keinen bleibenden Schaden davontragen, seinem gesundheitlichen Zustand hat Veras Aktion aber sicher nicht gutgetan. Das Beispiel zeigt, dass es schwierig ist, sich auf Kosten anderer so zu amüsieren, dass der Scherz sich im Lachen aller Beteiligten auflöst, der Betroffene also am Ende vielleicht sogar über sich selber lachen kann. Mit einem Feiertag würde man Menschen wie Vera, die zu solchen eher verletzenden Scherzen bereit sind, viel mehr Zeit und Gelegenheit einräumen.

Deshalb bin ich nicht der Meinung, dass es sinnvoll wäre, den 1. April zum Feiertag zu erklären, wie es der Dichter Christian Morgenstern fordert. Alle wären bemüht, sich gegenseitig in den April zu schicken, keiner wäre mehr von einem Scherz überrascht und auch Ernstgemeintes würde als Spaß abgetan. Und schließlich sind grobe und verletzende Scherze an keinem Tag willkommen, auch nicht am 1. April. Es bleibt jedem unbenommen, mit witzigen und gut geplanten Aktionen den 1. April als Scherztag zu würdigen. Meiner Ansicht nach gibt es aber keinen Grund, diesen Tag zum Feiertag zu erklären, denn wenn der Spaß zur Pflicht wird, würde er bald keinen Spaß mehr machen.

Abschlussprüfung Deutsch an Realschulen in Hessen 2008
Lösungen zu Text 3

1. Zusammenfassung der Reportage in Kernaussagen oder Überschriften

Bei dieser Aufgabenstellung musst du den Text nicht mehr selbst in Sinnabschnitte unterteilen, sondern nur die wesentlichen Informationen jedes der sieben vorgegebenen Abschnitte knapp zusammenfassen. Da die Abschnitte dieses Textes unterschiedlich lang sind, ist es dir prinzipiell auch erlaubt, für die kurzen Abschnitte Überschriften zu finden, für die längeren jedoch Kernaussagen zu formulieren, damit wichtige Inhalte nicht unberücksichtigt bleiben.

Lösungsvorschlag 1: Überschriften

Z. 1–7:	Bartgeier in die Alpen zurückgekehrt
Z. 8–14:	1913: Letzter Alpen-Bartgeier getötet
Z. 15–38:	Harmloser Aasfresser in abergläubischer Furcht ausgerottet
Z. 39–60:	Erster wilder Geier seit 122 Jahren geschlüpft
Z. 61–86:	Naturschützer Tag und Nacht für junge Bartgeier im Einsatz
Z. 87–109:	Erste Erfolge des Auswilderungsprojekts
Z. 110–116:	Auswilderungsprojekt zieht Touristen an

Lösungsvorschlag 2: Kernaussagen

Z. 1–7: Die Rückkehr des Bartgeiers in die Schweizer Alpen grenzt an ein Wunder.

Z. 8–14: Vor ungefähr 100 Jahren wurden die letzten Bartgeier in den Alpen getötet.

Z. 15–38: Obwohl sie reine Aasfresser sind, fürchtete man die Bartgeier wegen ihrer Größe und traute ihnen zu, Nutztiere oder sogar kleine Kinder zu jagen und zu töten.

Z. 39–60: Dank eines Auswilderungsprojekts sind inzwischen in der Schweiz, Italien und Frankreich junge Bartgeier geschlüpft.

Z. 61–86: Zuvor wurden 155 in Gefangenschaft geschlüpfte Jungtiere in Felshöhlen ausgesetzt und gefüttert. Die ausgewachsenen Vögel gingen auf mehrjährige Wanderschaft, z. T. bis nach Norwegen.

Z. 87–109: Zum Brüten kehren die Bartgeier an den Ort ihrer Auswilderung zurück. Die Zoologen haben dieses Jahr dreizehn Brutpaare in den Alpen gezählt, die alle von den ausgewilderten Geiern abstammen.

Z. 110–116: Aufklärung der Bevölkerung und Öffentlichkeitsarbeit garantieren den Erfolg des Projekts und locken Touristen an.

2. a) Merkmale und Verhaltensweisen des Bartgeiers

Bei dieser Aufgabe sollst du deine Aufmerksamkeit nur auf einen Teilaspekt des Textes konzentrieren, nämlich auf die biologischen Daten des in dieser Reportage beschriebenen Tieres. Markiere dir zunächst alle Textteile, die Informationen über das Aussehen, die Lebensweise und das natürliche Verhalten des Bartgeiers enthalten, und gib sie anschließend mit eigenen Worten wieder. Die Aufgabenstellung verlangt nicht, dass du Textbelege anführst. Die angegebene Punktzahl ist ein Hinweis, dass du sechs verschiedene Merkmale beschreiben sollst.

Mit einer Flügelspannweite von beinahe drei Metern gehören die Bartgeier zu den größten Vögeln der Welt.
Als reine Aasfresser sind sie sehr nützlich. Sie vertilgen Knochen, Sehnen und andere Reste verendeter Tiere. Nur wenn sie lange keine Nahrung gefunden haben, kann es vorkommen, dass Bartgeier auch lebende Tiere jagen.
Bartgeier brüten in Felsenhöhlen. Nachdem ein junger Bartgeier flügge geworden ist, was mehr als drei Monate dauert, geht er für mehrere Jahre auf Wanderschaft. Dabei entfernt er sich oft weite Strecken von seiner Heimat.
Erst im Alter von ca. acht Jahren sind Bartgeier geschlechtsreif. Sie benötigen viel Zeit, bis sie sich zu Paaren zusammenfinden. Zum Brüten kehren die Geier in das Revier zurück, in dem sie aufgewachsen sind.

2. b) Gründe für die Ausrottung der Bartgeier in den Alpen

Die Antwort auf diese Frage findest du im dritten Abschnitt des Textes. Eigentlich hast du sie schon in der ersten Aufgabe beantwortet. Die Bewertung mit vier Punkten zeigt dir, dass wenige Sätze zur Beantwortung genügen.

Der Name „Lämmergeier“ oder „Hasengyr“ liefert die Begründung, warum man den Bartgeier fürchtete. Man verdächtigte ihn jedoch nicht nur, kleinere Nutztiere zu jagen, sondern traute ihm zu, große Tiere wie Bergziegen erbeuten zu können, und hielt Szenen dieser Art in Gemälden anschaulich fest. Man dachte sogar, er würde kleine Kinder in seinen Klauen davontragen. Solche Geschichten, von denen keine einzige belegt ist, führten dazu, dass der Geier erbarmungslos gejagt und schließlich ausgerottet wurde.

2. c) Chronologische Darstellung des Auswilderungsprojekts

Die Schwierigkeit bei dieser Aufgabe besteht darin, die im Text verstreuten Informationen über das beschriebene Projekt in eine Chronologie, das heißt in die richtige zeitliche Reihenfolge zu bringen.
Verwirrenderweise macht der Text bei der Beschreibung des Projekts eine Rolle rückwärts: Er beginnt in der Gegenwart (Z. 43–47), gibt dann in einem Rückblick Auskunft über die Anfänge des Projekts (5. Abschnitt, 1. Hälfte des 6. Abschnitts) und kehrt unvermittelt wieder in die Gegenwart zurück (Z. 97–102). Markiere zunächst alle Textstellen, die Zeitangaben zu dem Projekt enthalten, und schreibe sie dann in der richtigen Reihenfolge auf. Achte darauf, wann der Artikel erschienen ist, für die vollständige Lösung der Aufgabe brauchst du auch diese Jahreszahl!

1986: Start des Auswilderungsprojekts:
- Aussetzung von 155 jungen, noch nicht flugfähigen Bartgeiern in ausgewählten Biotopen
- nächtliche Fütterung in Felsenhöhlen, dabei Vermeidung von Menschenkontakt
- flugfähige Bartgeier gehen auf Wanderschaft

1997: erstes Brutpaar in den Savoyer Alpen
2007:
- Ende März: erstes Küken schlüpft in der Schweiz
- bislang 33 Junggeier in freier Wildbahn geschlüpft
- derzeit dreizehn Brutpaare in den Alpen; je drei in der Schweiz und Italien, vier in Frankreich;
- zehn Jungvögel fliegen im Sommer aus

3. Merkmale einer Reportage

Nachdem in den ersten beiden Aufgaben inhaltliche Aspekte eine Rolle gespielt haben, soll nun die Textsorte genauer untersucht werden. Reportagen in Zeitungen und Zeitschriften vermitteln wissenschaftliche Informationen auf anschauliche und bisweilen unterhaltende Weise, sodass Sachthemen auch für den Laien verständlich werden. Dabei verwenden die Autoren übereinstimmende Baumerkmale. Typisch ist z. B. der Wechsel zwischen Sachinformationen und szenischen Darstellungen oder lebendigen Schilderungen. Dazu kommen Expertenäußerungen und in den Text verpackte Zahlen und Daten.
Für jedes richtig genannte Merkmal erhältst du einen Punkt, einen weiteren für einen jeweils passenden Textbeleg. Geeignete Stellen kannst du dabei zitieren, bei komplexeren Merkmalen verweist du auf den entsprechenden Textabschnitt.

Der Text beginnt mit einem für Reportagen typischen **szenischen Einstieg**, der den Leser unmittelbar in das Thema führt: „Schnell fliegt er vor der großen Felswand entlang, [...]" (Z. 1 f.). Der Schlusssatz greift das Bild wieder auf und rundet die Reportage damit ab: „Die Tiere haben sich [...] dauerhaft in den Alpen angesiedelt." (Z. 114–116)
Die Reportage enthält **zahlreiche Sachinformationen** und zeigt Hintergründe und Zusammenhänge auf. So werden z. B. Informationen über die Lebensweise der Bartgeier (Abschnitte 4/5) sowie über ihre Ausrottung und die Gründe dafür (Abschnitte 2/3) gegeben und das Auswilderungsprojekt detailliert beschrieben (Abschnitte 5/6).
Diese allgemeinen Sachinformationen werden dabei **mit Beispielen veranschaulicht**. Die Information über den Aberglauben der Menschen, der zur Ausrottung der Bartgeier führte (Z. 15–20), wird beispielsweise mithilfe der Beschreibung eines Gemäldes (Z. 20–23) verdeutlicht.
Die Reportage enthält zudem **konkrete Jahreszahlen** (z. B. 2. Abschnitt: 1887, 1913; 5./6. Abschnitt: 1986, 1997) und **nachprüfbare Mengenangaben** (z. B.: „155 Tiere wurden ausgesetzt", Z. 75 f.; „33 junge Geier in freier Wildbahn geboren", Z. 95f:), die beiläufig in den Text eingeflochten sind.
Die Reportage ist **nicht chronologisch** aufgebaut, sondern Szenen, Rückblenden und Sachinformationen werden verschachtelt, wodurch der Text sehr abwechslungsreich und lebendig wird (z. B.: 1. und 2. Abschnitt: Szenischer Einstieg, Rückblende auf die Zeit vor rund 100 Jahren, als die letzten Geier erlegt wurden; 4. und 5. Abschnitt: Der erste Bartgeier seit 122 Jahren schlüpft, Rückblende auf den Beginn des Auswilderungsprojekts).
Der Text enthält **Zitate von Experten** oder auch **Teile von Interviews**, was ebenfalls zu den wesentlichen Merkmalen einer Reportage zählt (z. B.: „Wir hoffen, dass das Küken bald flügge wird [...]", Zitat des Projektleiters Kurt Eichenberger, Z. 47 f.; „Danach folgte eine lange Durststrecke [...]", Zitat des wissenschaftlichen Leiters Hans Frey, Z. 87 f.).
Oft werden solche Expertenaussagen auch in **indirekter Rede** wiedergegeben (z. B.: „Zuvor seien schon in Frankreich und Italien mehr als 30 dieser Vögel geschlüpft.", Z. 59 f.).
Obwohl ein wissenschaftliches Projekt beschrieben wird, ist die **Sprache** der Reportage **lebendig** und **anschaulich**, unverständliche wissenschaftliche Begriffe werden vermieden (z. B.: „In der Gaststätte St. Bartholomä am Königssee zeigt ein Gemälde, wie ein riesiger Geier eine Gams in den Fängen hält und davonträgt.", Z. 20–23).

4. Ziele der Reportage über den Bartgeier (Wirkungsabsicht)

Welche Ziele ein Text verfolgt, ergibt sich besonders aus der Art seiner Darstellung. Du kannst die Lösung dieser Aufgabe also direkt aus den Ergebnissen der vorangegangenen Aufgabenstellung herleiten. Überlege dir z. B., warum man die beteiligten Personen selbst zu Wort kommen lässt, welchen Zweck die ausführliche Darstellung des Projekts mit konkreten Zahlen und Daten hat oder was mit der anschaulichen Eingangsszene erreicht wird.

Die Reportage **informiert** über ein aktuelles Thema und **weckt** mit der genauen Darstellung des Auswilderungsprojekts **Interesse** dafür.
Sie **klärt** über Lebensweise, das Verhalten und den Nutzen des Bartgeiers **auf**, indem sie Zusammenhänge und Hintergründe sachlich darstellt.
Gleichzeitig sollen damit **Ängste und Befürchtungen abgebaut** werden.
Das ausführlich beschriebene jahrelange Engagement der Naturschützer hinterlässt beim Leser ein Gefühl der Bewunderung für diesen Einsatz der Zoologen und weckt Sympathie für die Bartgeier, das heißt, die Reportage **spricht Emotionen an** und trägt zu einem **positiven Meinungsbild** bei.

5. Stellungnahme: Die Auswilderung des Bartgeiers lohnt sich

Bei dieser Aufgabenstellung sollst du begründen, warum die Auswilderung der Bartgeier in den Alpen rentabel ist. Es wird hier keine umfangreiche Erörterung von dir erwartet, in der du die Vor- und Nachteile eines solchen Projekts abwägen musst, sondern der Standpunkt, von dem aus du argumentieren sollst, ist dir schon vorgegeben. Gehe deshalb am besten genauso vor wie bei einer persönlichen Stellungnahme, auch wenn nicht nach deiner tatsächlichen eigenen Meinung gefragt ist. Stelle dir vor, du würdest die Meinung vertreten, dass solche Auswilderungsprojekte von großem Nutzen sind. Achte darauf, dass du auf die Reportage und den Text aus dem Biologiebuch erkennbar Bezug nimmst, und versuche zusätzlich, eigene Ideen einzubringen.

Zahlreiche Tierarten sind vom Aussterben bedroht oder bereits ausgestorben, weil ihre Lebensräume verschwinden. Die Verantwortung dafür trägt der Mensch, der immer mehr Lebensraum für sich beansprucht und durch Umweltzerstörung und Klimawandel das Artensterben beschleunigt. Um das ökologische Gleichgewicht zu erhalten, ist Artenschutz wichtig, denn der Verlust jeder Art reißt eine Lücke in das biologische System, die nur schwer oder gar nicht wieder zu schließen ist.
Deshalb stimme ich der in dem Biologiebuch beschriebenen Ansicht der Naturschützer zu: Der Erhalt der biologischen Vielfalt kann in Geld nicht gemessen werden. Ist eine Art verschwunden, so verschwindet auch die

Möglichkeit, diese Art je wieder in freier Wildbahn erleben zu können. Ich denke, wir haben die Pflicht, unseren Nachkommen den Reichtum der Natur mit allen Mitteln zu erhalten. Dafür sollte kein Preis zu hoch sein.
Wenn das derzeitige Ergebnis des Bartgeier-Projekts in den Schweizer Alpen mit 13 Brutpaaren für manchen Kritiker noch nicht nach einem durchschlagenden Erfolg aussieht, so haben die Biologen doch auf lange Sicht gesehen wertvolle Arbeit geleistet. Mit ihrer Aufklärungs- und Öffentlichkeitsarbeit ist es ihnen gelungen, dass die Bevölkerung den Tieren nicht mehr mit Angst begegnet, sondern sie als natürliche Bewohner ihrer Heimat akzeptiert.
Eine verschwundene Art wieder in ihrem Biotop anzusiedeln, ist zudem nicht nur ein Dienst an der Natur, sondern in diesem Fall auch wirtschaftlich gesehen eine gute Investition, denn Touristen schätzen zunehmend den Wert einer ökologisch intakten Urlaubsumgebung.

6. a) Interview für die Schülerzeitung

Bei dieser Aufgabe musst du darauf achten, dass der Textbezug erkennbar ist und die Fragen zum Thema Natur- und Artenschutz passen. Natürlich kannst du auch provokante Fragen stellen, Anregungen dazu liefert die Aufgabe 5. Berücksichtige bei der Formulierung deiner Fragen und Antworten auch, dass es ein Interview für junge Leser ist.

Hallo, liebe Mitschüler!

Für die Ökosparte unserer Schülerzeitung „Der Stichling" habe ich den Wiener Zoologen Hans Frey interviewt. Ihm ist es gemeinsam mit seinem Team gelungen, den fast ausgerotteten Bartgeier in den Schweizer Alpen wieder anzusiedeln.

CARINA: Hallo, Herr Frey!
HR. FREY: Guten Tag.
CARINA: Im Wahlpflichtkurs „Ökologie" haben wir über Ihr Auswilderungsprojekt in den Schweizer Alpen gesprochen. Wie kamen Sie zu dem Projekt?
HR. FREY: Ich habe schon von Berufs wegen ständig mit Tieren zu tun und weiß, dass jedes Leben und jede Pflanzen- und Tierart für ihr biologisches System kostbar ist. Der Bartgeier wurde früher zu Unrecht verfolgt. Man dachte, er sei gefährlich, aber er ist ein wunderbarer einheimischer Greifvogel, den man schützen sollte.
CARINA: Was beeindruckt Sie so an diesem Tier?
HR. FREY: Er ist einer der größten flugfähigen Vögel der Erde. Seine Größe ist wirklich gigantisch. Man muss sich mal vorstellen, dass seine Flügelspannweite fast bis zu drei Meter betragen kann.

CARINA: Unglaublich! Das erinnert irgendwie an die ausgestorbenen Flugsaurier. Oder auch an die Riesenvögel, wie sie in Märchen und Fabeln vorkommen!

HR. FREY: Du meinst so etwas wie den sagenhaften „Phönix" oder den „Vogel Roch" aus „Tausendundeine Nacht"? In diesen Geschichten werden Menschen von großen Vögeln durch die Luft getragen. Solche und ähnliche Erzählungen, die auch in der Heimat der Bartgeier kursieren, sind vermutlich die Ursache, dass die Tiere nahezu ausgerottet wurden. Wenn so ein riesiger Vogel über einem fliegt, wirkt das erstmal beängstigend.

CARINA: Wozu brauchen die Alpen den Bartgeier?

HR. FREY: Stellen Sie sich ein großes Mobile vor, in dem viele verschiedene Tier- und Pflanzenarten an beweglichen Stangen und dünnen Fäden miteinander verknüpft sind. Bei jedem Luftzug bewegen sich die Teile des Mobiles, schweben auf und ab, bleiben aber im Gleichgewicht. Was passiert, wenn Sie mit einer Schere nur einen einzigen Teil des Mobiles abschneiden?

CARINA: Das Mobile fällt in sich zusammen.

HR. FREY: Genau. So ähnlich ist es, wenn Sie in einem komplizierten biologischen Gefüge wie den Alpen eine Tierart wegnehmen. Das ist nicht nur ein ästhetischer Verlust, denn fliegende Bartgeier sind ein eindrucksvoller Anblick. Die Tiere haben ihre Funktion im Ökosystem, wenn sie verschwinden, wirkt sich das auf das gesamte Nahrungsnetz aus.

CARINA: Seit 1986 läuft ihr Bartgeier-Projekt. Hat man Ihnen noch nie vorgeworfen, dass das Ganze zu teuer sei, vor allem wenn man bedenkt, dass es nach all dieser Zeit nur 13 Brutpaare gibt?

HR. FREY: Das klingt vielleicht wenig, aber dabei muss berücksichtigt werden, wie lange diese Tiere brauchen, um erwachsen zu werden und einen Partner zu finden. Außerdem muss man bedenken, was die Wiederansiedlung einer zuvor ausgerotteten Tierart für ein Ökosystem bedeutet – das können Sie in Geld gar nicht ermessen.

CARINA: Aber in all den Jahren gab es doch auch Rückschläge, in denen Sie nicht wussten, ob das Projekt überhaupt ein Erfolg wird. Haben Sie nie überlegt, ob sich der Einsatz lohnt?

HR. FREY: Natürlich gab es solche Tiefpunkte. Und dann haben wir gezweifelt, vor allem in der langen Zeit bis 1997, bis tatsächlich das erste Brutpaar in Frankreich Nachwuchs bekam.

CARINA: Hat das Projekt auch positive Folgen für den Tourismus in der Region?

HR. FREY: Aber ganz gewaltige! Inzwischen werben die Touristenorte damit, dass man den Bartgeier bei ihnen in freier Wildbahn beobachten kann. Das lockt eine Menge Naturliebhaber in die Berge.

CARINA: Sie sind sicher stolz auf Ihre Leistung, oder?

HR. FREY: Das habe ich nicht allein erreicht, sondern mit einem tollen Team, auf das ich mich jederzeit verlassen konnte. Natürlich sind wir stolz, dass wir unser Ziel, den Bartgeier wieder in seiner ursprünglichen Region anzusiedeln, erreicht haben. Ohne dieses Projekt gäbe es ihn wahrscheinlich gar nicht mehr. Und jetzt ist er sogar eine Touristenattraktion.

CARINA: Vielen Dank für dieses interessante Interview. Für Ihre zukünftigen Projekte wünsche ich Ihnen auch im Namen unserer Leser viel Erfolg.

HR. FREY: Ich bedanke mich auch. Es tut gut zu wissen, dass sich junge Leute für die Erhaltung unserer Umwelt interessieren.

CARINA: Auf Wiedersehen, Herr Frey!

HR. FREY: Auf Wiedersehen, und herzliche Grüße an Ihren Öko-Kurs!

6. b) Werbetext für die Bartgeier-Region in den Alpen

Werbetexte wollen ihre Adressaten zu etwas verführen, ihnen etwas schmackhaft machen. Dazu müssen sie ihr Produkt anschaulich beschreiben, wobei die Darstellung mitunter etwas übertrieben wird. Ein weiteres Kennzeichen von Werbetexten sind ihre mehr oder weniger versteckten Aufforderungen und Appelle. Diese Merkmale sollten also auf jeden Fall in deinem Text erkennbar sein. Weiterhin musst du überlegen, wen du ansprechen willst und wie du die Informationen aus dem Text in deine Werbebroschüre einbaust.

Keine Angst vor großen Vögeln: Besuchen Sie die Heimat der Bartgeier!
Kommen Sie nach Graubünden, in die wunderschöne Schweiz! Hier in der Bartgeier-Region am Ofenpass können Sie live die Ergebnisse jahrelanger Arbeit von aktiven Tierschützern in intakter Natur erleben. Was unter Naturfreunden weltweit Aufsehen erregte, können nun Besucher unserer Region in einer der faszinierendsten Berglandschaften der Welt beobachten:
Der Bartgeier, vor 100 Jahren nahezu ausgerottet, ist zurückgekehrt. Dank eines einzigartigen Auswilderungsprojekts kreist der Herr der Lüfte nun wieder majestätisch über den Gipfeln der Schweizer Alpen. Reisen Sie in die Welt dieser stolzen Vögel, lassen Sie sich von ihrer Größe, ihren atemberaubenden Flugkünsten verzaubern. Jahrhundertelang wurden diese großen und nützlichen Vögel gnadenlos gejagt, dichtete man ihnen doch grausige Gewohnheiten an, verdächtigte sie, Lämmer und sogar kleine Kinder zu jagen und zu verspeisen. Inzwischen kennt man ihre wahren Futtervorlieben genau: Sie sind Aasfresser, und man schätzt ihre wichtige ökologische Funktion als „tierische Müllbeseitiger" der Alpen.
Zwanzig Jahre ist es her, dass ein paar junge Bartgeier, die in Gefangenschaft gezüchtet wurden, ihre ersten Flugversuche in der für sie ungewohnten Freiheit der Bergwelt machten. Von unermüdlichen Wissenschaftlern behutsam begleitet, eroberten sich die Jungvögel die Reviere ihrer Vorfahren zurück, gingen

auf Wanderschaft, kehrten wieder und brüteten dort, wo man sie mit viel Liebe und Sachverstand einst angesiedelt und aufgezogen hatte. So können wir nun mit Stolz sagen: Der Bartgeier ist in seine Heimat zurückgekehrt.
Lernen Sie die Welt dieser Tiere kennen – auf gut ausgebauten Wanderwegen, idyllisch angelegten Campingplätzen, urigen Almhütten in unbelasteter Natur. Ein nachgestelltes Zeltlager der Biologen Hans Frey und Chasper Buchli, die das Projekt begleiteten und die ausgesetzten Jungvögel vor Ort betreuten, bietet Ihnen originale Einblicke in die Forschungs- und Auswilderungsarbeit. Die angeschlossene Ökostation beherbergt ein Museum, in dem reichliches Bildmaterial und Dokumentationen das Projekt von seinem Beginn im Jahre 1986 bis heute anschaulich machen.
Neugierig geworden? Auf unserer Internetseite *www.alt-wyb-region.ch* finden Sie mehr Informationen und natürlich zahlreiche Links zu Übernachtungsmöglichkeiten und Freizeitangeboten für einen unvergesslichen Urlaub in der Schweiz!

1. a) Inhalt des Gedichts

Diese Aufgabe sollte dir nicht besonders schwerfallen, denn die kleine Geschichte, die in dem Gedicht erzählt wird, ist leicht zu verstehen. Du erhältst für jede richtig zusammengefasste Strophe zwei Punkte. Richtig zusammengefasst heißt in diesem Fall, dass du den Inhalt jeder Strophe in ein bis zwei Sätzen mit eigenen Worten wiedergibst und dabei die Zeitform Präsens beibehältst, wie es bei Inhaltsangaben erwartet wird. Eine Einleitung oder ein Ansatz zur Interpretation des Gedichts ist hier nicht gefordert.

1. Strophe:
An einem verabredeten Treffpunkt in einem Park wartet eine Frau, das lyrische Ich, auf den Geliebten. Die Weide, unter der sie steht, spricht sie an und vermutet, dass er wohl nicht kommen wird.

2. Strophe:
Das lyrische Ich sucht nach Gründen, die das Fernbleiben des Geliebten erklären könnten.

3. Strophe:
Die Weide führt an, dass der Mann auch schon gestorben sein könnte. Die Frau räumt diese Möglichkeit ein, würde sein Nichterscheinen aber lieber mit dem Ende seiner Liebe als mit seinem Tod erklären.

1. b) Formaler Aufbau des Gedichts

Die Bewertung dieser Aufgabe mit nur zwei Punkten weist darauf hin, dass es über den formalen Aufbau nicht sehr viel zu sagen gibt. Strophen, Verse, Reimschema, Zeilensprünge – das sind die formalen Aspekte, die bei jeder Formanalyse von Gedichten zu beachten sind. Wenn es also z. B. kein festes Reimschema gibt, musst du bei deiner Beschreibung auch darauf hinweisen. Achte darüber hinaus auf die Zeichensetzung.

Das Gedicht „Bei den weißen Stiefmütterchen" von Sarah Kirsch besteht aus drei Strophen mit je fünf unterschiedlich langen Versen. Ein Reimschema ist nicht vorhanden. Die Verse sind innerhalb der Strophen durch Enjambements verbunden; Zeilensprünge über die Strophen hinweg gibt es nicht.

Satzzeichen fehlen, bis auf ein Komma in Vers 7. Auch die wörtlichen Reden sind nicht durch entsprechende Zeichensetzung kenntlich gemacht. Nur durch den Sprechrhythmus werden die Sinnabschnitte innerhalb der einzelnen Strophen erkennbar.

2. Beschreibung der Situation des lyrischen Ichs

Bei dieser Aufgabe notierst du dir am besten zunächst neben jeder Strophe in Stichworten, welche Informationen sie über die Situation der Frau preisgibt. Achte z. B. genau darauf, wie der Treffpunkt beschrieben wird und was er über das Verhältnis der Frau zu ihrem Geliebten aussagt, was wir über den Mann erfahren, auf den das lyrische Ich wartet, und was sich aus dem vertrauten Verhältnis zwischen dem lyrischen Ich und der Weide über die Situation der Frau schließen lässt.
Vergiss nicht, deine Aussagen mit Zitaten und Versangaben zu belegen.

Das Gedicht beschreibt die Situation einer Frau, die vergeblich auf ihren verheirateten Geliebten wartet: „er kann seiner Frau nicht entkommen“ (V. 9). In der ersten Strophe wird durch die Verwendung der bestimmten Artikel deutlich, dass es sich bei dem Platz im Park um einen vertrauten Treffpunkt des Liebespaares handelt: „Bei den weißen Stiefmütterchen“ (V. 1), „im Park“ (V. 2), „unter der Weide“ (V. 3). Die Präposition „unter“ (V. 3) weist auf die Heimlichkeit der Verabredung hin, denn die herabhängenden Weidenzweige bieten einen guten Schutz vor neugierigen Blicken. Dass es ein intimes Verhältnis ist oder war, darauf deutet auch Vers 13 hin: „[…] als er dich untern Mantel küßte“. Offenbar hat die Frau schon mehr als einmal an diesem Platz längere Zeit auf den Mann warten müssen und es sich dabei in ihrer Einsamkeit angewöhnt, mit dem Baum wie mit einem Menschen zu sprechen (V. 14: „kann sein Weide kann sein“). Bestätigt wird diese Vermutung durch die vertrauliche Anrede „du“ im Zwiegespräch zwischen dem lyrischen Ich und der Weide (V. 5, 13) sowie durch die offenkundige Verbundenheit zwischen den beiden (V. 15: „so wollen wir hoffen […]“). Die Formulierung „[…] wie er's mir auftrug“ (V. 2) lässt darauf schließen, dass der Mann in dieser Beziehung das Sagen hat: Er bestimmt Zeit und Ort der Verabredung. Die Frau hofft, dass der Geliebte noch kommt (V. 6–10: „Ach, sage ich, […]“), befürchtet aber gleichzeitig, dass er sie verlassen hat (V. 15: „so wollen wir hoffen, er liebt mich nicht mehr“).

3. Funktion der Weide im Gedicht

Wenn in lyrischen Texten Dinge oder auch Pflanzen zu reden beginnen oder menschliche Fähigkeiten und Eigenschaften zeigen, spricht man von Personifikation. Die Weide übernimmt also die Rolle einer Person, die es nicht wirklich gibt, die aber eine wichtige Funktion innerhalb des Geschehens innehat. Die Bewertung der Aufgabe mit 12 Punkten ist ein Hinweis, dass hier eine ausführliche Antwort erwartet wird. Die Weide spielt besonders in der ersten und in der letzten Strophe eine wichtige Rolle. Im Rahmen der Aufgabenstellung musst du Antworten auf folgende Fragen finden:
- *Wie wird die Weide beschrieben?*
- *In welchem Verhältnis steht die Weide zum lyrischen Ich?*
- *Was sagt die Weide (inhaltlich)?*
- *Wie sagt sie es (Wortwahl)?*

Die Weide wird als Gesprächspartnerin des lyrischen Ichs **personifiziert**, was an mehreren Stellen des Gedichts deutlich wird. Sie übernimmt die Rolle der **vertrauten Mitwisserin** einer heimlichen Affäre. Dass sie als „ungekämmte Alte" (V. 4) beschrieben wird und sich „wiegt […] und knarrt" (V. 11), lässt sie als weise und mahnende **Ratgeberin der Frau** erscheinen. Doch auch um das Wohlergehen des Mannes macht sie sich Gedanken: „sah blass aus […]" (V. 13). Die vertraulichen Anreden „du" (V. 5), „dich" (V. 13) und „wir" (V. 15) weisen darauf hin, dass die Weide schon seit längerer Zeit Zeugin dieser Beziehung ist. Auch intimere, zärtliche Begegnungen zwischen den Liebenden hat sie beobachtet (V. 13: „[…] als er dich untern Mantel küßte"). Die Weide weiß oder scheint zumindest zu ahnen, wie es um die Beziehung des Liebespaares wirklich steht, wenn sie mit einem Anflug von Schadenfreude stichelt: „siehst du […] er kommt nicht" (V. 5).
Die Weide übernimmt in diesem Gedicht die **Rolle der inneren Stimme der Frau, eines zweiten Ichs**, in dessen Äußerungen sich die Ängste und Zweifel der Frau spiegeln und das die Gedanken und Gefühle ausspricht, die sich die Sprecherin selbst nicht eingestehen will.

4. Erklärung und Beurteilung der Gründe in der zweiten Strophe

Die Formulierung „Erkläre und beurteile" beinhaltet, dass hier deine eigene Meinung gefragt ist. Dabei sollst du mit Hinweisen auf geeignete Textstellen darstellen, was du von den verschiedenen Gründen hältst, mit denen die Frau die Verspätung oder das Fernbleiben des Mannes erklärt. Ist es glaubhaft, dass er sich den Fuß gebrochen hat, dass plötzlich eine Straße, das heißt der Weg zu ihr, verlegt wurde? Oder macht die Frau sich möglicherweise etwas vor? Was meinst du?

Die Frau entschuldigt das Wegbleiben des Mannes mit den unterschiedlichsten Gründen: Ein gebrochener Fuß (V. 6) könnte ihn daran gehindert haben, die Verabredung einzuhalten. Er könnte „eine Gräte verschluckt" haben (V. 7) oder „[…] eine Straße/wurde plötzlich verlegt" (V. 7 f.). Ich denke, dass die Frau mit diesen nebensächlichen („Gräte verschluckt"), unwahrscheinlichen („Fuß gebrochen") oder sogar absurden Ausreden („Straße verlegt") ihre eigene Befürchtung beschwichtigt, dass er wahrscheinlich nicht mehr kommen wird. Die Vermutung „er kann seiner Frau nicht entkommen" (V. 9) ist meiner Meinung nach die einzige überzeugende Begründung für das Fernbleiben des Mannes. Die Ehe des Mannes ist zwar nicht intakt, denn er hat eine Affäre, trotzdem kann er sich seiner Ehefrau nicht entziehen oder ist nicht bereit, sie wirklich zu verlassen. Es fällt auf, dass alle vier genannten Gründe eine Art „höhere Gewalt" darstellen; ein geplantes, das heißt absichtsvolles Fernbleiben des Mannes wird nicht in Erwägung gezogen. Das lyrische Ich würde wohl jede noch so unwahrscheinliche Ausrede akzeptieren, um den Geliebten zu entschuldigen: „viele Dinge hindern uns Menschen" (V. 10). Die Frau möchte sich nicht eingestehen, dass der Mann sie vermutlich versetzt oder die heimliche Beziehung bereits beendet hat.

5. Deutung der letzten Strophe

Wenn etwas gedeutet werden soll, dann ist nach einer Auslegung, einer Interpretation gefragt. Besonders der letzte Vers in der dritten Strophe ist rätselhaft und lässt mehr als nur eine Deutung zu. Warum hofft die Frau, die sehnsüchtig und vergeblich auf den Mann wartet, dass seine Liebe erloschen sei? Eine Möglichkeit, wie das zu verstehen ist, liegt in der Äußerung der Weide in Vers 12, die die Mutmaßungen der Frau aus der zweiten Strophe auf die Spitze treibt. Die Frau möchte die Liebe des Mannes nicht um jeden Preis: Wenn er sie nicht mehr liebt, ist das immer noch besser, als wenn ihm etwas passiert sein könnte. Du kannst die dritte Strophe möglicherweise auch anders interpretieren, denn das Ende der Liebe des Mannes und damit das Ende einer aussichtslosen Beziehung ist für die Frau auch mit der Möglichkeit eines Neuanfangs verknüpft. Welche Deutung dir auch plausibler erscheint, entscheidend ist, dass du deine Überlegungen gut begründest.

Die Frau wartet im Park vergeblich auf ihren Geliebten. Daraufhin überlegt sie sich alle möglichen Erklärungen für sein Fernbleiben. In der dritten Strophe setzt die Weide ihre Stichelei aus der ersten Strophe (vgl. V. 5) fort und steigert die absurden Entschuldigungsgründe der Frau mit dem übertriebenen „kann auch sein er ist schon tot" (V. 12). Und spöttisch setzt sie nach: „sah blaß aus […]" (V. 13). Nur halbherzig stimmt die Frau dieser Möglichkeit zu: „kann sein Weide kann sein" (V. 14). Doch hat ihr die unbarmherzige Äuße-

rung der Weide offenbar die Augen geöffnet. Endlich gesteht sie sich ein, dass ihr Geliebter nicht mehr kommen wird. Er bedeutet ihr jedoch immer noch viel, deshalb möchte sie lieber auf seine Gegenliebe verzichten als ihn tot zu wissen. Enttäuscht und resigniert formuliert das lyrische Ich das Ende der Beziehung: „so wollen wir hoffen er liebt mich nicht mehr“ (V. 15).
Möglich wäre aber auch die folgende Deutung: Die Liebe des Mannes hält die Frau in der Beziehung fest wie in einer Warteschleife. Das im letzten Vers verwendete Verb „hoffen“ drückt den in die Zukunft gerichteten Wunsch der Frau nach einer Verbesserung ihrer Situation aus. Erst wenn seine Liebe zu ihr erloschen ist, ist sie frei und bereit für einen Neuanfang.

6. a) Brief des Mannes an seine Geliebte

Bei dieser Aufgabe ist es dir freigestellt, ob du auf den Inhalt des Gedichts, z. B. den Schauplatz, direkt Bezug nimmst. In jedem Fall sollten die Gedanken und Gefühle des Mannes auf nachvollziehbare Weise aus seiner Sicht geschildert werden. Welche Erklärungen er für sein Fernbleiben vorbringt, kannst du dir selbst ausdenken. Achte darauf, dass du die Formmerkmale des persönlichen Briefs einhältst (Anrede, Grußformel am Schluss, evtl. Ort, Datum) und dass die Sprache zum Inhalt und zum Verfasser des Briefs passt. Für einen glaubwürdigen Brief ist auch die Wortwahl entscheidend. Du könntest den Briefinhalt z. B. so gestalten, dass er der Frau sein Fernbleiben erklärt, sie tröstet und abschließend versucht, ihr für die Zukunft Mut zu machen.

Liebe Viola,

ich weiß, dass du heute vergeblich an unserem Treffpunkt bei den weißen Stiefmütterchen gewartet hast. Bitte verzeih’ mir, ich bin ein Feigling und schäme mich deshalb, aber ich habe nicht den Mut, dir persönlich meine Entscheidung mitzuteilen: Wir werden uns nicht mehr sehen. Du bist jetzt sicher traurig und vielleicht auch wütend auf mich, und das ist dein gutes Recht, denn du hast sicher schon länger gespürt, dass es in letzter Zeit zwischen uns nicht mehr so wie am Anfang war. Immer öfter habe ich dich an unserem Treffpunkt warten lassen, und jedes Mal hast du meine fadenscheinigen Ausreden akzeptiert. Dabei hätte ich dir schon längst sagen sollen, was los ist. Die Zeit mit dir war wunderbar, sie hat mein Leben bereichert, und ich habe jede Minute genossen, doch jetzt ist mir klar geworden, dass ich meine Frau nicht verlassen will, um mit dir ein neues Leben zu beginnen. Zu viel verbindet mich mit ihr, ich habe ihr unser Verhältnis gebeichtet, und sie hat mir verziehen – unter der Bedingung, dass ich jeden Kontakt zu dir abbreche. Du musst doch auch gemerkt haben, dass unser Verhältnis mit all diesen Heimlichkeiten auf Dauer nicht bestehen kann. Es war immer schön an unserem romantischen Treffpunkt unter der alten Trauerweide, abgeschirmt von allen Blicken, aber für eine richtige Beziehung ist das zu wenig. Das hast auch du nicht verdient. Ich danke dir für die schöne Zeit, für deine Zärtlichkeiten und für deine Liebe und wünsche dir, dass dir bald das Glück deines Lebens begegnet.

Dein Salix

6. b) Innerer Monolog

Die Aufgabenstellung ist so formuliert, dass du dich inhaltlich nicht auf das Gedicht beziehen musst. Du kannst dir also eine beliebige Situation ausmalen, in der jemand vergeblich wartet. Der innere Monolog wird in der Ich-Form geschrieben. Unvollständige Sätze, unbeantwortete Fragen, abrupte Gedankensprünge sind Kennzeichen dieser Textsorte. Versuche, dich in die Gefühlswelt einer wartenden Person hineinzuversetzen, dann wird dir diese Aufgabe sicher leichtfallen.

Heute kommt er, ganz sicher. Vielleicht nicht pünktlich, er hat ja immer so viel zu tun, alle wollen immer etwas von ihm, er kann sich nicht entziehen, aber er kommt, diesmal sicher. Er hat mich ja extra wieder hierher bestellt. Er will es wiedergutmachen, dass es gestern dann doch nicht geklappt hat, dafür konnte er ja nichts, da war etwas Wichtiges, eine Besprechung, wieder mal. Zwei Stunden, das hätte ich vorher wissen müssen. Eine Viertelstunde bis jetzt. Das heißt gar nichts. Vielleicht hat er eine SMS geschickt, dass es später wird? Nein. Vielleicht ist sein Akku leer. Oder meiner? Nein. Vielleicht sollte ich auf die andere Straßenseite, hier ist der Empfang schlecht, das Hochhaus dort. Aber wenn er in diesem Moment kommt? Ich stehe nicht am Treffpunkt? Dann geht er wieder. Er wartet nicht gern. War da heute nicht ein Geschäftsessen mit dem Kunden aus Amerika? Das könnte natürlich länger dauern. Er hat versprochen anzurufen, wenn es länger dauert. Kein Netz. Vielleicht hat ihn der Chef zu sich bestellt, er soll befördert werden, das ist wichtiger als unser Treffen, er wird es mir erzählen, vielleicht schon heute Abend, spätestens morgen, heute Abend geht er in die Oper mit seiner Frau, das wird spät, also doch morgen. Waren wir vielleicht überhaupt erst für morgen verabredet? Wegen des Geschäftsessens? Vielleicht ist sein Auto kaputt. Das Taxi könnte sich verfahren haben. Manchmal bleibt der Fahrstuhl hängen. Es dauert Stunden, bis der Monteur kommt. Er kann nichts dafür. Er wird es mir erklären, später. Mit einer SMS.

Abschlussprüfung Deutsch an Realschulen in Hessen 2009
Lösungen zu Text 2

1. Darstellung des Handlungsverlaufs

Diese Aufgabenstellung hat das Ziel, eine Struktur und mehr Übersichtlichkeit in die doch recht lange Geschichte zu bringen. Anders als eine herkömmliche Inhaltsangabe kann die Erschließung in Tabellenform dir dabei helfen, dich auf wesentliche Elemente der Geschichte und ihren Aufbau zu konzentrieren. Markiere zunächst im Text, an welchen Stellen von Tunneln die Rede ist, und nummeriere sie. Dann liest du noch einmal genau nach, wie sich der Fremde und Berger jeweils verhalten, wenn der Zug in den Tunnel ein- und wieder hinausfährt. Halte dich an die Anweisung, in Stichpunkten zu formulieren, denn die Tabelle bietet nicht viel Platz. Die Textbelege kannst du entweder als Zitate mit Zeilenangabe übernehmen oder, wenn es sich um längere Textstellen handelt, mit Hinweis auf die Zeilenzahl einbringen.

Reiseabschnitte	**Was tut der Fremde? Wie verhält er sich? (Stichpunkte)**	**Wie reagiert Berger und wie verändert sich seine Verfassung? (Stichpunkte und Textbelege)**
Beginn der Zugfahrt bis zum 1. Tunnel	betritt das Abteil, setzt sich Berger gegenüber, entschuldigt sich für die Störung, schaut ins Nichts, merkt, dass Berger ihn beobachtet, und spricht ihn darauf an	betrachtet den Fremden (Z. 20–24), wundert sich über dessen „ungewöhnliche Erscheinung“ (Z. 21), fühlt sich beim Beobachten ertappt (Z. 28: „Alles okay.“)
Zwischen 1. Tunnel und 2. Tunnel	geht kaum auf Bergers Äußerungen ein, starrt an Berger vorbei	ist verunsichert (Z. 37), beruhigt sich selbst (Z. 36 f.: „Alles okay.“)
Zwischen 2. Tunnel und 3. Tunnel	wendet sich Berger zu, fragt, wie weit er fahre, gibt ausweichende Antworten auf Bergers Fragen nach seinem Reiseziel	fühlt sich zunehmend unwohl durch die Anwesenheit des Fremden (Z. 46), wird misstrauisch, kann dem Fremden nicht in die Augen sehen (Z. 55 f.), stellt eine weitere Frage „wie unter Zwang“ (Z. 58)

Zwischen 3. Tunnel und 4. Tunnel	scheint nicht zu merken, dass Berger sich nicht wohlfühlt, berichtet ausführlich vom Zweck seiner Reisen: das Aufdecken „ungesühnter Schuld“	zunehmend unbehagliches Gefühl (Z. 66), hält den Fremden für verrückt (Z. 67), will Klärung (Z. 69 f.: „Was meinen Sie damit?“), fühlt sich überrumpelt, ist wütend auf sich, weil er auf die Frage des Fremden eingeht (Z. 83 f.), schwitzt, bekommt Atemnot (Z. 93 f.), beschließt, nach dem 4. Tunnel auszusteigen (Z. 95), ist erschöpft, verliert sein Zeitgefühl (Z. 96 f.), steigt doch nicht aus
Zwischen 4. Tunnel und 5. Tunnel	erzählt von einer Fahrerflucht, beobachtet Bergers Reaktionen, wendet den Blick ab, bemerkt dennoch, dass Berger eine Tablette nimmt, erkundigt sich nach seinem Befinden, verabschiedet sich mit einem Lächeln, verschwindet	sinkt in sich zusammen (Z. 120), wird immer verwirrter und ängstlicher, Hände zittern, Herz klopft (Z. 122), nimmt heimlich Tablette (Z. 126), fühlt sich „ertappt“ (Z. 130), will keine weitere Auskunft geben (Z. 131 f.), sitzt still, beruhigt sich allmählich

2. a) Welches Ziel verfolgt der Fremde?

Zur Bearbeitung dieser Aufgabe kannst du die Tabelle aus Aufgabe 1 zu Hilfe nehmen: Nach dem dritten Tunnel, ab Zeile 63, gibt der Fremde bereitwillig Auskunft über den Zweck seiner Reise. Hier genügen nicht mehr Stichpunkte, sondern du musst den Inhalt seiner Mitteilungen mit eigenen Worten wiedergeben. Zitate und Textverweise kannst du einarbeiten. Als Zeitform verwendest du das Präsens – wie immer, wenn du Texte über andere Texte schreibst.

Kurz vor dem dritten Tunnel fragt Berger den Fremden, ob er sich auf einer Geschäftsreise befinde. Die Antwort ist zunächst rätselhaft: Der Fremde erklärt mit Verweis auf die tunnelreiche Strecke, dass seine Reisen etwas mit „dem Dunkel, mit Abgründigem“ (Z. 65) zu tun hätten. Er interessiert sich für Menschen, die ein Verbrechen begangen haben und nicht dafür belangt wurden, weil ihre Schuld nicht ans Licht kam. Er möchte wissen, wie diese Menschen mit der Last ihrer Erinnerung an diese „ungesühnte Schuld“ (Z. 68) leben, wie sie ihren Alltag, ihr Familienleben und ihren Beruf bewältigen. Um seine Erklärung zu verdeutlichen, benutzt er ein Beispiel, auf das Berger mit heftiger Nervosität reagiert. Er beschreibt eine Fahrerflucht, die sich vor fünf Jahren ereignet hat, und nennt dabei sehr viele Details wie Ort, Uhrzeit und Farbe des betroffenen Pkw. Er weiß sogar, welche Musik der Fahrer gehört hatte, als sich der Unfall ereignete (Z. 107–112). Da es keine Zeugen und keinen Verdacht gab, sei der Unfallverursacher nie für die Tat zur Verantwortung gezogen worden. Nachdem er diese Geschichte mit all ihren Einzelheiten erzählt hat, verabschiedet sich der Fremde und geht. Berger bleibt zurück mit zitternden Händen und Herzbeschwerden. Offenbar hat der Fremde sein Ziel, „ungesühnte Schuld" aufzudecken und den Schuldigen mit seiner Schuld zu konfrontieren, erreicht: Bergers Reaktionen lassen darauf schließen, dass er es ist, der damals bei dem Unfall Fahrerflucht begangen hat.

2. b) Wie erreicht der Fremde sein Ziel (Auftreten, Verhalten, Gesprächsführung)?

Für diese Aufgabenstellung musst du noch einmal dein Augenmerk auf den seltsamen Fahrgast richten. Alles an ihm ist wichtig zur Beantwortung der Frage: Sein Erscheinen, seine Kleidung, sein Verhalten, seine Art zu reden, sein Verschwinden. Überlege dir bei jedem dieser Merkmale genau, welche Wirkung es auf Berger ausübt. Wenn du keine zehn Aspekte findest, ist das nicht so schlimm; schon für sechs auffällige Merkmale, in Stichpunkten formuliert, erhältst du die volle Punktzahl.

- Kleidung schwarz und altmodisch (Z. 21–23): seltsames Erscheinungsbild verunsichert Berger von Beginn an (Z. 46)
- starrt schweigend an Berger vorbei (Z. 20, 39 f.); geht zunächst nicht auf Bergers Äußerungen ein (Z. 35): bewirkt durch sein anfänglich distanziertes Gesprächsverhalten Unbehagen bei Berger
- gibt rätselhafte Antworten (Z. 50 f., 53); beschreibt den Zweck seiner Reise als dunkel und abgründig (Z. 65): weckt Bergers Misstrauen, aber auch seine Neugier (Z. 58 f., 69 f.), steigert sein Unbehagen (Z. 66)
- überrumpelt Berger mit seinen Fragen (Z. 83 f.): erreicht dadurch, dass Berger persönliche Informationen preisgibt
- stellt rhetorische Fragen (Z. 92, 101): verhindert damit, dass Berger das Gespräch abbricht
- erzählt ohne äußeren Anlass die Geschichte einer Fahrerflucht (Z. 104–119); offenbart umfangreiches Detailwissen (Z. 106–110): erreicht damit, dass Berger sich durch sein Verhalten verrät

– verschwindet kurz vor dem letzten Tunnel (Z. 137): lässt Berger mit seiner „ungesühnten Schuld“ allein; sein Ziel war es nicht, den Schuldigen auszuliefern, sondern sein Gewissen zu wecken

3. Die symbolische Funktion des Tunnels im Text

In der dritten Spalte der Tabelle aus der ersten Aufgabe hast du stichwortartig zusammengefasst, wie Berger auf den Fremden, sein Verhalten und seine Geschichte reagiert. Diese Informationen kannst du jetzt zur Bearbeitung dieser Aufgabe nutzen. Es fällt auf, dass Bergers Nervosität mit jedem Tunnel zunimmt, und zwar parallel zu der Menge an Informationen, mit denen er konfrontiert wird. Aufhänger für die Bearbeitung der Aufgabe ist der Zusammenhang, den der Fremde selbst zwischen den Tunneln und dem Zweck seiner Reise herstellt.

Zu Beginn des Gesprächs, nach dem dritten Tunnel, erzählt der Fremde, dass seine Reisen „insgesamt etwas mit Tunneln zu tun haben. Mit dem Dunkel, mit Abgründigem sozusagen“ (Z. 64 f.). Auch Berger hat in seinem Leben etwas Dunkles, etwas, das er verbergen will und offenbar verdrängt hat. Während der Zug auf den vierten Tunnel zurast, fühlt sich Berger von den Äußerungen des seltsamen Fahrgasts zunehmend in die Enge getrieben. Offenbar schildert der Fremde Bergers eigene Fahrerflucht, die er erfolgreich aus seinem Gedächtnis getilgt hatte und an die er sich jetzt wieder erinnert. Der Weg führt in die Abgründe von Bergers Gedanken, bei jedem weiteren Tunnel dringt er tiefer in seine eigene Vergangenheit ein und holt die Geschehnisse von damals in sein Bewusstsein zurück. Ich denke, dass **der Tunnel die dunklen Seiten in Bergers Leben symbolisieren soll**, Ereignisse, an die er sich nicht mehr erinnern will und die er deshalb verdrängt hat. **Der seltsame Fremde personifiziert das schlechte Gewissen**, das Berger mit seiner ungesühnten und verdrängten Schuld von damals konfrontiert. Vor der Einfahrt in den letzten Tunnel verschwindet der Fremde, denn er hat sein Ziel erreicht: Die längst vergessen geglaubte Geschichte von Bergers Fahrerflucht ist in allen Einzelheiten in sein Bewusstsein zurückgekehrt.

4. Merkmale einer Kurzgeschichte

Typisch für Kurzgeschichten ist, dass sie ohne Einleitung gleich in das Handlungsgeschehen führen. Die Handlung selbst ist meist nur auf eine kurze Zeitspanne und einen Ort beschränkt. Wenige, oft nur zwei Personen geraten in eine konfliktträchtige Situation; am Ende bleiben Fragen offen, die den Leser zum Nachdenken zwingen.
Aus der Aufgabenstellung geht nicht hervor, ob du ausführlich oder in Stichpunkten formulieren sollst. Gleichgültig, für welche Form du dich entscheidest, wichtig sind hier in jedem Fall die Textbelege. Bei manchen Merkmalen reicht es, Zitate zu verwenden, andere musst du mit Hinweis auf die Handlung erläutern. Für jedes Merkmal erhältst du einen Punkt, für einen passenden Textbeleg einen weiteren.

- **offener Anfang:** die Handlung setzt unvermittelt ein (Z. 1: „Der Zug rollte.“)
- Es wird eine **Situation im Leben einer Figur** geschildert. Diese Situation führt zu einer **Veränderung im Bewusstsein** des betroffenen Menschen:
  Berger wird auf der Zugfahrt durch einen geheimnisvollen Fremden gezwungen, sich mit einer alten Schuld aus seiner Vergangenheit auseinanderzusetzen.
- In der Kurzgeschichte wird das Geschehen **ohne Nebenhandlung** auf die entscheidende Situation hin ausgerichtet:
  Die Handlung beschränkt sich auf das Gespräch zwischen Berger und dem Fremden während einer Zugfahrt.
- Der Höhepunkt ist gleichzeitig der **Wendepunkt** der Geschichte:
  Bergers nervöse Reaktion auf die Erzählung des Fremden kurz vor dem fünften Tunnel lässt darauf schließen, dass es seine Geschichte ist, die dort erzählt wird. Der Fremde verlässt das Abteil, offenbar hat er sein Ziel erreicht.
- In der Kurzgeschichte wird **Alltagssprache** verwendet:
  Z. 28, 36 f.: „Alles okay.“
  Z. 49: „Bis zur Endstation. Und Sie?“
  Z. 121: „Was dieser Typ da zusammenfaselt!“
- **offener Schluss:** Die Geschichte endet abrupt mit der Einfahrt des Zuges in den letzten Tunnel. Der Leser erfährt nicht, ob Berger tatsächlich Fahrerflucht begangen hat bzw. ob er sich zu dieser Schuld aus der Vergangenheit bekennen wird.

5. a) Innerer Monolog Bergers

Der innere Monolog dient dazu, die Gedanken eines Menschen in einer bestimmten Situation deutlich zu machen. Wie du selbst weißt, kann es dabei innerhalb eines Gedankengangs zu Sprüngen, spontanen Ideen und Abweichungen kommen. Ein innerer Monolog kann also wie ein „Brainstorming" formuliert werden, in dem die vielschichtigen Verknüpfungen und Gedankenketten, die ein Thema zulässt, deutlich werden. Beobachtungen, Wahrnehmungen, Gefühle, Erinnerungen und unausgesprochene, aber ausformulierte Gedanken und Fragen sind Elemente des inneren Monologs. Es ist naheliegend, dass diese Textsorte im Präsens und in der Ich-Form verfasst wird. Gedankensprünge und spontane Einfälle werden dabei durch Auslassungspunkte und Gedankenstriche verdeutlicht. Achte darauf, dass dein innerer Monolog Bezüge zur Handlung und trotz aller Abweichungen ein Zentrum, um das der Hauptgedankengang kreist, erkennen lässt.

Was war das denn jetzt? Hab ich geträumt? Die alte Geschichte … die Frau an der Landstraße … es hat doch niemand gesehen? Wie konnte er wissen … der blaue Golf … in der Werkstatt haben sie das mit dem Auffahrunfall geglaubt … aber warum wusste er alles? In Kassel, die Party, nur ein paar Gläser … zwei Uhr nachts. Das stimmt auch. Und die Musik … ob sie überlebt hat? Bestimmt … in der Zeitung war nichts. Niemand hat etwas gesehen. Sie hat bestimmt überlebt. Ich hätte helfen müssen, wenigstens aussteigen und nachsehen … es hätte doch in der Zeitung … vielleicht war ja gar nichts … Wieso Schuld? Ungesühnte Schuld? Wie kommt er überhaupt darauf? Wer war das? Seltsame Person … wie der schon angezogen war … kannte der mich? Das war doch alles Zufall. So viele Zufälle. Keiner kann das wissen. Schon so lange her. Fünf Jahre. Fünf Jahre? Das wusste er auch. Wenn er zur Polizei geht? Er hat keinen Beweis. Es gibt keinen Beweis. Das ist verjährt. Wann verjährt Fahrerflucht? Kommt wohl drauf an. Wenn sie gestorben ist … bestimmt nicht. Wenn doch? Aber sie war plötzlich da … stockdunkel … ich konnte nicht … und wenn mein Führerschein … ohne Führerschein, du liebe Zeit! Was hätte Sabine gesagt … die Kinder … kurz vor der Beförderung … ich hätte helfen müssen. Die Polizei. Wenn schnell Hilfe kommt, ist oft noch was zu machen … wenn nicht … meine Schuld. Ich muss was tun, meine Schuld … ungesühnt. Er hat recht. Ich hätte damals sofort … zu spät. Trotzdem. Der Tunnel nimmt kein Ende. Ich steige aus, sobald wie möglich. Ich rufe an. Die Polizei. Sabine. Meine Schuld. Es muss sein.

5. b) Stellungnahme zum Zitat von Friedrich Hebbel

Bei dieser Aufgabe ist deine persönliche Meinung gefragt. Bist du der Ansicht, dass die Aussage Hebbels zutrifft? Dann musst du das mit Beispielen begründen. Denkst du, dass das Zitat nicht zutreffend oder zumindest übertrieben ist, musst du es, ebenfalls begründet, widerlegen. In beiden Fällen kannst du dich auf den Text beziehen, musst es aber nicht. Du darfst ebenso gut Beispiele aus deinem persönlichen Erfahrungsbereich verwenden. Bevor du deine Meinung darlegst, solltest du das Zitat kurz und mit eigenen Worten erläutern.

Friedrich Hebbel vergleicht das Gewissen mit einer niemals heilenden, aber nicht tödlichen Wunde; man spürt den Schmerz, den die Wunde verursacht, lernt aber, mit diesen Schmerzen zu leben, kann sie zeitweise vielleicht sogar unterdrücken oder sogar vergessen. In Tilde Michels Kurzgeschichte „Der letzte Tunnel" wird der Reisende Bertram Berger mit einer längst vergessen geglaubten Schuld konfrontiert. Vor fünf Jahren hat er eine Frau angefahren, wurde dafür aber nie belangt. Bis zu der Zugfahrt hatte er das Ereignis verdrängt, nun wird es von dem seltsamen Fahrgast wieder in sein Bewusstsein geholt. Bergers Reaktion, seine Nervosität, seine zitternden Hände, sein Herzklopfen zeigen, dass ihn diese ungesühnte Schuld nie losgelassen hat. Wie in Hebbels Zitat ist sein schlechtes Gewissen wie eine nie verheilende Wunde, an die er sich so gewöhnt hat, dass sie Bestandteil seines Lebens geworden ist. Mit seiner Geschichte hat der Fremde den Finger in diese Wunde gelegt, so dass sie anfängt, heftig zu schmerzen. Ich stimme Hebbels Zitat zu, denn wie das Beispiel dieser Geschichte zeigt, stirbt man zwar nicht an solchen Wunden, aber man leidet daran, unter Umständen ein Leben lang. In Tilde Michels Geschichte „Der letzte Tunnel" hat der fremde Fahrgast Berger vor Augen geführt, dass das Bewusstsein über die alte Schuld ihn noch immer begleitet und Schmerzen und Furcht in ihm auslöst. Meiner Meinung nach hat Berger nur die Möglichkeit, sich mit der alten Schuld auseinanderzusetzen und die Verantwortung für seine Tat zu übernehmen. Statt sein begangenes Unrecht zu verdrängen, muss er versuchen, es in irgendeiner Form wiedergutzumachen und damit die Wunde des schlechten Gewissens verheilen zu lassen.

1. Zusammenfassung des Textes in Kernaussagen

Der Text ist bereits in verschieden große Abschnitte eingeteilt, deren Inhalte du jeweils in kurzer Form wiedergeben sollst. Wie bei jeder Art von Inhaltsangabe oder Zusammenfassung verwendest du das Präsens, übernimmst keine Textstellen als Zitate und fasst das Wichtigste eines jeden Abschnitts in möglichst einem einzigen Satz zusammen. Bei längeren Abschnitten dürfen es auch mehrere Sätze werden. Ein Einleitungs- und Schlusssatz werden bei dieser Form der Aufgabenstellung nicht erwartet.

1. Abschnitt, Z. 1–9
Es kann gefährlich sein, Freundschaften im Internet zu schließen.
Die 13-jährige Laura hat viele Freunde im Internet, über die sie sehr viel weiß.

2. Abschnitt, Z. 10–41
In den unter Schülern sehr beliebten Social Communities legen die Nutzer ein Persönlichkeitsprofil an und tauschen sich mit anderen Nutzern aus.
Inzwischen pflegen mehr als 3,5 Millionen Jugendliche im SchülerVZ, dem größten Jugendnetzwerk, ihre Freundschaften. Jugendliche sind damit eine der wichtigsten Zielgruppen der Social Communities.
Online-Communities bieten Jugendlichen eine Plattform für Selbstdarstellung, Anerkennung und Austausch und helfen ihnen damit bei der Identitätsfindung.

3. Abschnitt, Z. 42–55
Anders als ihre Eltern suchen Jugendliche im Internet keine neuen Kontakte, sondern pflegen ihre bereits bestehenden Freundschaften, wobei sich jeder möglichst cool in Szene zu setzen versucht.

4. Abschnitt, Z. 56–70
Die Gefahren dieser Selbstdarstellung werden nach Ansicht von Fachleuten von den jugendlichen Nutzern unterschätzt, die ihre Community fälschlicherweise für einen sicheren, abgeschlossenen Raum halten.

5. Abschnitt, Z. 71–85
Die im Web häufig unerfahrenen Eltern merken meist nicht, wie leichtsinnig ihre Kinder mit persönlichen Daten umgehen. Jugendschützer fordern daher, dass sich Eltern mehr mit dem Internetverhalten ihrer Kinder befassen.

6. Abschnitt, Z. 86–98
Der 15-jährige Schüler Rick stellt keine eigenen Daten und kein Foto mehr ins Internet, nachdem diese Informationen von Mitschülern innerhalb des Netzwerks missbraucht worden waren.

7. Abschnitt, Z. 99–112
Unangenehme Fotos sind ein beliebtes Mittel für Mobbing im Internet. Dabei besteht die Gefahr vor allem darin, dass auch von gelöschten Bildern Kopien im Internet verbleiben.

8. Abschnitt, Z. 113–123
Aufgrund der Vielzahl der täglich neu eingestellten Fotos ist eine Kontrolle durch die Netzwerkbetreiber nur schwer möglich. Kritiker sind dennoch der Meinung, dass die Betreiber nicht alle Möglichkeiten ausschöpfen, um ihre Nutzer zu schützen.

9. Abschnitt, Z. 124–146
Die bei Kinderforen erfolgreich angewendeten Kontrollmöglichkeiten durch die Eltern werden von Jugendlichen allerdings abgelehnt.

2. Gründe für die leichtsinnige Preisgabe von Persönlichem durch Jugendliche im Internet

Achte auf die Aufgabenstellung. Sicher fallen dir auch selbst Gründe ein, hier sind aber nur diejenigen gefragt, die sich aus dem Zeitungsartikel ergeben. Suche die entsprechenden Textstellen heraus und formuliere sie mit eigenen Worten. Um die volle Punktzahl zu erhalten, musst du vier Aspekte finden.

Jugendliche geben ihre persönlichen Daten preis, weil es das Zusammengehörigkeitsgefühl stärkt, wenn man viel über die anderen weiß (Z. 15). Ein weiterer Grund ist, dass eine große Zahl anderer Nutzer ebenfalls umfangreiche Persönlichkeitsprofile von sich anlegt (Z. 20–23). Überdies stellen für 70 Prozent der Jugendlichen Internetkontakte inzwischen einen selbstverständlichen Bestandteil ihrer Lebenswelt dar (Z. 29–31). Online-Communities bieten ihnen die Möglichkeit, sich selbst darzustellen und damit das Selbstwertgefühl zu steigern (Z. 37–41). Dabei halten sie ihr jeweiliges Internetforum für einen geschützten Raum (Z. 67–70). Aufgrund fehlender Aufklärung durch die Eltern haben sie nur wenige Vorstellungen von den Gefahren, denen sie sich durch die Preisgabe ihrer Daten aussetzen (Z. 74–80).

3. „Das Netz vergisst nicht.“ (Z. 106 f.) Was sind die Konsequenzen?

Bei dieser Aufgabe kannst du dich auf die Beispiele aus dem Text (Abschnitt 7) beziehen. Dort berichtet der Schüler Rick von seinen Befürchtungen und seinen negativen Erfahrungen. Wenn du eigenes Wissen und eigene Erfahrungen einbringen willst zu den Problemen fehlenden Datenschutzes und den Möglichkeiten, im Netz befindliche Fotos und Texte zu manipulieren, lässt die Aufgabenstellung dies ebenfalls zu.

Auch wenn einmal ins Netz gestellte Daten von der Festplatte gelöscht werden, kann man ihre elektronische Spur verfolgen und Kopien solcher Daten wiederherstellen. Eine mögliche Konsequenz davon ist, dass peinliche Partyfotos, die man mit vierzehn noch lustig fand, dort wieder auftauchen, wo man sie auf keinen Fall haben möchte: Auf dem Bildschirm eines Personalchefs, der das Internet gezielt nach Hinweisen auf das Vorleben seiner Bewerber durchforstet. Manche „Spaßvögel“ finden auch nichts dabei, mithilfe kostenlos herunterzuladender Software Fotomontagen herzustellen und die so manipulierten Bilder, die den Betroffenen in demütigenden oder lächerlichen Situationen zeigen, wieder ins Netz zu stellen. Auch wer keine Fotos, sondern nur persönliche Daten von sich sowie seinen Vorlieben, Eigenschaften und Hobbys in einer Community verbreitet, bietet Angriffsfläche für anonymes Mobbing oder sogar für Kriminelle, die ein bestimmtes Opferprofil bevorzugen.
Ich denke, dass nichts dagegen einzuwenden ist, sich einer Internetplattform wie SchülerVZ anzuschließen, doch sollte man mit der Herausgabe seiner Daten vorsichtig sein und lieber einen Spitznamen verwenden. Auch ist es sicherer, Partyfotos nur im eigenen Freundeskreis zu zeigen und sie nicht im Netz zu verbreiten, um keine unliebsamen Überraschungen zu erleben.

4. a) Typische Merkmale eines journalistischen Sachtextes

Bei dieser Aufgabe geht es um die Textsorte und ihre typischen Merkmale. Journalistische Sachtexte zeichnen sich vor allem dadurch aus, dass die Informationen mit Beispielen und Zitaten von Betroffenen sowie Expertenäußerungen veranschaulicht werden. Für jedes richtig genannte Merkmal erhältst du einen Punkt, einen weiteren für einen jeweils passenden Textbeleg. Als Textbelege gelten sowohl Zitate (mit Zeilenangabe) als auch der Verweis auf einen bestimmten Abschnitt.

Ein typisches Merkmal eines journalistischen Sachtextes ist bereits die **Überschrift**: „Lass uns Online-Freunde sein“ ist als Aufforderung formuliert, die Interesse für das Thema weckt. Der Einstieg in den Artikel erfolgt mit einem **Beispiel**: Es wird über die 13-jährige Laura und ihre 78 Online-Bekanntschaften berichtet (Z. 4–9). Ein solcher „Aufhänger“ ist ebenfalls typisch für einen journalistischen Sachtext, ebenso wie der weitere Aufbau: Es wechseln sich Textteile mit **Sachinformation** und **Zahlen** (z. B. Z. 20–31, 110–112) und solche mit **Expertenäußerungen** (z. B. Abschnitte 4, 7) ab. Im sechsten Abschnitt kommt ein betroffener Jugendlicher zu Wort. Auch die Ergebnisse einer **wissenschaftlichen Studie** werden zitiert (Abschnitt 5). Der gesamte Text ist im **Präsens** geschrieben, womit die Aktualität des Themas unterstrichen wird.

4. b) Ziele des Artikels (Wirkungsabsicht)

Wenn Journalisten ihre Texte in Zeitungen und Zeitschriften veröffentlichen, möchten sie eine bestimmte Lesergruppe erreichen und etwas Bestimmtes bewirken. Danach richten sich jeweils Inhalt, Aufbau und Stil ihrer Artikel. Um drei Punkte zu bekommen, musst du drei verschiedene Zielsetzungen des Textes erkennen und belegen.

- Anke Helle möchte mit ihrem Artikel „Lass uns Online-Freunde sein" ein **aktuelles Thema aufgreifen** und **Interesse dafür wecken:** Die zunehmende Bedeutung der Internetnutzung durch Jugendliche und das fehlende Gefahrenbewusstsein bei der Verbreitung persönlicher Daten.
- Der Artikel will **informieren**, indem er Hintergründe sachlich darstellt: Expertenmeinungen und wissenschaftliche Studien werden zitiert.
- Der Artikel will **auf die Gefahren** des sorglosen Umgangs mit persönlichen Daten **hinweisen**. (Z. 86–112)
- Der Artikel enthält einen **Appell** an die Eltern, sich mehr für die Internetgewohnheiten ihrer Kinder zu interessieren und Regeln für die Nutzung aufzustellen, um ihre Kinder zu schützen. (Z. 83–85, 143–146)
- Außerdem greift der Artikel die **Kritik** an Netzwerkbetreibern auf, nicht genug für die Kontrolle ihrer Internetseiten zu tun. (Z. 114–123)

5. Stellungnahme zum Textzitat (Z. 138–143)

Der Arbeitsauftrag „Nimm Stellung" bedeutet, dass du deine persönliche Meinung darlegen sollst. Egal, ob du derselben Auffassung bist oder aber der Äußerung widersprechen willst – du musst deine Haltung jeweils gut begründen und anhand von Beispielen veranschaulichen. Wichtig ist, dass du dir das Zitat noch einmal im Textzusammenhang anschaust: Was ist mit den „strengen Maßnahmen" gemeint? Wenn du eigene Online-Erfahrungen in einer Internet-Community hast, kannst du sie in deine Stellungnahme mit einbringen.

Im letzten Abschnitt des Artikels werden Kontrollmöglichkeiten bei Internetseiten für Kinder beschrieben. Dabei werden die Eintragungen auf den Seiten von Erwachsenen, d. h. von Chatmitarbeitern oder den Eltern der Kinder, überwacht. Obwohl die Möglichkeit des Missbrauchs fremder Daten besteht, gibt es solche Maßnahmen bei Schülernetzwerken nicht. Diese Communities bieten Jugendlichen einen „elternfreien" Raum, in dem sie sich mit Gleichaltrigen frei über ihre Probleme und Gefühle austauschen können. Genauso wenig, wie Heranwachsende von ihren Eltern in die Disco oder zu Treffen mit ihren Freunden begleitet werden wollen, möchten sie, dass man ihnen beim Chatten über die Schultern schaut. Zwar werden bei diesen virtuellen Gesprächen oft Spaß, Tratsch, Blödsinn und viel Nebensächliches thematisiert, es wird aber auch viel Vertrauliches mitgeteilt. Würden Eltern sich jederzeit in den Account ihrer Kinder einloggen können, dann wäre das genauso, als wenn sie ihre Post öffnen oder an der Tür lauschen würden, wenn Besuch da ist. Ich stimme der Autorin des Artikels deshalb zu, denn auch ich bin der Meinung, dass kaum ein Jugendlicher eine Kontrolle dieser Art bei seinen Internetaktivitäten akzeptieren würde.

6. a) Interview für die Schülerzeitung

Auch wenn das Zitat nicht im vorliegenden Zeitungsartikel zu finden ist, musst du dich bei dem Interview auf den Inhalt des Textes beziehen. Achte also darauf, dass die Fragen zur Problematik passen, die du in den vorangegangenen Aufgaben behandelt hast. Denke bei der Formulierung deiner Fragen daran, dass es ein Interview für eine Schülerzeitung, also für junge Leser werden soll.

PETZER: Hallo Rick, danke, dass du dich bereit erklärt hast, unserer Schülerzeitung „Petzer" zum Thema „Schülernetzwerke" ein Interview zu geben.

RICK: Keine Ursache. Ich finde es selbst wichtig, dass ein bisschen mehr Aufklärung betrieben wird.

PETZER: Aufklärung worüber?

RICK: Viele Jugendliche stellen vollkommen sorglos jede Menge Infos über sich ins Netz. Da jeder Mitglied werden kann, auch wenn er gar kein Schüler oder Jugendlicher mehr ist, haben Kriminelle leichtes Spiel, wenn sie nach bestimmten Opfern suchen.

PETZER: Wie kann man sich davor schützen?

RICK: Am besten verwendet man einen Nickname statt seines echten Namens. Auch Adresse und Telefonnummer haben im Profil nichts zu suchen.

PETZER: Hast du selbst schon schlechte Erfahrungen gemacht?

RICK: Ja, es war so, dass ich mich als Redakteur dieser Schülerzeitung in der Community vorgestellt hatte. Irgendjemandem hat das nicht gepasst und eine Hassgruppe gegründet. Da wurde dann heftig gegen uns Stimmung gemacht. Das kann man schon als Mobbing bezeichnen.

PETZER: Was ist mit Fotos?

RICK: Meiner Meinung nach ein ganz großes Problem! Manche User stellen ganze Serien mit Partyfotos auf ihre Seite. Es gibt auch Mädels, die finden nichts dabei, sich in sexy Posen zu präsentieren. Das kann ja witzig und manchmal aufregend sein, ist aber auch ziemlich gefährlich. Ich glaube, dass viele gar nicht wissen, dass diese Bilder für immer im Netz bleiben, auch wenn sie einem irgendwann peinlich sind und man sie auf dem eigenen PC löscht. Wenn sich dann später jemand gezielt auf die Suche macht, kann es bei Bewerbungen böse Überraschungen geben.

PETZER: Ist das das einzige Problem mit Bildern?

RICK: Nein. In den Jugendnetzwerken tummeln sich auch Pädophile, die auf der Suche nach sexy Fotos sind. Die versuchen dann, sich an die Mädchen ranzumachen. Außerdem weiß jeder, dass es nicht schwer ist, Bilder zu manipulieren und sie dann verändert ins Netz zu stellen. Da sind schon ziemlich krasse Sachen passiert.

PETZER: Wie kann man vermeiden, dass gelöschte Bilder weiter im Netz herumgeistern?

RICK: Überhaupt nicht. Was einmal im Netz ist, bleibt drin. Schöne, lustige, gut gelungene Fotos, z. B. aus dem Urlaub, kann man in Bildergalerien bei Lokalisten.de für seine Freunde bereitstellen. Aber Fotos, die einen in verfänglichen Situationen abbilden, hängt man ja auch nicht ans Schwarze Brett oder zeigt sie in der Öffentlichkeit herum. Und das Internet ist nun mal öffentlich, auch wenn man glaubt, in der Community sei man unter sich.

PETZER: Die Vorstellung vom Social Network als einem geschützten, abgeschlossenen Raum ist also ein Irrtum?

RICK: Absolut!

PETZER: Danke, Rick, für diese Informationen. Wir hoffen, dass unsere Leserinnen und Leser jetzt vorsichtiger mit ihren Daten und Bildern umgehen.

RICK: Das hoffe ich auch! Und an euch auch vielen Dank.

6. b) Erfahrungsbericht für Norbert Schneider, den Sprecher der EU-Initiative Klicksafe.de

Norbert Schneider wird in dem Artikel nur kurz erwähnt (Abschnitt 5). Als Sprecher der Initiative Klicksafe.de kennt er sich im Internet mit all seinen Fallstricken und Gefahren für Jugendliche besonders gut aus. Die Aufgabe ist so gestellt, dass du entweder eine Begründung schreiben kannst, warum du trotz aller Gefahren und Konsequenzen ein leidenschaftlicher Internetnutzer bist oder warum du das Netz lieber meidest. Wichtig ist in beiden Fällen, dass deine Argumente glaubwürdig sind.

Warum ich gerne online bin:
Seit zwei Jahren habe ich eine Seite im SchülerVZ, bin bei facebook und Piczo angemeldet und bei Lokalisten.de. Früher war ich auch noch bei knuddels.de. In den verschiedenen Communities habe ich viele Freunde, manche kenne ich persönlich, aus der Schule oder dem Sportverein, andere nicht. Egal, was mich gerade beschäftigt, ob ich Probleme mit meiner Freundin habe oder zu Hause, ob ich Hilfe bei einem Schulprojekt brauche oder einfach nur mal quatschen will, immer ist irgendwo jemand online und bereit, sich mit mir zu unterhalten oder mir einen Rat zu geben. Auch wenn ich mich für den Abend oder das Wochenende verabreden will, sind mir meine Community-Freunde eine große Hilfe. Irgendjemand weiß immer was. Man kann schon sagen, dass ich ziemlich viel Zeit im Internet verbringe. Dass das Ganze auch gefährlich sein kann, habe ich auch schon gehört, aber ich habe bis jetzt noch keine schlechten Erfahrungen gemacht. Meine Adresse steht zwar nicht im Profil, aber wenn die jemand rauskriegen will, schafft er das auch. Manche Mitglieder stellen Fotos von sich ins Netz, die finde ich aber schon grenzwertig. Da sieht man, wie sie besoffen rumknutschen, und andere peinliche Sachen. Mädchen zeigen sich im Bikini, in Unterwäsche oder haben sogar Nacktfotos in ihrem Profil. Ich kann mir schon vorstellen, dass mancher das missverstehen kann und dann versucht, Kontakt mit diesen Mädchen herzustellen, obwohl die das gar nicht wollen. Ich selber fühle mich in meinen Social Networks vollkommen sicher und glaube nicht, dass jemand von meinen Internetfreunden blöde Sachen mit meinen Daten anstellen würde. Bestimmt kann es nicht schaden, etwas mehr Aufklärungsarbeit zu leisten, denn es kommen ja immer neue Kids in die Community, die ziemlich ahnungslos sind. Eine Kontrolle des Zugangs und der Inhalte, wie sie bei den Kindernetzwerken üblich ist, würde aber für mich das sofortige Aus meiner Mitgliedschaft bedeuten.

Ihre Meinung ist uns wichtig!

Ihre Anregungen sind uns immer willkommen. Bitte informieren Sie uns mit diesem Schein über Ihre Verbesserungsvorschläge!

Titel-Nr.	Seite	Vorschlag

Bitte hier abtrennen

Die echten Hilfen zum Lernen ... **STARK**

Bitte hier abtrennen

Zutreffendes bitte ankreuzen!

Die Absenderin/der Absender ist:

- ☐ Lehrer/in in den Klassenstufen: ______
- ☐ Fachbetreuer/in
  Fächer: ______
- ☐ Seminarlehrer/in
  Fächer: ______
- ☐ Regierungsfachberater/in
  Fächer: ______
- ☐ Oberstufenbetreuer/in
- ☐ Schulleiter/in
- ☐ Referendar/in, Termin 2. Staatsexamen: ______
- ☐ Leiter/in Lehrerbibliothek
- ☐ Leiter/in Schülerbibliothek
- ☐ Sekretariat
- ☐ Eltern
- ☐ Schüler/in, Klasse: ______
- ☐ Sonstiges: ______

Unterrichtsfächer: (Bei Lehrkräften!)

______

STARK Verlag
Postfach 1852
85318 Freising

19-V26

Bitte ausfüllen und im frankierten Umschlag an uns einsenden. Für Fensterkuverts geeignet.

Kennen Sie Ihre Kundennummer? Bitte hier eintragen.

Absender (Bitte in Druckbuchstaben!)

Name/Vorname

Straße/Nr.

PLZ/Ort/Ortsteil

Telefon privat

Geburtsjahr

E-Mail

Schule/Schulstempel (Bitte immer angeben!)

(Bitte blättern Sie um)

Original-Prüfungsaufgaben und Training für die Prüfung

- Ideal zur selbstständigen Vorbereitung: Vom Kultusministerium in Hessen zentral gestellte Original-Prüfungsaufgaben an Realschulen, einschließlich des aktuellen Jahrgangs 2009.
- Dazu ein klar strukturierter Trainingsteil und abwechslungsreiche Übungsaufgaben zu prüfungsrelevanten Themen.
- Im übersichtlichen Format A4.
- Mit schülergerechten, ausführlichen Lösungen zu allen Aufgaben im separaten Lösungsheft Format A5.

Mathematik

Abschlussprüfung 2010
Mathematik – Realschule Hessen
Jahrgänge 2005–2009: Zusätzlich neu überarbeiteter Trainingsteil zur Wiederholung des prüfungsrelevanten Grundwissens mit vermischten Übungsaufgaben auf Prüfungsniveau. Musteraufgaben im Stil der Abschlussprüfung. Mit Formelsammlung.
■ .... Best.-Nr. 61500

Lösungsheft zu 61500
Ausführliche und schülergerechte Lösungen mit Hinweisen und Tipps im separaten Lösungsheft.
■ .... Best.-Nr. 61504

Englisch

Abschlussprüfung 2010
Englisch – Realschule Hessen
Jahrgänge 2005–2009: Zusätzlich mit Übungsaufgaben im Stil der Abschlussprüfung zur intensiven und selbstständigen Vorbereitung. Mit einer Kurzgrammatik zum schnellen Nachschlagen aller prüfungsrelevanten Grammatikbereiche.
■ .... Best.-Nr. 61550

Abschlussprüfung 2010 – Englisch mit Hörverstehenstexten auf CD
■ .... Best.-Nr. 61555

Lösungsheft zu 61550/61555
Ausführliche und schülergerechte Lösungen mit Hinweisen und Tipps im separaten Lösungsheft.
■ .... Best.-Nr. 61554

Deutsch

Abschlussprüfung 2010
Deutsch – Realschule Hessen
Jahrgänge 2005–2009: Enthält zusätzlich Übungsaufgaben im Stil der Prüfung, eine umfangreiche Trainingseinheit sowie zahlreiche praktische Hinweise mit Beispielen zur gezielten Vorbereitung auf die Realschul-Abschlussprüfung im Fach Deutsch.
■ .... Best.-Nr. 61540

Lösungsheft zu 61540
Ausführliche und schülergerechte Lösungen mit Hinweisen und Tipps im separaten Lösungsheft.
■ .... Best.-Nr. 61544

Sammelband

Abschlussprüfung 2010
Mathematik, Deutsch, Englisch
Realschule Hessen
Jahrgänge 2005–2009: Zur gezielten Vorbereitung auf die zentrale Realschul-Abschlussprüfung in den Fächern Mathematik, Deutsch und Englisch.
■ .... Best.-Nr. 61400

Lösungsheft zu 61400
Ausführliche und schülergerechte Lösungen mit Hinweisen und Tipps im separaten Lösungsheft.
■ .... Best.-Nr. 61401

Bestellungen bitte direkt an:
STARK Verlagsgesellschaft mbH & Co. KG · Postfach 1852 · D-85318 Freising
Tel. 0180 3 179000* · Fax 0180 3 179001* · www.stark-verlag.de · info@stark-verlag.de
* 9 Cent pro Min. aus dem deutschen Festnetz

Die echten Hilfen zum Lernen ...
STARK

19-V26